教育部人文社会科学研究西部和边疆地区项目
"汉语转折范畴的历时演变研究"（编号 14XJC740001）资助

汉语转折范畴的历时演变研究

陈丽 著

中国社会科学出版社

图书在版编目(CIP)数据

汉语转折范畴的历时演变研究/陈丽著. —北京：中国社会科学出版社，2021.10
ISBN 978 – 7 – 5203 – 5315 – 1

Ⅰ.①汉…　Ⅱ.①陈…　Ⅲ.①汉语—语法—研究　Ⅳ.①H14

中国版本图书馆 CIP 数据核字(2019)第 221811 号

出 版 人	赵剑英
责任编辑	顾世宝
责任校对	石春梅
责任印制	戴　宽

出　　版	中国社会科学出版社
社　　址	北京鼓楼西大街甲 158 号
邮　　编	100720
网　　址	http://www.csspw.cn
发 行 部	010 – 84083685
门 市 部	010 – 84029450
经　　销	新华书店及其他书店

印　　刷	北京明恒达印务有限公司
装　　订	廊坊市广阳区广增装订厂
版　　次	2021 年 10 月第 1 版
印　　次	2021 年 10 月第 1 次印刷

开　　本	710×1000　1/16
印　　张	24
插　　页	2
字　　数	312 千字
定　　价	138.00 元

凡购买中国社会科学出版社图书，如有质量问题请与本社营销中心联系调换
电话：010 – 84083683
版权所有　侵权必究

目　录

第一章　绪论 (1)
第一节　选题依据 (1)
第二节　转折范畴的研究现状及尚存问题 (6)
第三节　转折范畴的性质及本书的研究范围 (16)
第四节　本书的理论基础和研究方法 (22)
第五节　语料说明 (24)

第二章　转折范畴的历时使用及更替情况考察 (27)
第一节　上古汉语出现的转折范畴的使用情况考察 (29)
第二节　中古汉语出现的转折范畴的使用情况考察 (58)
第三节　近代汉语出现的转折范畴的使用情况考察 (74)

第三章　从空间转折范畴到关系转折范畴 (146)
第一节　空间转折——原型转折范畴 (146)
第二节　"空间转折范畴＞关系转折范畴"个案考察 (153)
第三节　范畴转移过程中的共相与殊相 (190)
第四节　本章小结 (209)

第四章　从心理行为范畴到转折范畴 …………………………（211）
第一节　心理行为动词及其否定形式 ……………………………（211）
第二节　"心理行为范畴的否定形式＞关系转折范畴"
个案考察 ……………………………………………………（216）
第三节　本章小结 …………………………………………………（251）

第五章　从限定范畴到转折范畴 …………………………………（253）
第一节　概述 ………………………………………………………（253）
第二节　限定范围副词的转折关联功能 …………………………（254）
第三节　"限定范围＞转折范畴"个案考察 ………………………（259）
第四节　本章小结 …………………………………………………（298）

第六章　从主观确认到转折关联 …………………………………（299）
第一节　概述 ………………………………………………………（299）
第二节　"主观确认＞转折关联"个案考察：以"其实"为例 ……（299）

第七章　从顺承关联到转折关联 …………………………………（314）
第一节　概述 ………………………………………………………（314）
第二节　"顺承关联＞转折关联"个案考察 ………………………（315）
第三节　本章小结 …………………………………………………（321）

第八章　转折范畴来源的跨语言考察 ……………………………（322）
第一节　"并列关系词＞转折关联标记"演变模式 ………………（323）
第二节　"顺承关系词＞转折关联标记"演变模式 ………………（327）
第三节　"时间词＞转折关联标记"演变模式 ……………………（330）
第四节　"限定词＞转折关联标记"演变模式 ……………………（333）
第五节　"确认词＞转折关联标记"演变模式 ……………………（336）

第六节　本章小结：转折关联标记演化模式的多样性 ………… (337)

第九章　结论 ……………………………………………………… (340)
　第一节　汉语转折范畴的相关演变路径 ………………………… (341)
　第二节　汉语转折范畴产生的动因和机制 ……………………… (343)
　第三节　本书的创获和有待继续研究的课题 …………………… (348)

参考文献 …………………………………………………………… (351)

附录1　主要引用书目（按时代排列） ……………………………… (365)

附录2　转折词条及产生时代（按音序排列） ……………………… (372)

第一章

绪　论

第一节　选题依据

一　范畴研究的意义

范畴是人类对事物进行分类概括而形成的类别。语言学中的范畴可以分为两大类，一类是语义范畴，即人类通过对事物本身的特征进行归类，比如"动物""水果""家具"等；另一类是语义关系范畴，语义关系范畴不再是对单个事物本身的特征进行分析，而是对事件之间的关系进行分析归纳而形成的类别，如"递进""转折"等。最早建立汉语语义范畴系统的是吕叔湘先生。吕先生的《中国文法要略》（1982）分上卷"词句论"和下卷"表达论"两大部分，其中下卷"表达论"又分"范畴"和"关系"两个部分，他以语义为纲构建了一个重在范畴表达和关系表达的汉语语法体系，建立了"数量""指称""方所""时间""正反·虚实""传信""传疑""行动·感情"等11种语义范畴，描述了"离合·向背""异同·高下""同时·先后""解释·纪效""假设·推论""擒纵·衬托"6大关系，开创了一条从意义到形式的语言研究新思路。

目前，范畴研究是汉语研究的重要内容之一。邵敬敏（1998）指出："如果说，二十一世纪的汉语语法将会有重大突破，那么，首先就会表现在对语义范畴、语义关系和语义选择的研究上。"[①] 近年来，随着当代认知语言学诸种范畴理论的引入、吸收和运用，范畴研究特别是语义范畴研究确已成为汉语语法研究的热门话题，已经有很多论著围绕汉语语义范畴进行了深入系统的探讨。如吕叔湘的《近代汉语指代词》（1985）、齐沪扬的《现代汉语空间问题研究》（1998）、龚千炎的《汉语的时相、时制、时态》（1995）、邵敬敏的《现代汉语疑问句研究》（1996）等早期论著，虽然论著名称本身并非冠以语义范畴之名，但内容是围绕汉语的指示范畴、空间范畴、时间范畴及语气范畴展开的，对相关范畴的深入研究，可以看作是汉语语义范畴研究的先声。

此外，据笔者所见，近15年来还产生了众多比较深入的汉语语义范畴、语义关系范畴的研究论著，仅博士学位论文就有40篇之多，如徐默凡的《现代汉语工具范畴的认知研究》（2003）、文贞惠的《现代汉语否定范畴研究》（2003）、周静的《现代汉语递进范畴研究》（2003）、周红的《现代汉语致使范畴研究》（2004）、刘雪春的《现代汉语等同范畴的语义认知研究》（2004）、许国萍的《现代汉语差比范畴研究》（2005）、王晓凌的《论非现实语义范畴》（2007）、张万禾的《意愿范畴与汉语被动句研究》（2007）、何瑛的《汉语与时间相关的范畴转移研究》（2007）、刘承峰的《现代汉语"语用数"范畴研究》（2007）、李剑影的《现代汉语能性范畴研究》（2007）、罗晓英的《现代汉语假设性虚拟范畴研究》（2007）、樊青杰的《现代汉语传信范畴研究》（2008）、郑路的《〈左传〉时间范畴研究》（2008）、朱晓军的《空间范畴的认知语义研究》（2008）、王丽彩的《汉语方式范畴研究》（2008）、王凤兰的《现代汉语目的范畴研究》（2008）、张晓涛的《现代汉语疑

[①] 邵敬敏：《八十到九十年代的现代汉语语法研究》，《世界汉语教学》1998年第4期。

问范畴和否定范畴的相通性及构式整合》(2009)、蔡丽的《程度范畴及其在补语系统中的句法实现》(2010)、刘杰的《汉语相似范畴研究》(2010)、陈勇的《汉语数量范畴及其非范畴化研究》(2011)、吴春红的《现代汉语位事范畴研究》(2011)、汪梦翔的《对象格语义范畴及其相关语法理论研究》(2012)、熊岭的《现代汉语指称范畴研究》(2012)、张健军的《现代汉语转折范畴的认知语用研究》(2012)、张焕香的《汉英双重否定范畴研究》(2012)、唐依力的《汉语处所范畴句法表达的构式研究》(2012)、王天佑的《汉语取舍范畴研究》(2012)、佟福奇的《关系条件范畴的语言表达》(2012)、吕文杰的《现代汉语程度范畴表达方式研究》(2013)、黄健秦的《汉语空间量表达研究》(2013)、蔡瑱的《汉语趋向范畴的跨方言专题研究——基于"起"组趋向词的研究》(2013)、尹相熙的《现代汉语祈使范畴研究》(2013)、陈靖的《汉语体范畴形式表征的认知研究》(2015)、张静的《语言否定范畴研究》(2015)、王昊的《现代汉语总分关系范畴研究》(2016)、韩明珠的《现代汉语目的范畴的认知研究》(2016)、李春的《现代汉语时序范畴》(2016)、王宇的《现代汉语任指范畴研究》(2017)等。此外,近10年来还有一些关于方言、少数民族语言、跨语言比较的相关语义范畴研究,如龚娜的《湘方言程度范畴研究》(2011)、陈芙的《汉语方言否定范畴比较研究》(2013)、薛玉萍的《维汉空间范畴表达对比研究》(2013)、邵明园的《安多藏语阿柔话的示证范畴》(2014)、徐碧叶的《汉语和越南语能性范畴的比较研究》(2014)、曲世锋的《藏语动词情态范畴的历史演变研究》(2015)、佟金荣的《蒙古语和满语静词语法范畴比较研究》(2015)、杨将领的《藏缅语族语言使动范畴研究》(2017)等。语义范畴研究之所以引起众多学者的重视,主要原因在于语义范畴是人们对客观世界的认知加工而形成的语言外现,从中不仅可以反映出事物之间的本质属性、普遍联系及内部成员关系的亲疏远近,而且可以揭示出人类认知的发展共性。从意义入手结合语言表现形式去揭示人类认知发展共性，这也是 20 世纪 80 年代以来，人们越来越重视语义决定性作用的原因。

二 转折范畴是人类重要的认知表达范畴之一

准确地讲，转折范畴同量范畴、时间范畴、程度范畴等语义范畴并不相同，这大概也是吕先生将"表达论"分为"范畴"和"关系"两类的原因。吕先生所指的"范畴"是事物本身的性质或状态，表现在词汇层面，一般指的是具有某一语义特征的词，而"关系"则不仅表现在词汇层面，往往还要通过句子或语段来表现，转折语义范畴便是这样一种"关系"。在关系句表达过程中，未必都是顺承关系，当前后所表达的语义不一致时，便可能产生转折语义。转折语义是因前后分句表达的语义不一致而产生的，也常常被理解为一种关联。汉语的关联自古便有"意合"和"形合"之说。"意合"，一般指不使用关联词直接通过句子语义关系表达语言单位之间的关系义；"形合"则一般指使用含有显性关联词语的句子表达语言单位之间的关系义。古汉语"意合"的方式非常普遍，如柳士镇（1992）所述："复句是表达复杂思维的有效手段。春秋之前，汉语中的复句一般采用意合法构成，各个分句之间的关系较为含混、笼统，有时难免出现彼此两可的解释。例如《书·汤誓》：'夏德若兹，今朕必往。'根据上下文文意，这个复句是因果关系，但由于未用关联词语，往往又易误解为假设关系。自春秋末期开始，复句运用关联词语逐渐增多，句中各个层次的关系日益清晰，表达的内容也更趋严密。"[①] 随着语言的发展及语言表达精密化的趋势，"形合"的方式逐渐成为主流。具体到转折关系，一般指利用关联词语连接而成的形合句来表达前后语言单位之间的转折关系。从汉语历时发展来看，现代的转折关联词来源多样化，一部分关联词

---

① 柳士镇：《魏晋南北朝历史语法》，南京大学出版社 1992 年版，第 340 页。

至今也并未有转折语义,还有一些转折关联词语是经历长期历时发展才获得了转折意义。如常见的转折关联词语"反、倒、转、却"等最初都是空间运行动词,后来才衍生出转折语义。"现实—认知—语言"是认知语言学的一条基本原理,现实生活中的空间运行方式,在人们的认识过程中形成意象图式并范畴化。在范畴化的过程中,人们注意到这类运行动词的特点:在运行过程中,任何方向都可能出现偏差或转折。在这一认识基础上,"空间范畴＞关系范畴"的发展模式便很容易发生。这种范畴间的转化也常常是在隐喻机制的作用下发生的,汉语中许多表转折关系的词语便是在隐喻机制作用下,由运行动词转化来的。

转折范畴的源范畴存在于客观世界,而语言表达中的转折则体现为另外一种句法语义关系,这种句法关系的典型语义特征是前后表达的语义不一致,从而构成转折关系。转折语义是人们语言表达的一种重要方式,在言语表达中无处不在,不可或缺,也广泛存在于世界各民族语言中。

三 转折范畴历时研究的意义

汉语语义范畴的研究成果已经蔚然大观,正如上文所述,汉语研究已经建立了各种语义范畴,转折范畴也当位列其中,然而目前还没有对转折范畴进行全面系统研究的论著。此外,目前所见的众多以语义范畴为研究对象的论著,多从现代汉语共时角度进行研究,还没有见到系统地从历时角度研究范畴问题的著作或论文。共时的研究往往可以全面深入地描写语言现象和特点,但共时的语言现象往往是历时发展过程中的遗留,通过历时研究不仅可以展现语言现象在历史发展过程中的发展和演变,而且往往可以解释某些共时语言现象形成的原因和背景,有利于语法研究向纵深方向发展。以关联词而论,汉语转折关联词成员众多,这些成员在语用或语义上并非完全相同,不同的表达方式有着不同的语用价值,而其中的语用差异往往需要从这类词语的历时发展演变中去探寻。此外，转折语义是人类对世界认识的基本表达方式之一，在人类语言中具有普遍性。因此，对汉语转折范畴进行研究，本身也具有一定的类型学意义。本书拟从历时角度对汉语转折范畴进行较为全面而系统的研究，将转折范畴的历史演变展现在汉语史中，探索转折语义范畴的发展演变，并对现代汉语转折范畴成员之间的语义差异及差异来源进行更好的解释说明。

第二节 转折范畴的研究现状及尚存问题

研究转折范畴，必然离不开对转折复句和转折关联词语的研究。目前，对转折范畴的相关研究还主要集中在共时角度，学者对"转折"的含义、转折复句、转折关联词都做过一定的探讨。吕叔湘（1982）、王维贤（1982）、张仁（2000）都对转折的含义专门作过探讨。关于转折复句的前期研究，郭志良先生（1999）在《现代汉语转折词语研究》的第一部分中，对汉语转折关系复句从《马氏文通》至20世纪末期间的研究状况进行了全面翔实的整理（具体可参见郭志良先生的著作）。为免重复，本书只做简单说明和补充。郭志良先生（1999）将汉语语法学进行了分期。创立时期：代表著作是《马氏文通》和《新著国语文法》。探索时期：代表著作有王力的《中国现代语法》、吕叔湘的《中国文法要略》和高名凯的《汉语语法论》。发展时期：代表著作有《暂拟汉语教学语法系统》、张志公的《汉语知识》和一些大学汉语教材。创新时期：代表著作有中学、大学汉语语法教材以及王维贤先生的论著、邢福义先生的论著等。另外，郭志良先生的论著《现代汉语转折词语研究》和丁志丛的《汉语有标转折复句的关联标记模式及使用情况考察》是研究转折复句的最新成果。此外，从共时平面对转折关联词语进行研究的成果也非常多，其中以围绕转折关联词语用法及相互之间的差异进行探讨的居多。

本书的研究主要从历时的角度对转折范畴进行系统研究,但历时的研究离不开共时的考察,因此我们需要对共时角度的研究进行简单的回顾,但主要还是对历时角度的研究做一个述评,以期发现不足,确立本书的研究重点。历时的研究主要体现在对转折关联词语的研究上。

一 转折范畴的相关研究现状

(一) 虚词著作的释义研究

袁仁林的《虚字说》(1710)、刘淇的《助字辨略》(1711)、王引之的《经传释词》(1819)、杨树达的《词诠》(1954)、裴学海的《古书虚字集释》(1954)、杨伯峻的《古汉语虚词》(1981)、何乐士的《古汉语虚词通释》(1985)、俞敏监修和谢纪锋编纂的《虚词诂林》(1992)、王海棻等人所编的《古汉语虚词词典》(1996)、中国社会科学院语言所古汉语室编著的《古代汉语虚词词典》(1999)都是研究虚词的语文工具书,其中均对转折关联词语的意义和用法进行了描写。

张相的《诗词曲语词汇释》和蒋礼鸿的《敦煌变文字义通释》都从词汇(训诂)角度对部分转折关联词语进行了解释。

董志翘、蔡镜浩的《中古虚词语法例释》是一部专门研究虚词语法的著作,与以往虚词研究专著不同的是该书不仅对虚词的语法功能进行了描写,还对其历史来源进行了追溯,是目前对中古虚词研究较为系统的一部著作,其中对转折关联词用法及来源的考察值得借鉴。

虚词词典或训诂著作的释义,为我们了解一个虚词的各种功能提供了帮助,但仅限于平面的描述,还缺少各种虚词功能之间历时的发展联系,而探讨虚词功能之间的历时发展关系也正是本书研究的重点。

(二) 语法史著作对转折关联词语的概述

潘允中(1982:142-152)的《汉语语法史概要》在"连词及其与句子关系的发展"一章中,不仅对上古汉语连词的基本情况做了介绍,同时对"然""然而""顾""但""但是"等几个常用转折连词的发展进行了考察。潘先生认为用"然"和"然而"的转折语气较重,而反接语气较轻的,多用"顾""但",中古才流行起来,"顾"等于"但",本为连词,在《战国策》和《史记》中已有用例。"但"来源于先秦的副词"特"或"直"。

太田辰夫的《中国语历史文法》(1987:272-273;298-300)对"偏、偏生、却、倒、倒也、反倒、可、可也"等几个表"相反"义的情态副词和"然而、但是、只是、可是、不过、其实、不想、不料"等转折连词的用法做了考察。

柳士镇的《魏晋南北朝历史语法》(1992:252-253)对南北朝时期连词的发展进行了研究,同时对这一时期新出现的两个转折连词"还""但"做了一定的考察,认为"还"本为"返回"义动词,具有反转的意思,此期萌生了转折连词用法,而"但"是由范围副词进一步发展来的。

向熹的《简明汉语史》(下)(1993)对上古、中古、近代汉语中出现的转折连词分别进行了描写,实际上也展现了转折连词的历史发展历程,为我们勾勒出了汉语转折连词发展的大致轮廓。

蒋冀骋、吴福祥的《近代汉语纲要》(1997:440-443;512-515)将"偏、偏生、偏偏、单单、却、倒(到)、反而、其实"等放在表强调的语气副词中加以论述,还对唐代至清代的连词系统进行了考察,并对"只是""但""但是""不过"4个转折连词的产生和发展情况做了一定的研究,认为四者均是由范围副词发展来的,并将转折连词"只是"的产生过程描写为:

[只] + [是] > 只是 > 只是

(范围副词)(系词)(范围副词)(转折连词)

杨伯峻、何乐士的《古汉语语法及其发展》(2001:352-354;464-465)将副词分为11类,其中分出连接副词(配合上下文义表示顺承或转折之意的副词)一节。文中考察了在连接中表转折的"乃""顾"

"顾反""还""但""但凡""却""却也""反""覆"等词语。将表转折的连词按其作用和意义分为3类：轻转（"而""以"）、重转（"但""顾""第""然""抑"）、他转。

以上是一些汉语语法史或断代史论著对汉语转折关联词语的概述性描写，此类著作主要是描写性质的，为我们了解汉语转折关联词产生和发展的大致轮廓奠定了基础。

（三）转折关联词语的历时演变研究

一般来讲，转折关联词语既包括转折连词，也包括一部分具有转折义的副词。

1. 关于转折副词的来源及历时演变研究

从历时角度对转折副词进行研究的论著还比较少，目前研究成果比较集中的主要是对"还""却""可"等个案的考察上。

（1）"还"的相关研究

童小娥（2002）、张平（2003）、唐敏（2004）均对副词"还"做过系统的研究，为了解释现代汉语副词"还"的众多义项及其相互之间的关系，他们均从历时角度对"还"有过探讨。关于转折义副词"还"的来源，三位学者的意见是基本一致的，即"转折"义副词"还"直接来源于"返回"义动词"还"，大约在汉代已经产生。具体的衍生机制和过程，童小娥认为"返回"意味着动作的方向与前相反，由方向相反进一步泛化和推理，发展出表一般事理或情理上与前相反，从而引申为"反而"义。张平认为演变过程中，由于动词"还"句法功能的改变和"方向上相反"这一特征被凸显强化，从而使方向上的相反在隐喻机制的作用下投射为抽象事理逻辑上的相反关系。唐敏认为"转折"义副词"还"的产生是隐喻机制的作用。动词"还"的意象图式抽象化，抽象过程中被凸显的是"运行方向相反"。如果抽象的事理在逻辑上与常理或前文所述内容相反，具体的"运行方向相反"通过人们的认知作用就隐喻为"情理相反"，动词"还"的意象图式结构由空间域投射到认知域，投射过程中被凸显的是"方向相反"，于是"转折"义副词"还"就产生了。

（2）"却"的相关研究

从历时平面对表转折的"却"进行研究的主要有董淑慧（1996）、李宗江（2005）、刘红蕾（2007）等，研究主要集中于转折副词"却"的来源、"却"产生的动因和机制、"却"的多项意义之间的关系等方面。

董淑慧在《谈"却"（卻）字三项副词用法的演成及其与几个相关副词的平行发展》一文中，探讨了副词"再"、转折副词"反而"、情态副词"竟然"这三个义项的产生机制，指出了这三项副词的演化过程：第一项是由动词"返回"义演化成副词"再"义；第二项是由动词"返回"义演化成转折副词"反而"义；第三项是由转折副词"反而"义演化成情态副词"竟然"义。认为转折副词"却"的"反而""倒"义源于动词"返回"义。词汇意义上，含有［＋位移方向相反］这一非焦点义是"却"虚化为转折副词的语义基础；句法结构上，位于"却＋V2（＋O2）"双动词结构中，动词义逐渐削弱是其虚化的句式基础。文章还比较了与其平行发展的几个相关副词的产生机制，考察了平行词间的此消彼长现象及其历史选择原则，指出"却"在近代汉语里的多数用法在现代汉语里消失了，这是语言系统内部调整的结果。

李宗江在《副词"倒"及相关副词的语义功能和历时演变》一文中，对"倒"在现代汉语中表相反关系、表转折关系、表舒缓语气这3种语义功能出现的语义背景做了详细描述，并探讨了副词"倒"表转折的来源及其历时演变。李先生认为，副词"倒"源于动词，在发展出表相反关系的功能后，再进一步发展出表转折关系的功能，并且认为表示转折关系是进一步虚化为语气副词的必经阶段。文章还探讨了相关副词的演化，关于"却"，李先生认为"却"跟"倒"一样，"却"也较早虚化为表示相反关系的副词，唐代已较常见。如：

(1) 长大取得妻，却嫌父母丑。(唐，王梵志《只见母怜儿》)

"却"表示转折关系在唐末也可见到。如：

(2) 师与邓隐峰划草次，见蛇。师过锹子与隐峰，隐峰接锹子了，怕，不敢下手。师却拈锹子，截作两段，谓隐峰曰："生死尚未过得，学什摩佛法"。(《祖堂集·石头和尚》)
(3) 虽然如此，却不辜负汝。(《祖堂集·永福和尚》)

刘红蕾的《"却"发展演化过程研究》从历时角度对各个时期的"却"做了全面的考察，发现从唐五代开始，"却"有了副词用法，出现了表前后叙述的行为、状况、事实是相反或相对的，或是出乎意料的这样的语气副词功能，表"反、倒、竟"义。如：

(4) 汝若坐佛，却是杀佛。(《祖堂集·怀让和尚》)
(5) 多情却似总无情，唯觉樽前笑不成。(唐，杜牧《赠别》)

宋元时期，这一用法开始增多，明清时期沿用。

从上述学者的研究来看，关于转折关系副词"却"的来源及历时演变过程的研究已经比较充分，观点也趋向一致。

(3) "可"的相关研究

关于表转折的"可"的词性，目前还存在争议，太田辰夫（1987）、向熹（1993）、席嘉（2003）均将其归入副词，也有个别学者称之为转折连词，如邓云华、石毓智（2006）[①] 等。如果说"可"兼有副词和连词的功能，那么连词"可"是副词进一步虚化来的吗？辨识的标准

---

① 邓云华、石毓智：《从限止到转折的历程》，《语言教学与研究》2006年第3期。

是什么？席嘉（2003）认为转折连词"可"是通过"可是"的省略而产生的，笔者认为有一定的可信度。

对"可"的研究目前主要集中在表转折的"可"产生于何时？直接来源是什么？发展过程怎样？产生的机制和动因是什么？学者的研究成果还没有达成一致。太田辰夫（1987）认为表"相反"意义的副词"可"，语气比"倒"要轻，是"却""不过""但是"的意思，在唐宋时还没有这个意义，所以只列举了元代语言中的例子；向熹（1993）认为在中古时期已出现了表转折语气的副词"可"；席嘉（2003）认为转折副词"可"在唐代就已产生；邵妍（2009）认为转折连词"可"形成于明代。

关于表转折的"可"的来源、发展过程和产生动因，席嘉（2003）认为转折副词"可"来自其强调语气用法。齐春红（2006）认为转折连词"可"是由表疑问的语气副词"可"转化而来的，并重新分析了向熹、席嘉所引例证，认为是表反问的"可"，在凸显疑问意义的语境中引申为疑问语气副词，再引申为强调语气副词，再由强调语气副词在转折语境中引申为表转折的连词或带转折语气的副词，而"语用推理"是"可"虚化的动因。邵妍（2009）运用语境分析的理论对《醒世姻缘传》中"可"的用例进行了研究，描述了"可"从表强调的语气副词转变为转折连词的过程和理据。邓云华、石毓智（2006）认为"可"在唐宋时期具有两个向转折连词发展的语义基础：一是限止程度，把程度往轻处或者小处说；二是表示"恰好""可着某种程度或者范围"。"可"由限止向转折连词的发展，类似于英语的转折连词 nevertheless，从其构词语素可以看出它来自"不少于、恰好"义。

"可是"是公认的转折连词。转折连词"可是"的形成要更晚，齐春红（2006）认为"可是"作为一个转折连词是清代才开始出现的，中间还经历了一个由短语而话题化的过程，最终在语用推理的过程中，由既表强调在特定语境中又含转折的语气副词固化为一个转折连词"可是"。蔡甜（2007）也讨论了"可是"的词汇化过程，认为唐以前"可"与"是"还没有发展为一个词，"可是"成词是在宋代，但当时用例还不多见，南宋时期出现了表强调的"可是"，明清时期连词"可是"产生。王月萍（2010）考察并分析了"可是"的语法化过程及其动因和机制，认为"可是"经历了"可是1（偏正短语）—可是2（表强调的语气副词）—可是3（转折连词）"的语法化过程，重新分析、隐喻和转喻、使用频率高是"可是"语法化的动因机制。

2. 关于转折连词的来源及历时演变研究

转折连词研究也是汉语连词研究的一部分，目前对汉语连词研究比较全面的是周刚的《连词与相关问题》和席嘉的《近代汉语连词》。

周刚的《连词与相关问题》是一部研究连词的专著，除了对现代汉语连词进行研究外，在"连词产生和发展的历史回顾"一章中也从历时的角度对上古（殷商—两汉）、中古（魏晋—唐中叶）、近代（晚唐—清中叶）、近代至现代过渡（清中叶—清末、民国初年）4个时期连词的发展和使用情况进行了探讨，并总结归纳了汉语连词发展的特点，给我们呈现了整个连词系统产生和发展的大致脉络。文中还对"不过""虽然""但、但是""只是"4组转折连词的来源和历时演变过程做了一定程度的探讨。

席嘉的《近代汉语连词》（2010）是近代汉语连词研究方面的最新力作，比较全面地解释了近代汉语连词系统的面貌，正如卢烈红在"序"中所言："在研究过程中，作者既注重做细致的个案研究，又注意从宏观上概括各类连词演化机制、动因和共性，挖掘不同的词由源词向目标词演化途径的差异，研究的整体思路有特色。"在"转折连词"一章中，席先生不仅对各个历史时期汉语转折连词的使用情况进行了考察，还对转折连词的来源和演化过程做了进一步的研究。将转折连词的来源分为4类：第一类是组合同化产生的转折连词（"然"），席嘉先生认为,"然而"起初是一个承上启下的组合,"然"的作用是承上,"而"的作用才是转折,以后跨层组合为转折连词,"然"的源义融入"然而"表示转折的语法功能,之后才出现"然而"之省,以"然"摄"而",也就是单用"然"表示转折。我们还不能完全同意席嘉先生的观点,主要原因是其研究还缺少充足的证据,如果要证明转折连词"然"是在与"而"的组合过程中被同化的,那么仅仅凭借"而"表转折和"然"表肯定都出现在"然而"表转折之前,是不足以说明问题的,至少还要有两个方面需要论证:一是组合同化模式在汉语其他词的发展过程中经常出现,是一种普遍的词类形成或转化机制;二是还需要论证"然而"在历时演变过程中的具体情况,尤其要注意临界点的例子。另外,对于转折连词"然"演化的第三步——出现"'然而'之省",即"然"单独表转折也还值得商榷。第二类是由范围副词演化来的转折连词("但""只"类连词)。第三类是副词意义变化和演化("就是"类连词)。第四类是组合关系变化与演化("可"类连词)。第五类语境意义赋予转折功能("要"类连词)。

另外,对单个转折连词的研究也已相当深入,学者给予"不过""但(但是)"等较多关注(详见第五章个案考察)。

(四)转折关联词语的演变模式研究

关于转折关联词语的演变模式,学者们也有所涉及。

董淑慧(1996)谈到了"倒、却、还、反、翻、覆、顾、转"等词的平行发展,它们都由具有相同的"相反"义素的动词虚化为转折副词。董淑慧的研究涉及了转折副词的演变模式。

李宗江(2005)在董淑慧的基础上做了进一步的研究,其文《副词"倒"及相关副词的语义功能和历时演变》将副词"倒"的语义功能分析为表示相反关系、表示转折关系和表示舒缓语气3类,具体说明了这3种语义功能的内在联系和演变关系。文章从历时角度分析了"倒"虚化的3个阶段:动词(表示动作使某一物体与正常的方向相反）—转折关系—语气副词。文章还对相关的"却、还、反、翻、覆、顾、转"等词进行了分析，发现"却""还"与"倒"一样，在历时演变过程中都经历了上述 3 个阶段，而"反、翻、覆"3 个词则只有表示相反关系的用法，没有见到表示转折关系的例子，也就没有语气副词的用法。

郭志良的《说说"可是"从语气副词向转折连词转化的过程》（1992）提出了语气副词到转折连词的范畴转化模式，并对"可是"从语气副词向转折连词转化的过程进行了描述。

邓云华、石毓智的《从限止到转折的历程》（2006）探讨了"限止"和"转折"之间的内在联系，认为汉语中有相当一部分转折连词，诸如"但是""只是""不过""可是"等都是从表范围或程度的限止义发展来的，并且从汉语历史发展和语言类型学的角度论证了这一现象是语言发展的一个共性。邓先生的研究思路给我们很大启发，研究涉及两个不同范畴之间的关联，不仅对单个成员进行了考察，还关注限止与转折之间的内在语义关系，同时对英语等类似的现象进行了描述，佐证了"限止＞转折"的演变模式。

转折关联词语的演变模式研究，突破了传统研究集中于单个词语历时演变的研究，开始从范畴角度进行探索。一般来讲，同义词在历时发展演变过程中往往会呈现出相同或相似的发展轨迹，这是由源词语义特征的共性决定的，因此，从历时角度探讨转折范畴，有必要以现有的转折关联词语为纲对转折范畴内部成员进行分类，继而追溯这些类别中的成员的历史原型，探讨源词向转折范畴转化的历史过程和内在动因和机制。

二　尚存问题

学者对转折范畴相关的研究已经取得众多成就，但同时也存在不少问题。主要表现在以下几个方面：

（一）重描写而轻解释

对语法现象细致的描写是研究的基础，但汉语历史语法研究的主要任务有 3 点：揭示已有的演变规律；解释共时的语言现象；预测未来演变的方向。之前的研究重描写而轻解释，因此对汉语转折范畴内部成员的来源、使用、更替等问题，应在描写的基础上，解释其理据。

（二）共时研究与历时研究不平衡

共时的研究比较深入，历时的演变研究还不够深入。

（三）未能将转折语义关系提升到范畴角度进行类型学研究

未能在整个范畴系统中把握转折关联词语。已有的研究大多集中于单个典型的个案考察上，如"还""却""可"等，从整个转折范畴系统的角度进行研究的，无论从共时角度还是从历时角度的论著，均尚未见。

第三节 转折范畴的性质及本书的研究范围

一 转折范畴的性质

（一）"转折"是一种语义关系范畴

语法范畴包括语义范畴和语义关系范畴，最早建立汉语语义范畴系统的是吕叔湘先生的《中国文法要略》，书中上卷为"词句论"，而下卷为"表达论"，其中"表达论"中又分出"范畴"和"关系"两大部分①。"转折"就属于"离合·向背"关系中的一种。虽然吕先生把"范畴"和"关系"分开论述，但实际上吕先生所述的"范畴"就是通常所说的语义范畴，而"关系"便是通常所述的语义关系范畴，

---

① 吕叔湘先生建立了"数量""指称""方所""时间""正反·虚实""传信""传疑""行动·感情"11 种范畴以及"离合·向背""异同·高下""同时·先后""解释·纪效""假设·推论""擒纵·衬托"6 大关系。

正如何瑛（2007）所述："如果说'表达论：范畴'部分主要是按照范畴的类别对各种范畴的表达手段进行静态的描写的话，那么'表达论：关系'则是从各种显性语法意义在使用过程中呈现出来的隐含意义的角度出发对相关的语法范畴加以联系、比较。"① 并且吕先生在分析过程中，在具体内容方面也有诸多相似，如其中论述的成员都是某些词类。在"转折"关系表达中，吕先生主要讨论了"而""然""然而""可""却""倒""反""偏""顾""转""乃"等表转折的标记词，其中，部分标记词本身在语法化后即遗留有转折语义，而有些转折标记词则属于比较典型的虚无意义虚词。当然，也有很多转折句并未有形合式转折关联词。可见，"转折"范畴既可以是包含典型标记词语句构成的语义范畴，也可以是无标记语句构成的纯粹关系范畴，因此，本书将转折范畴合称为语义关系范畴。

（二）"转折"的原型范畴及含义

关于"转折"，吕叔湘在其《中国文法要略》（1982）中有这样的论述："凡是上下两事不谐和的，即所谓句意背戾的，都属于转折句。所说不谐和或背戾，多半是因为甲事在我们心中引起一种预期，而乙事却轶出这个预期。因此由甲事到乙事不是一贯的，其间有一转折。"②

我们可以先从字源上探寻"转折"的蕴涵意义：

"转折"本为一个同义复合词，"转"和"折"意义相近，皆为动词。关于动词"转"，《汉语大词典》有20多种释义，其中与复合词"转折"相关的有以下3种释义：①返回；②转向，改变行动的方向；③变化，改变。分别转引一个例句，如下：

---

① 何瑛：《汉语与时间相关的范畴转移研究》，博士学位论文，中国社会科学院研究生院，2007年。

② 吕叔湘：《中国文法要略》，商务印书馆1982年版，第340页。

(1) 梁兄请转,不必远送了。(川剧《柳荫记》第四场)

(2) 岸回知舳转,解缆觉船浮。(南朝梁,刘孝绰《夕逗繁昌浦诗》)

(3) 独有一丈夫,儒服而立乎公门,公即召而问以国事,千转万变而不穷。(《庄子·田子方》)

动词"转"的这3个意义相近,都有"与原来不同""变化"等含义,但具体含义却不同。

义项①表达的是完全与原来运行方向相反的一种运动。如下图所示:

义项②表达的是一种循环运动。运行路径是圆形,起点与终点重合。如下图所示:

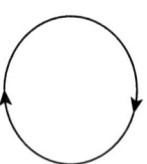

义项③表达的意义更加泛化,包含的范围更广,可以包括前两个义项所表达的各种形式。如下图所示:

动词"折",《汉语大词典》也有3种与"转折"相关的释义:①摘取;②曲折、弯;③反转、改变方向。分别转引一个例句,如下:

(4) 攀条折其荣,将以遗所思。(《古诗十九首·庭中有奇树》)

(5) 河九折注于海,而流不绝者,昆仑之输也。(《淮南子·览冥训》)

(6) 她迎上前去招呼了琴……同她们一道折回来。(巴金《春》)

以上3个义项之间是有内在联系的，第3个义项是前两个义项抽象化的结果，与复合词"转折"相关。不难发现，虽然"转"和"折"在义项上并不完全相同，但都有［＋改变原来运行方向］或者说［＋变化］这些共同义素，这也是其结合成为同义复合词的重要原因。源词的语义特征也决定了转折语义关系的部分特点，因此，所谓的"转折"似乎在生活中也可能有几种情况，如：

A：完全与原来运行方向相反，是一种完全相对的关系，如下图所示：

→← ↑↓

B：运行方向与原来运行方向不一致，但并非完全相反，如下图所示：

→↗ ←↙

这也是为什么很多学者认为转折有强弱之分而分为"轻转"和"重转"的原因之一，但是，转折的本质是什么？轻转与重转只是对语义轻重或者转折关联词词义强弱的分类，这种分类还未触及转折的本质内涵，也没有追溯到转折的本源，后者正是我们需要努力的方向。

认知语言学原型范畴观认为："实体的范畴化是建立在好的、清楚的样本（exemplar）的基础之上的，然后将其他实例根据它们跟这些好的、清楚的样本在某些／一组属性上的相似性而归入该范畴。这些好的、清楚的样本就是典型（即原型），它们是非典型事例范畴化的参照点。这种根据与典型事例类比而得出的范畴就是原型范畴（prototype-basedcategory）。"[①] 原型是人们对世界进行范畴化的认知参照点，范畴内部成员的地位是不均等的，有的是原型范畴成员，具有特殊地位，有的是非原型成员，例如知更鸟、麻雀等可以看作鸟类范畴的原型成员，鸵鸟、企鹅等则是鸟类的非典型成员，而判断的根据就是他们在特征上的相似性程度。

那么，转折范畴的原型语义特征是什么？显而易见，作为语义

[①] 见于袁毓林《语言的认知研究和计算分析》一书中的"词类范畴的家族相似性"一节。

范畴，转折原型并非指向众多的关联词标记，因为很多标记只是句中的附属或提示成分，并非语义的核心。也就是说，去探讨转折范畴的核心语义特征，或许在无标记情形下会更加清晰、明了。而且甲骨文及金文中很多转折语义句也并无关联词参与，这一点也侧面提示我们需要更深刻地去理解本书所言的转折。以古代汉语意合型转折语义句为例：

（7）王含作庐江郡，贪浊狼藉。王敦护其兄，故于众坐称："家兄在郡定佳，庐江人士咸称之！"时何充为敦主簿，在坐，正色曰："充即庐江人，所闻异于此！"敦默然。旁人为之反侧，充晏然，神意自若。（《世说新语·方正第五》）

从语义上讲，例（7）是典型的意合型转折句，但从句法结构上看，上句"旁人为之反侧"讲的是"旁人的反应"，下句讲的是"何充的反应"，显然属于并列结构，也就是说转折句最初滋生于并列句中，隶属并列的大范畴，但不得不承认的是从语义关系上来讲例（7）确实存在转折语义，这种转折语义是如何实现的呢？很明显是通过前后句的比较而产生的，上句"旁人的反应"和下句"何充的反应"形成对比，语义相反使得对比的结果会产生差异，这种差异性在复句中便形成转折语义。

通过对无标记转折句进行分析，我们发现转折的原型语义特征是通过比较实现的，比较的本质是为了形成对立性或差异性的关联，应该说这是转折形成的最根本原因，因此，可以说转折的原型语义特征便是因比较而产生的差异性，这种差异性包括完全对立和部分差异两种类型。这样，转折范畴在确立了原型语义特征之后，便会逐步扩展，逐渐吸纳其他成员的加入。转折范畴的形成过程也表现在历时层面上，这也是本书要对转折范畴进行历时研究的重要原因。

二 "转折"的表达手段及本书的研究范围

转折语义的表达可以有多种手段,可以体现为词汇层面,比如具有[+相反]语义特征的动词("返""转""回"等),但更多的则是体现为关系句,即将转折归入句法关系范畴,所以转折语义主要是在一些转折关系句中得以体现。转折关系句在语言表达中随处可见,从形式标记上可分为有标记句和无标记句两类,无标记句即通过前后句语义关系构成的意合型转折句,而有标记句往往是借助一些关联词标记来连接的形合型转折句,后者正是本书的研究重点,所以我们主要关注转折关系句中能够标示转折的关系词。

只有通过早期转折句形式的考察,才能对转折范畴有更深入的理解,也只有通过原型范畴的建立,才能更深入地探讨汉语转折范畴的历史发展,这也是本书研究的主要思路。

另外,如果按照吕叔湘先生的观点,但凡上下句句意背戾的均属于转折句,那么转折句还可细分为直截了当的转折、间接让步的转折、假言否定性转折,限于本书篇幅和本人研究水平及精力,我们仅仅选取第一类,即将直截了当的转折句作为研究对象,其他两类有待今后再进行深入研究。

本书的研究是从语义认知基础出发,以语义为纲,寻求转折语义关系在形式上的表现。因此,我们采取从意义到形式的研究,主要关注转折范畴在汉语史中的语法标记形式,通过对转折关联词语的历时演变进行考察,探讨这些关联词与转折原型语义特征如何结合,使得转折范畴的历时研究能够兼顾句法和语义等问题。

传统的观点是将转折关联词语分为转折连词和转折副词两大类。事实上,连词和副词的分界一直是学术界比较棘手的问题之一。本书试图从语义范畴的角度进行研究,这样可以避开直接的词类划分,而且现实语用中的转折多关注语义问题,而很少去辨别副词或连词问题。范畴成员有典型和非典型之分，换句话说，范畴具有层级性。从历时的角度看，转折关联词语属于意义较为虚化的一类，一般是由实词虚化而来的。语法化研究很多时候都体现了这种层级性，一个范畴到另一个范畴不是突变的（原始范畴到后期转化范畴的发展过程并非突变），渐变性恰恰体现了范畴之间的联系性和边界的模糊性。

对转折关联词语的研究，学者们已经作出了突出的贡献，我们在其基础上将转折关系上升到语义范畴角度，系统地进行研究，主要从转折关联词语的来源上对其进行范畴化，找出原型范畴。建立原型范畴之后，再将各种非原型范畴纳入，将关联词原型范畴与转折原型范畴同步结合考察，从而建立一个相对完整的转折语义范畴系统。以期能够推进这一领域的研究。

第四节　本书的理论基础和研究方法

一　理论基础

本书研究的重点主要是转折关联词语如何由初始语义范畴进入转折范畴。首先详尽描写了相关范畴的语义特征，范畴成员的语义属性、句法功能，通过归类和比较确定所属范畴的原型语义特征，然后采取个案分析与系统梳理相结合、历时描写和共时比较相结合的描写语言学和历史语言学的基本方法，同时也注意参考已有的研究成果，以认知语言学、语法化、语言类型学、构式语法等理论为指导进行研究。运用认知语言学的原型理论建立起转折范畴，运用语法化理论对转折关联词语进行历时分析，运用语言类型学理论将转折范畴放在世界语言这个大环境中进行考察。

二 研究方法

（一）描写和解释结合

解释的基础是对语言现象的描写和认识。历时的研究需要建立在对语法现象全面描写的基础上，因而首先要对转折关系复句和转折关联词语的使用情况进行全面的描写，只有在充分描写的基础上，才能对转折范畴成员有一个系统的认识，从而建立起联系，同时综合运用认知语言学理论、语法化理论、类型学理论等，对转折范畴成员的产生发展规律进行合理解释。

（二）共时和历时结合

现代汉语转折范畴的形成与其在汉语发展历史中的漫长演变紧密相关，历时的研究需要建立在对语法现象全面了解的基础上。因而首先要对转折关系复句及转折关联词语在汉语史各个阶段的使用和更替情况进行全面的考察，继而运用范畴理论，将转折语义关系纳入范畴的高度，建立起原型范畴，再向外扩展，最后通过个案形式对转折关联词语进行历时的探源。

（三）定性和定量分析

在对各时期代表语料进行描写的基础上，对转折范畴所蕴含的语法语义特征进行分析。本书采取定量分析的手段，统计各期代表性文献中出现的转折关联词语的数量、构词方式、使用范围等，揭示共时转折关联词系统内部的消长，使考察结论更客观、科学，同时在数理统计基础上，也有助于我们理解不同时期转折句构成方式的优先序列。此外，通过对转折范畴语义语法特征的分析，做到定量分析和定性分析相结合。我们在描写其历史发展的基础上，筛选了从上古到近代有代表性的著作，对其中出现的转折关联词做充足的观察与统计，这对解释和研究转折关联词的发展及其演变机制有重要的指导性作用。

(四) 比较、归纳法

转折关联词语在历史上曾出现庞大的同义词或近义词聚合群,通过共时比较可以发现同一时期转折关联词语之间的细微差别,通过历时比较可以寻找各个时期转折关联词语的不同点,而共时、历时比较的结合对研究转折关联词语间的源流关系提供了重要依据。当然,通过比较也可以从大量的语言事实中寻找规律,归纳转折关联词语的来源途径、产生方式等,有助于揭示转折范畴的历时演变。

(五) 类型学与认知分析相结合

类型学关注不同语言的共性并探讨共性的产生原因。转折是不同语言中所具有的共性表达方式,也在不同语言中有各自的表现形式,通过汉语与其他语言跨语言比较不仅可以增强对语义范畴演变的理据性,而且可以探视相关范畴在不同语言中的发展状况,透视某种历史演变是否具有语言普遍性。

第五节 语料说明

陈和年在《古汉语时间范畴词典》(2004)的"序"中指出:"汉语语法史研究的深入,有两项工作必须走在前头,一是专书的研究,一是范畴的研究。专书研究现在已经得到较多人的关注,而关注范畴研究的人则还很少。究其原因,或许因为范畴是讨论一种语法意义的表达范围的,所涉及的材料,外延几乎是无限的吧!"而本书选择的恰恰是范畴的历时研究,首先面临的就是涉及的材料问题。

由于转折是一种很普遍的语言表达方式,在先秦已经大量出现,历经上古、中古、近代的发展,数量不断增多,形式也更加复杂。历时角度的范畴研究是一项历时与共时结合的研究工作,涉及上古至现代汉语的相关资料,由于本人自身素质和研究时间、精力有限,不能做到全面,但为了研究结果的可信性,我们选取各个时期具有代表性的文献作为基本语料，同时参考其他语料。

主要选取纸本语料如下：

上古文献：

先秦：《诗经》《论语》《左传》《公羊传》《谷梁传》《孟子》《庄子》《荀子》《韩非子》《国语》《吕氏春秋》等。

两汉：《战国策》①《史记》《汉书》《论衡》《越绝书》《吴越春秋》《太平经》等。

中古文献：

《三国志》《搜神记》《世说新语》《后汉书》《宋书》《南齐书》《颜氏家训》《魏书》《齐民要术》《百喻经》等。

近代文献：

隋唐五代：《游仙窟》《全唐诗》《北齐书》《敦煌变文集》《祖堂集》等。

宋：《全宋词》《朱子语类》《五灯会元》《云笈七签》等。

元：《新刊元刊杂剧三十种》《西厢记》《琵琶记》《元曲选》《全元散曲》《老乞大》《朴通事》等。

明：《金瓶梅》《水浒传》《西游记》《三国演义》、"三言二拍"等。

清：《聊斋志异》《醒世姻缘传》《红楼梦》《儿女英雄传》《儒林外史》等。

主要选取电子语料如下：

关联词语是汉语复句的重要组成部分，绝大部分复句的分句之间的逻辑关系可以通过关联词语来反映。因此，本书的研究主要围绕转折标记词而展开，在转折关联词的收集方面采取首先对各个时代比较具有代表性文献中的有标转折句进行考察，摘录词条，继而利用电子

---

① 《战国策》记录的是战国末年事迹，为西汉刘向整理，其年代一直有争议，本书采取保守观点，将其视为西汉时期的作品。

语料库进行检索考察的方式。本书选用的电子语料库主要有"汉籍全文检索系统（第二版）"①。当然，我们检索得来的电子语料均与纸质文献进行核实，以确保语料真实无误。

---

① 2002年6月由陕西师范大学历史文化学院制作，共收入文史类古籍文献830种，基本涵盖了汉语史各个时期的主要文献。

第二章

转折范畴的历时使用及更替情况考察

首先不得不谈的是汉语史的分期问题，关于汉语史的分期，主要存在两种观点：

1）王力先生的观点：四期——上古、中古、近代、现代。

汉末之前为上古，魏晋至隋唐五代为中古，宋元明清为近代，鸦片战争至今为现代。①

2）吕叔湘先生的观点：两分法，分为古代汉语和近代汉语，以晚唐五代（9世纪）为分界点，晚唐五代之前为古代汉语，之后为近代汉语，并认为现代汉语是近代汉语的一个阶段。他在《近代汉语读本序》（1983）中说："尽管我们说古代汉语、近代汉语、现代汉语，我们却不认为把汉语史这样平分为三段是适当的，我们的看法是现代汉语只是近代汉语的一个阶段，它的语法是近代汉语的语法，它的词汇是近代汉语的词汇，只是在这个基础上加以发展而已。"

其中，近代汉语的时间跨度尚且存在争论。

潘允中在《汉语语法史概要》（1982：17）一书中支持王力先生的意见，认为"自宋元明清至鸦片战争以前是汉语史的近代时期"。

---

① 王力先生在其《汉语史稿》中将汉语史分为4个时期：①公元3世纪以前（五胡乱华以前）为上古期（3、4世纪为过渡阶段）；②公元4世纪到12世纪（南宋前半）为中古期（12、13世纪为过渡阶段）；③公元13世纪到19世纪（鸦片战争）为近代（自1840年鸦片战争到1919年五四运动为过渡阶段）；④20世纪（五四运动以后）为现代。

胡明扬在"第二届近代汉语讨论会"（1986，上海）上认为近代汉语的上限不晚于隋末唐初，下限不晚于《红楼梦》以前。①

蒋骥骋的《近代汉语词汇研究》（1991：7—8）关于近代汉语分期的观点：9世纪—17世纪（晚唐五代—明末清初）。

蒋绍愚（2005）的观点：晚唐五代至清初说（7世纪—18世纪中期）。②

虽然诸多学者根据语法、词汇、语音上的特点对汉语史进行分期，各有道理，但是为便于研究，我们采用王力先生将汉语史分为上古、中古、近代、现代的观点。其中，关于近代汉语的分期，我们同意蒋骥骋、蒋绍愚两位先生的观点，但为方便本书的研究，我们将先秦、两汉③出现的转折范畴都放在上古汉语一节中，将魏晋南北朝时期出现的转折范畴放在中古汉语一节中，将隋唐至清末出现的转折范畴都放在近代汉语一节中，暂不研究清代以后（即现代汉语）出现的转折范畴。在对转折范畴考察的过程中，对各个具体历史时期转折范畴进行考察。

另外，我们在对各个时期转折范畴进行考察时，并非从词类的角度进行考察，而是仅就转折句中的关联标记进行考察。由于转折范畴的使用十分普遍，因此本章通过考察一些典型文献中的有标转折句（非穷尽），找出转折标记，并探索这些转折标记的产生演变。

---

① 胡明扬：《近代汉语的上下限和分期问题》，胡竹安、杨耐思、蒋绍愚《近代汉语研究》，商务印书馆1992年版，第3—12页。

② 蒋绍愚先生认为，从语法、词汇方面看，近代汉语的上限或许可以提前到唐代初年。但从语音方面看，新要素的出现要晚一些。王力先生所说的那三项语音变化，只有浊音清化在晚唐五代已经出现，而入声的消失在晚唐五代还只是微露征兆，－m尾的消失除个别方言例证外，在晚唐五代还看不到确凿的例证。但从总体上看，晚唐五代可以看作近代音发展的起点。如果把语音和语法综合起来看，那么，比较慎重的说法是：近代汉语的上限是晚唐五代。（蒋绍愚：《近代汉语研究概要》，北京大学出版社2005年版，第5页）

③ 一般认为东汉是上古与中古的过渡时期，为方便行文，我们未将两汉分开，对于这一时期出现的转折范畴均放在上古时期来讨论。

第一节　上古汉语出现的转折范畴的使用情况考察

一　先秦时期出现的转折范畴考察

这一时期主要选用的语料：《诗经》《左传》《论语》《孟子》《荀子》《吕氏春秋》等。

这一时期出现的转折范畴主要有："而""而乃""反""反而""覆""顾""固""故""乃""且""然""然而""然且""然则""如""特""抑""以""转"等。

【而】

"而"是上古汉语主要的转折连词。如：

（1）戎虽小子，而式弘大。（《诗经·大雅·民劳》）

（2）夫宠而不骄，骄而能降，降而不憾，憾而能眕者，鲜矣。（《左传·隐公三年》）

（3）弓调矢直矣，而不能射远中微，则非羿也。用百里之地，而不能以调一天下，制强暴，则非大儒也。（《荀子·儒效第八》）

后代一直沿用。

（4）客有问陈季方："足下家君太丘，有何功德，而荷天下重名？"（《世说新语·德行第一》）

（5）夜耿耿而不寐，心荧荧而靡托。（《游仙窟》）

（6）这只反覆形容后妃之德，而不可指说道甚么是德。（《朱子语类》卷八十一《诗二》）

（7）李忠见鲁达凶猛，敢怒而不敢言。（《水浒传》第三回）

（8）再者，市井俗人喜看理治之书者甚少而爱适趣闲文者特

多。(《红楼梦》第一回)

【而乃】

《汉语大词典》所举最早例证出自南朝宋,实际上,"而乃"用作转折连词先秦已见,一直沿用至明清时期。

(1) 天下何故不谓子为盗丘,而乃谓我为盗跖?(《庄子·盗跖第二十九》)

(2) 是以左右近习之臣,知伪诈之不可以得安也,必曰:"我不去奸私之行尽力竭智以事主,而乃以相与比周妄毁誉以求安,是犹负千钧之重,陷于不测之渊而求生也,必不几矣。"(《韩非子·奸劫弑臣第十四》)

(3) 夫一局之弈,形算之浅,而弈秋之心,何尝有得,而乃欲率井蛙之见,妄抑大猷,至独陷神于天穽之下,不以甚乎?(南朝宋,宗炳《明佛论》)(转引自《汉语大词典》)

(4) 建等不能效臧洪泣血,纠率同盟,亦可以结约亲邻,共张声势,而乃助桀作孽,画匕成蛇,舍我善邻,陈诚伪室。(《北梦琐言》卷十四)

(5) 孟谈曰:"高赫在围城之中,不闻画一策,效一劳,而乃居首功,受上赏,臣窃不解。"(《东周列国志》第八十四回)

(6) 禁卒笑之曰:"诗人不求功名,而乃为盗?"(《聊斋志异》卷十二)

现代汉语不再使用。

【反】

连接转折句的副词"反"早在《诗经》中已有用例,并成为应用广泛的转折关联词,历代使用,并一直沿用至现代汉语。

（1）不我能慉，反以我为雠。（《诗经·邶风·谷风》）

（2）缪公与麾下驰追之，不能得晋君，反为晋军所围。（《史记·秦本纪》）

（3）生时无佑，死反有报乎？（《论衡·书虚篇》）

（4）王北中郎不为林公所知，乃著论沙门不得为高士论，大略云："高士必在于纵心调畅。沙门虽云俗外，反更束于教，非情性自得之谓也。"（《世说新语·轻诋第二十六》）

（5）先生曰："朋友来此，多被册子困倒，反不曾做得工夫。何不且过此说话？彼皆纸上语尔。有所面言，资益为多。"（《朱子语类》卷一百一十七《朱子十四》）

（6）书啊，我只为其中自有黄金屋，反教我撇却椿庭萱草堂。还思想，毕竟是文章误我，我误爹娘。（《琵琶记》第三十七出）

（7）一会儿爬起来，睁起双眸，大喝道："我乃北京大盗卢疆也。丁戌天杀的！得我千金，反害我命，而今须索填还我来！"（《初刻拍案惊奇》卷十四）

（8）莽龙蛇、本待将河翻海决，反做了失水瓮中鳖，恨樊笼鄂时困了豪杰。（《长生殿》第三出）

（9）说不得横心只当他们死了，横竖自然也要过的。便权当他们死了，毫无牵挂，反能怡然自悦。（《红楼梦》第二十一回）

【反而】

《汉语大词典》收录，但所举用例皆出自现代汉语。事实上，表转折关系的副词"反而"产生于先秦时期。

（1）贤圣之后，反而殃民，是以贼其身，岂能独哉？（《吕氏春秋·遇合》）

汉代以后沿用。

（2）鬼神如有知，必恚与战，不肯径去，若怀恨，反而为祸；如无所知，不能为凶，解之无益，不解无损。（《论衡·解除篇》）

（3）至尉升湖，绚曰："吾为人吏，反而见擒，有何面目得视公也。"投水而死。（《魏书·裴叔业传》）

（4）问诩曰："绣以精兵追退兵，而公曰必败；退以败卒击胜兵，而公曰必剋。悉如公言，何其反而皆验也？"（《三国志·魏书·贾诩传》）

明代以前，"反而"的使用并不普遍，明清以后才开始大量使用，并沿用至现代汉语。

（5）尔后二人都落在娉娉的圈套中，以往的积怨像冰一样消散，反而甘心为娉娉所用，只是魏生不知道而已。（《剪灯余话》卷五）

（6）又怕被李家告发，复又托言，说他等了许久不见前去，反而倒说李成仁串骗他的银两，好站住自己脚步。（《施公案》第二百七十六回）

（7）但问他道："你既身为藩王，理应上报祖宗恩德，扶助当今佐治天下，才是正理。为何不思竭忠尽道，反而纵子谋逆。今日尚有何言？你可知罪么？"（《七剑十三侠》第一百五十八回）

【覆】

"覆"在《诗经》中已经出现表"相反、反而"义的副词用法，但之后的文献极少使用。

（1）昊天不平，我王不宁。不惩其心，覆怨其正。(《诗经·大雅·节南山》)(郑《笺》："女不惩止女之邪心，而反怨憎其正也。")

（2）人有土田，女反有之。人有民人，女覆夺之。此宜无罪，女反收之。彼宜有罪，女覆说之。(《诗经·大雅·瞻卬》)(郑《笺》："覆，犹反也。")

（3）其维愚人，覆谓我僭，民各有心。(《诗经·大雅·抑》)(郑玄笺："覆，犹反也。")

【顾】

"顾"表转折，先秦已见，《汉语大词典》亦收录。如：

（1）是故上有大泽，则惠必及下，顾上先下后耳，非上积重而下有冻馁之民也。(《礼记·祭统》)(转引自《汉语大词典》)

（2）时季羽在侧，曰："不然。窃闻季为公甚，顾其人阴未闻耳。"(《韩非子·外储说右上第三十四》)

秦汉时期沿用。

（3）荆轲知太子不忍，乃遂私见樊於期曰："秦之遇将军，可谓深矣。父母宗族，皆为戮没。今闻购将军之首，金千斤，邑万家，将奈何？"樊将军仰天太息流涕曰："吾每念，常痛于骨髓，顾计不知所出耳。"(《战国策·燕策三》)

（4）然，凡人行，皆以寿尽为期，顾有善恶尽耳。(《太平经》卷四十《努力为善法第五十二》)

魏晋以后用例甚少，现代汉语已不再使用。

【固】

"固""故""顾"三者经常可以互为通假字,王引之《经传释词》:"顾,犹但也。""固"可与"顾"通,表"反而""却"义,先秦已见。

(1) 子华子曰:"甚善。自是观之,两臂重於天下也,身又重於两臂,韩之轻於天下远;今之所争者,其轻於韩又远。君固愁身伤生以忧之,戚不得也。"陈奇猷集释引孙锵鸣曰:"固,顾通。"(《吕氏春秋·审为》)

(2) 今时时有近流水而居,不凿井,固多病不寿者,何也?(《太平经》卷四十五《起土出书诀第六十一》)

【故】

"故"表转折的用法先秦已见,一般用于动词谓语前,表示事态跟常情、常理相违背,可与"顾"通,译为"反而""却"等。

(1) 燕人无惑,故浴狗矣。陈奇猷集释:"故与顾同,反也。"(《韩非子·内储说下》)

(2) 凡人莫不欲安荣而恶危辱,故唯君子为能得其所好,小人则日徼其所恶。(《荀子·儒效第八》)

(3) 秦服其劳而赵受其利,虽强大不能得之于小弱,小弱故能得之于强大乎?(《史记·赵世家》)

【乃】

"乃"是个多功能语素,也是古汉语中一个较常用的关联词语,可以表示并列、进层、选择、承接、转折、假设等多种关系,转折功能在先秦已经出现。《汉语大词典》亦收录。

（1）有厥罪小，乃不可不杀。（《尚书·康诰》）
（2）不见子都，乃见狂且。（《诗经·郑风·山有扶苏》）

中古时期沿用。

（3）孔君平疾笃，庾司空为会稽，省之，相问讯甚至，为之流涕。庾既下床，孔慨然曰："大丈夫将终，不问安国宁家之术，乃作儿女子相问！"庾闻，回谢之，请其话言。（《世说新语·方正第五》）

【且】

"且"作为转折连词先秦已见，《汉语大词典》亦收录。如：

（1）楚人上左，君必左，无与王遇。且攻其右。杨伯峻注："且作而用。"（《左传·桓公八年》）（转引自《汉语大词典》）
（2）白狄及君同州，君之仇雠，而我之昏姻也。君来赐命曰："吾与女伐狄。"寡君不敢顾昏姻，畏君之威，而受命于吏。君有二心于狄，曰："晋将伐女。"狄应且憎，是用告我。（《左传·成公十三年》）
（3）问于祁奚，祁奚曰："公族之不恭，公室之有回，内事之邪，大夫之贪，是吾罪也。若以君官从子之私，惧子之应且憎也。"（《国语·晋语八》）

"且"作为转折连词，唐代已经比较少见，据王淑华（2009：204-205）考察，在《敦煌变文》中仅出现2例，《祖堂集》中出现6例，且都是和其他连词配套使用，构成"虽……且""只……且"等连用形式。

（4）虽知世尊是亲兄弟，且不肯出家。（《敦煌变文集新书·难陀出家缘起》）

（5）周氏便夸身上艺："虽为下贱且超群。"（《敦煌变文集新书·捉季布传文一卷》）

（6）仰山云："师兄在知有如来禅，且不知有祖师禅。"（《祖堂集·香严和尚》）

（7）却云："石霜虽有杀人之刀，且无活人之剑。岩头亦有杀人之刀，亦有活人之剑。"（《祖堂集·岩头和尚》）

（8）上座云："虽有千尺之松，且无抽条石笋。"（《祖堂集·岑和尚》）

唐以后，"且"的转折连词用法基本消失，未沿用至现代汉语。

【然】

"然"是古汉语中主要的转折连词之一，先秦已广泛使用。

（1）吾不能早用子，今急而求子，是寡人之过也。然郑亡，子亦有不利焉。（《左传·僖公三十年》）

（2）文子曰："吾亦愿之。然吾观国人，其父兄之食粗而衣恶者犹多矣，吾是以不敢。人之父兄食粗衣恶，而我美妾与马，无乃非相人者乎！且吾闻以德荣为国华，不闻以妾与马。"（《国语·鲁语上》）

后代沿用，直至现代汉语。

（3）何意东海卫子、济南徐生复能传之，是道竟不坠于地也。古文虽不合时务，然愿诸生无悔所学。（《后汉书·杜林传》）

（4）初，注庄子者数十家，莫能究其旨要。向秀于旧注外为

解义，妙析奇致，大畅玄风，唯秋水、至乐二篇未竟而秀卒。秀子幼，义遂零落，然犹有别本。（《世说新语·文学第四》）

（5）只是观它无所顾藉，敢为异论，则其末流便有坑焚之理。然王通比荀扬又夐别。王通极开爽，说得广阔。（《朱子语类》卷一百三十七《战国汉唐诸子》）

（6）士赡奉使无效，本无置喙之地。然初意不过欲暂那三晋之地，少安彼军之心。彼军既离，则云中一带自可输粟京都，以实国本。（《新元史·李士赡传》）

（7）庙旁住着一家乡宦，姓甄，名费，字士隐。嫡妻封氏，情性贤淑，深明礼义。家中虽不甚富贵，然本地便也推他为望族了。（《红楼梦》第一回）

【然而】

"然而"是古汉语中主要的转折连词之一，先秦已见，历代沿用，直至现代汉语。

（1）此五子者，夷吾一不如，然而以易夷吾，夷吾不为也，君若欲治国强兵，则五子者存矣，若欲霸王，夷吾在此。（《管子·匡君小匡第二十》）

（2）是非知能材性然也，是注错习俗之节异也。仁义德行，常安之术也，然而未必不危也；污僈、突盗，常危之术也，然而未必不安也。故君子道其常，而小人道其怪。（《荀子·荣辱第四》）

（3）凡人之取重赏罚，固已足之之后也。虽财用足而厚爱之，然而轻刑犹之乱也。（《韩非子·六反第四十六》）

（4）越王句践劗发文身，无皮弁搢笏之服，拘罢拒折之容，然而胜夫差于五湖，南面而霸天下，泗上十二诸侯皆率九夷以朝。（《淮南子·齐俗训》）

（5）今大将军虽欲敕身自约，不敢僭差，然而天下远近皆惶怖承旨，刺史二千石初除谒辞，求通待报，虽奉符玺，受台敕，不敢便去，久者至数十日。（《后汉书·桓荣丁鸿列传》）

（6）孝恭性奢豪，重游宴，歌姬舞女百有余人，然而宽恕退让，无骄矜自伐之色。（《旧唐书·宗室列传》）

（7）杨氏云："苟志于仁矣，未必无过举也，然而为恶则无矣。"（《朱子语类》卷二十六《论语八》）

（8）据小官每愚见，以为老完颜若遂明正典刑，虽足见相公执法无私，然而于国尽忠，于家不能尽孝，贤者或不然矣。（元，李直夫《便宜行事虎头牌》，《全元杂剧》）

（9）贾母等一则怕他招受寒暑，二则恐他睹景伤情，虽黛玉之柩已寄放城外庵中，然而潇湘馆依然人亡屋在，不免勾起旧病来，所以也不使他去。（《红楼梦》第九十九回）

【然且】

"然且"表转折，先秦已见，《汉语大词典》所举用例亦以先秦为最早。如：

（1）冬十月，葬蔡灵公……灭国不葬，然且葬之，不与楚灭，且成诸侯之事也。（《谷梁传·昭公十三年》）

（2）斗者，忘其身者也，忘其亲者也，忘其君者也。行其少顷之怒，而丧终身之躯，然且为之，是忘其身也；室家立残，亲戚不免乎刑戮，然且为之，是忘其亲也；君上之所恶也，刑法之所大禁也，然且为之，是忘其君也。忧忘其身，内忘其亲，上忘其君，是刑法之所不舍也，圣王之所不畜也。（《荀子·荣辱第四》）

沿用至唐宋时期。

（3）缀下里於白雪，吾亦济夫所伟。李善注："言以此庸音而偶彼嘉句，譬以下里鄙曲缀於白雪之高唱，吾虽知美恶不伦，然且以益夫所伟也。"（《昭明文选·文赋》）

（4）以累圣之典谋睿哲，大朝之纪律文明，非不欲厉彼风驱，快其电扫。然且考《春秋》之义，稽楚、郑之文，或退而许平，或服而更舍，存于旧史，载彼新书。（《旧唐书·昭宗本纪》）

（5）汝虽无悟，然且有疑，尚亦可在。（《禅林僧宝传》卷二十四）

【然则】

《汉语大词典》收录其连词用法，但未收录其表转折的关联用法。"然则"本为表顺承关系的连词，先秦时期也出现了转折关联用法。

（1）夫贵为天子，富有天下，是人情之所同欲也。然则从人之欲，则势不能容，物不能赡也。（《荀子·荣辱第四》）

后沿用至清。

（2）夫鹤鸣云中，人闻声仰而视之，目见其形。耳目同力，耳闻其声，则目见其形矣。然则耳目所闻见，不过十里，使参天之鸣，人不能闻也。（《论衡·艺增篇》）

（3）其人怆然曰："卿位为常伯，而家无余财，向闻与尊夫人辞诀，言辞哀苦，然则卿国士也，如何可令死，吾当相为。"（《搜神记》卷五）

（4）自明中世，对女真之政策，殆止注重赐印，其他一切不顾。然则事实上于其内部之争夺，已不能加以何等干涉。（《清朝前纪·建州纪第二》）

【如】

"如"作为连词，表转折关系，相当于"而"，《词诠》《经传释词》《古书虚字集释》等均训"如"为"而"，先秦已见，《汉语大词典》亦收录。

（1）上古壬申，与郑伯盟，歃如忘。（《左传·隐公七年》）

（2）乡是者臧，倍是者亡。乡是如不臧、倍是如不亡者，自古及今，未尝有也。（《荀子·儒效第八》）

（3）民之故计，皆就安利如辟危穷。（《韩非子·五蠹》）

汉代以后沿用，但用例比较少见。

（4）记鸿雁之遰也，如不记其乡，何也？（《大戴礼记·夏小正》）

（5）林公谓王右军云："长史作数百语，无非德音，如恨不苦。"王曰："长史自不欲苦物。"（《世说新语·赏誉第八》）

中古以后，表转折的"如"基本不再使用。

【特】

虚词"特"一般作限定范围副词，《汉语大词典》未收其转折用法。当"特"连接的后一分句与前一分句构成例外关系时，便衍生出转折语义。

（1）与居处不安，饮食不时，作疾病死者，有与侵就伏橐，攻城野战死者，不可胜数。此不令为政者，所以寡人之道数术而起与？圣人为政特无此，不圣人为政，其所以众人之道亦数术而起与？"（《墨子·节用上》）

(2) 以臣所行多矣，周流无所不通，未尝见人如中山阴姬者也。不知者，特以为神，力言不能及也。(《战国策·中山策》)

【抑】

"抑"是先秦时期产生的转折连词，《汉语大词典》亦收录。《词诠》将其视为"转接连词"。《古书虚字集释》："抑，犹然也，转语词也；犹但也，转词也。"《助字辨略》："转语。"

(1) 多则多矣，抑君似鼠。(《左传·襄公二十三年》)

后一直沿用至清代，但用例不多。

(2) 郑虽无腆，抑谚曰："蕞尔小国，而三世执其政柄，其用物弘矣，取精多矣。"(《论衡·死伪篇》)

(3) 愈虽不敢私其大恩，抑不可不谓之知己。(唐，韩愈《送许郢州序》)

(4) 其所施设，虽未能尽当先王之意，抑其大略，可谓合矣。(宋，王安石《上皇帝万言书》)

(5) 专赞武帝之文事，而武功则不置一词。抑思帝之雄才大略，正在武功。(清，赵翼《二十二史箚记·汉武帝》)

(6) 儿所以厚赠，虽聊酬一夕枕席之爱，抑有一事相嘱托，幸垂庇也。(清，和邦额《夜谭随录·邱生》)

【以】

上古汉语中，"以"可用于表承接的连词。《词诠》："承接连词，与'而'同。"《古书虚字集释》："犹而也。"《助字辨略》："犹而也。"在使用过程中受语境的影响，"以"可用于表转折的连词，先秦已见。如：

（1）辛巳，将盟于宋西门之外，楚人衷甲。伯州犁曰："合诸侯之师，以为不信，无乃不可乎？夫诸侯望信于楚，是以来服。若不信，是弃其所以服诸侯也。"（《左传·襄公二十七年》）

汉代沿用，直到唐宋时期。

（2）尧无百户之郭，舜无置锥之地，以有天下。（《淮南子·泛论训》）

（3）延孝对曰："梁朝土地不为狭，兵旅不为寡；然主见昏懦，不能专任将帅，以责其成功。"（《新编五代史平话·唐史平话下》）

"以"表转折的用法来源于表顺承的用法，当前后分句语义关系不一致时，可以理解为"却"，但这种用法一直未能成为"以"的常见用法。

【转】

表转折的副词"转"先秦已见，《诗经》中已有用例。如：

（1）将恐将惧，维予与女。将安将乐，女转弃予。（《诗经·小雅·谷风》）

后代沿用，但用例不甚广泛。

（2）角因遣弟子八人使于四方，以善道教化天下，转相诳惑。（《后汉书·皇甫嵩朱俊列传》）

（3）仆无以自全活者，从一官于此，转困穷甚，思自放于伊

颖之上，当亦终得之。(唐，韩愈《与崔群书》)

（4）奈行程路途劳顿，到黄昏转添愁闷。（元，无名氏《宦门子弟错立身》，《全元南戏》）

（5）行者举棒，尽力一下，转震得自己手疼。（《西游记》第二十回）

（6）陆地已近在眼前了吗？转令我心中不快。（郭沫若《星空·灯台》）

二 两汉时期出现的转折范畴考察

这一时期主要选用的语料：《战国策》《史记》《论衡》《太平经》等。

这一时期新出现的转折范畴："不意""独""翻""返""反更""反还""反且""更""顾反""还""还反""何图""何意""即""偏""然复""要""辄""则"等。

【不意】

"不意"表"不料，意想不到"义，可用于关系句，东汉已见。

（1）公孙圣曰："愚哉！女子之言也。吾受道十年，隐身避害，欲绍寿命，不意卒得急召，中世自弃，故悲与子相离耳。"遂去，诣姑胥台。（《吴越春秋·夫差内传第五》）

后代沿用。

（2）张华见褚陶，语陆平原曰："君兄弟龙跃云津，顾彦先凤鸣朝阳。谓东南之宝已尽，不意复见诸生。"陆曰："公未睹不鸣不跃者耳！"（《世说新语·赏誉第八》）

(3) 天赞圣意，三公献谋，庶人赐死，罪人斯得，太子以明，臣恨其晚，无所复及。诏书慈悼，迎丧反葬，复其礼秩，诚副众望，不意吕霍之变复生于今日！(《晋书·阎缵传》)

(4) 儒慌赶入园中劝解，不意误撞恩相。(《三国演义》第九回)

【独】

"独"表转折始于汉代，《汉语大词典》举汉代用例为最早。转引如下：

(1) 〔赵氏〕世有功，未尝绝祀。今吾独灭赵宗，国人哀之，故见龟策。(《史记·赵世家》)

(2) 太公、伊尹以如此，龙逢、比干独如彼，岂不哀哉！(汉，东方朔《非有先生论》)

兹补充数例：

(3) 卓王孙闻而耻之，为杜门不出。昆弟诸公更谓王孙曰："有一男两女，所不足者非财也。今文君已失身于司马长卿，长卿故倦游，虽贫，其人材足依也，且又令客，独奈何相辱如此！"(《史记·司马相如列传》)

(4) 相如虽驽，独畏廉将军哉？(《史记·廉颇蔺相如列传》)

【翻】

"翻"表转折，《汉语大词典》收录的最早例证源于北周。我们在《汉书》中发现用例，南北朝时期用例增多，大约沿用至明清时期。

（1）韩破，良家僮三百人，弟死不葬，翻以家财求客刺秦王，为韩报仇，以五世相韩故。（《汉书·张陈王周列传》）

（2）有菊翻无酒，无弦则有琴。（北周，庾信《卧疾穷愁》诗）（转引自《汉语大词典》）

（3）林莺却不语，野兽翻有踪。（唐，孟彦深《元次山居武昌之樊山，新春大雪，以诗问之》，《全唐诗》）

（4）破镜重圆，分钗合钿，重寻绣户珠箔。说与从前，不是我情薄。都缘利役名牵，飘蓬无经，翻成轻负。别后情怀，有万千牢落。（宋，李致远《碧牡丹》，《全宋词》）

（5）銮舆迁汴梁，朝廷，你信谗言杀害忠良，忠孝军尽沦亡。慌慌逃命走，此身前往何方？天可表我衷肠。俺陀满兴福，本为忠孝将，翻作叛离人。番兵犯界，迁都远避驾蒙尘。（元，施惠《幽闺记》，《全元南戏》）

（6）看了这金钗儿双头比并，更钿盒同心相映。只指望两情坚如金似钿，又怎知翻做断绠。若早知为断绠，枉自去将他留下了这伤心把柄。（《长生殿》第三十出）

（7）不谋颠倒姻缘簿，翻教才人错用心。（《春柳莺》第一回）

（8）正是：凫雁不成同命鸟，鸳鸯翻作可怜虫。未知住出了甚么事，且待下回再记。（《二十年目睹之怪现状》第七十六回）

【返】

"返"犹"反、反而"，《汉语大词典》所举最早用例源于《北齐书》。实际上，东汉已见。如：

（1）狱者，天之治罪名处也，恐列士善，人欲为帝王尽力，上书以通天地之谈，返为闲野远京师之长吏所共疾恶，后返以他事害之，故列宿乃流入狱中也。（《太平经》卷八十六《来善集三

道文书诀第一百二十七》）

（2）夫民臣，乃是帝王之使也，手足也，当土为君王达聪明，使上得安而无忧，共称天心，天喜说则使君延年。今返居下不忠，背反天地，闭绝帝王聪明，使其愁苦，常自责治失正，灾变纷纷，危而不安，皆应不孝不忠不信大逆，法不当得与于赦，今何重之有乎？（《太平经》卷八十六《来善集三道文书诀第一百二十七》）

汉代以后沿用，但受"反"的影响，用例不多。

（3）王，国家姻娅，须同疾恶，返为此言，岂所望乎？（《北齐书·清河王劢传》）

（4）新妇闻客此言，面目变青变黄："如客此语，道有他情，即欲结意，返失其里（理）。遣妾看客，失母贤子……"（《敦煌变文集新书·韩朋赋一卷》）

（5）或曰："鼠者，坎精，主为窃盗，猫者之食，是吾君利器服下之义也。今返食其乳，是空我腹，贼之征也。"果有十月三日之难矣。（《奉天录》卷二）

（6）以臣今在，恐部人不从，与臣克期祭山，返相诬告。臣若朝死，蒙逊必夕发。（《晋书·沮渠蒙逊载记》）

【反更】

"反更"表转折始于东汉，《汉语大词典》未收录。

（1）令诸侯各治邸，车驾前后五至祠，以元鼎六年告封，改为元封，武帝已年四十七矣，何缘反更得十八也？就若所云，明神祸福，必有徵应，权时倒读，焉能诞招期乎？（《风俗通义·正失第二》）

魏晋南北朝时期沿用。

（2）诏书实核，欲有以益之，而长吏不能躬亲，反更征召会聚，令失农作，愁扰百姓。若复有犯者，二千石先坐。（《后汉书·孝和孝殇帝纪》）

【反还】

"反还"见于汉代以后，多为动词，表"返回"义。

（1）周穆王西巡狩，越昆仑，不至弇山。反还，未及中国，道有献工人名偃师，穆王荐之，问曰："若有何能？"（《列子·汤问》）

（2）建军大溃，反还奔城。汉长驱追击，争门并入，大破之，茂、建突走。（《后汉书·吴盖陈臧列传》）

东汉时期，"反还"的副词用法已产生。

（3）失其职事，空虚贫极，因争斗分别而去，反还相贼害，亲父子分身血气而生，肢体相属如此，况聚天下异姓之士为君师父乎？（《太平经》卷五十六至六十四）

（4）真人欲知是恶民臣之审也，比若家人父母，共生数子，子共欺其父母，行为恶；父母默坐家一室中，安而知之？已行，为凶恶盗劫，人反还共罪其父母。（《太平经》卷九十六《守一入室知神戒第一百五十二》）

后代沿用，但不甚广泛。

（5）子有《南岳真形》，五瘟不加，辟除火光，谋恶我者，反

还自伤。(《云笈七签·符图部一》)

（6）一个说道："只是一个狼虫虎豹会你，到也干净；只怕有两个狼虫虎豹都要会你，反还不得干净。"(《三宝太监西洋记》第三十七回)

【反且】

《汉语大词典》收录此词条，但所举例证为现代文学作品中的用例。我们认为"反且"表转折在东汉的《太平经》中已有用例。如：

（1）执一行吾书道者，下古人且日言吾道恶无益也，反月善；月言无益，反且岁善；岁言无益，反至老常善，久久不而去也。后生者以为世学矣……如使读一卷书，必且不信之也。反且言其非而自解，则邪恶日兴，得害人也。(《太平经》卷九十六《守一入室知神戒第一百五十二》)

（2）故当从之，使生道德之根，勿止之也；止之，反且生刑祸之门也。此者，吉凶之所出，安危之所发也。故乐者，阳也；刑罚者，阴也。(《太平经》卷一百十三《乐怒吉凶诀第一百九十一》)

"反且"在汉语史上的用例十分罕见，《醒世姻缘传》中有1例，表反递，义同"反而"。

（3）程大姐自到周龙皋家，倚娇作势，折毒孩子，打骂丫头，无恶不作。及至周龙皋死后，放松了周九万，不惟不与为仇，反且修起好来，只是合那两哥作对。遇庙烧香，逢寺拜佛，合熵了一群淫妇，就如走草的母狗一般。(《醒世姻缘传》第七十三回)

【更】

"更"表转折见于秦汉时期,《汉语大词典》收录。转引其用例如下:

(1) 臣以失令过期,更不用侵辱教,王之惠也。鲍彪注:"更犹反。侵辱,刑也。言已宜服刑,王反不刑而教之。"(《战国策·赵策二》)

表转折的"更"来源于"更改"义动词"更",语义特征上具有[+与原来相反],这一语义特征与转折契合。表转折的"更"在汉代已经开始萌芽,如:

(2) 及解年长,更折节为俭,以德报怨,厚施而薄望。(《史记·游侠列传》)

我们看一看例(2)的上下文:"郭解,轵人也。字翁伯,善相人者许负外孙也。解父以任侠,孝文时诛死。解为人短小精悍,不饮酒。少时阴贼,慨不快意,身所杀甚众。以躯借交报仇,藏命作奸,剽攻不休,及铸钱掘冢,固不可胜数。适有天幸,窘急常得脱,若遇赦。及解年长,更折节为俭,以德报怨,厚施而薄望。"这一段讲的是郭解少时做事的风格和年长后做事的风格,两者形成对比,"更"可以理解为"改变",也可以理解为表转折的"反而、反倒"。

魏晋时期用法增多。

(3) 臣闻,五音令人耳不聪,五色令人目不明,此无益于政,有损于事者也。自昔先帝时,后宫列女,及诸织络,数不满百,米有蓄积,货财有余。先帝崩后,幼、景在位,更改奢侈,不蹈

先迹。(《三国志·吴书·陆凯传》)

(4) 桓玄欲以谢太傅宅为营,谢混曰:"召伯之仁,犹惠及甘棠;文靖之德,更不保五亩之宅?"玄惭而止。(《世说新语·规箴第十》)

魏晋以后,"更"表转折的用法逐渐消失。

【顾反】

"顾反"表转折见于秦汉时期。

(1) 田臣思曰:"不可。夫韩、魏之兵未弊,而我救之,我代韩而受魏之兵,顾反听命於韩也。且夫魏有破韩之志,韩见且亡,必东愬於齐。我因阴结韩之亲,而晚承魏之弊,则国可重,利可得,名可尊矣。"(《战国策·齐策一》)

(2) 今萧何未尝有汗马之劳,徒持文墨议论,不战,顾反居臣等上,何也?(《史记·萧相国世家》)

【还】

"还"表转折最早见于汉代。

(1) 李树代桃僵,树木身相代,兄弟还相忘。(《乐府诗集·鸡鸣》)

(2) 穷武极诈,士民不附,卒隶之徒,还为敌仇,焱起云合,果共轧之。(《汉书·刑法志》)

(3) 张、陈之交,游如父子,携手遁秦,拊翼俱起。据国争权,还为豺虎,耳谋甘公,作汉藩辅。(《汉书·叙传》)

后一直沿用至宋元时期。

（4）以孔璋之才，不闲辞赋，而多自谓与司马长卿同风，譬画虎不成还为狗者也。（《三国志·魏书·陈思王植传注》）

（5）子大而食母，财多还害己。（唐，寒山《诗三百三首》）

（6）宠极爱还歇，妒深情却疏。（唐，李白《妾薄命》）

（7）雪林中客虽无事，还有新诗半夜成。（唐，贯休《对雪寄新定冯使群二首》）

（8）他本是薄幸的班头，还说道有恩爱，结绸缪。（元，关汉卿《救风尘》第二折）

明清以后用例较少，现代汉语中的"还"已经没有转折用法。

【还反】

表转折的"还反"见于东汉，但用例罕见。《汉语大词典》的"还反"词条未收录其表转折的用法。

（1）复数试人以玉女，使人与其共游，已者共笑人贱，还反害人之躯。（《太平经》卷七十一《致善除邪令人受道戒第一百八》）

（2）又家有五岳真形图，能辟兵凶逆，人欲害之者，皆还反受其殃。道士时有得之者，若不能行仁义慈心，而不精不正，即祸至灭家，不可轻也。（《抱朴子·内篇卷之十九》）

【何图】

"何图"义为"哪里想到"，表意料之外的转折，初见于汉代，《汉语大词典》收录。转引其最早用例如下：

（1）然陵不死，有所为也……何图志未立而怨已成，计未从而骨肉受刑。（汉，李陵《答苏武书》）

魏晋南北朝时期用例较多。如：

（2）故身传图象，名垂后世。况仆据金城之固，驱士民之力，散三年之畜以为一年之资，匡困补乏，以悦天下，何图筑室反耕哉？（《后汉书·虞傅盖臧列传》）

（3）王每永言终日，气泪交横。既推信以期物，故日去其备卫，朱门萧条，示存典刑而已。求解徐州，以避北门要任，若乞会稽，贪处东瓯闲务，此并彰于事迹。与公道味相求，期心有素，方共经营家国，劬劳王室，何图时不我与，契阔屯昏，忠诚弗亮，罹此百殃。（《南齐书·何昌宇传》）

后代沿用，但用例较少。

（4）敦曰："伯仁总角于东宫相遇，一面披襟，便许之三事，何图不幸自贻王法。"（《晋书·周顗传》）

（5）自释耒登朝，于兹二十三年矣。虽官非闻达，而禄喜逮亲，庶保期颐，得终色养。何图精诚无感，祸酷荐臻，兄弟俱被夺情，苫庐靡申哀诉。（《隋书·薛濬传》）

（6）迟先生道："是少卿？先生是海内英豪，千秋壮士！只道闻名不能见面，何图今日邂逅高贤！"站起来重新见礼。（《儒林外史》第三十三回）

【何意】

义为"岂料；不意"，可用于转折关系句，《汉语大词典》收录，但所举最早例句为《后汉书》中的用例。事实上，东汉已见。

（1）子幸欲报天恩，复天重功。天者，不乐人与其钱财奇伪之物也，但乐人共理其文，不乱之耳。今吾见睹子初来学之时，以为子但且问一两事而去，何意乃欲毕天道乎？吾言而不正，天道略可见睹矣。子乐欲正天地，但取微言，还以逆考，合於其元，即得天心意，可以安天下矣。(《太平经》卷五十一《校文邪正法第七十八》)

后代沿用，直至清代。

（2）林前于西州得漆书《古文尚书》一卷，常宝爱之，虽遭难困，握持不离身。出以示宏等曰："林流离兵乱，常恐斯经将绝。何意东海卫子、济南徐生复能传之，是道竟不坠于地也。古文虽不合时务，然愿诸生无悔所学。"(《后汉书·杜林传》)

（3）衔悲揽涕别心知，桃花李色任风吹。本如人心不似树，何意人别似花离。(《艺文类聚》卷第三十二)

（4）自古败国丧家，未始不由妇人者。妾每览古事，忿之忘食，何意今日妾自为之！后人之观妾，亦犹妾之视前人也，复何面目仰侍巾栉，请归死此堂，以塞陛下误惑之过。(《晋书·列女传》)

（5）空劳仙子下天台，何意刘郎事不谐？状元老爷，官媒婆、院子叩头。二人因甚去还来？早成就了合欢带，管取州逢笑口开。(元，施惠《幽闺记》，《全元南戏》)

（6）吾姊妹居此数十余年，深蒙秋公珍重护惜，何意暮遭狂奴，俗气熏炽，毒手摧残，复又诬陷秋公，谋吞此地。(《醒世恒言》第四卷)

（7）若毛大者：刁猾无籍，市井凶徒。被邻女之投梭，淫心不死；伺狂童之入巷，贼智忽生。开户迎风，喜得履张生之迹；求浆值酒，妄思偷韩掾之香。何意魄夺自天，魂摄于鬼。浪乘槎木，直入广寒之宫；径泛渔舟，错认桃源之路。(《聊斋志异》卷十)

（8）复次，李舒章雯蓼斋集叁伍"与卧子书"云：又盛传我兄意盼阿云，不根之论，每使人妇家勃谿。兄正是木强人，何意得尔馨颓荡。乃知才士易为口实，天下讹言若此，正复不恶。故弟为兄道之，千里之外与让木燕又一笑。若彝仲，不可闻此语也。（《柳如是别传》第二章）

【即】

《汉语大词典》中的"即"词条仅收录其表顺承的用法，未收录表转折的用法，表转折是由表顺承的"即"在转折语境中获得的功能，汉代已见，但用例不多。

（1）今燕虽弱小，即秦王之少婿也。（《史记·苏秦列传》）

（2）将相和调，则士务附；士务附，天下虽有变，即权不分。（《史记·郦生陆贾列传》）

（3）欲予秦，秦城恐不可得，徒见欺；欲勿予，即患秦兵之来。（《史记·廉颇蔺相如列传》）

【偏】

《说文》："偏，颇也。"引申为限定范围副词，可译为"单单""只"，汉代已有用例。

（1）数年之后，诸侯之王大抵皆冠，血气方刚，汉之傅相称病而赐罢，彼自丞尉以上偏置私人，如此，有异淮南、济北之为邪！（《汉书·贾谊列传》）

南北朝时期亦见。

（2）中庭杂树多，偏为梅咨嗟。（南朝宋，鲍照《梅花落》）

汉代出现表"与希望相反，或故意违反客观要求"的用法，后代沿用。

（3）是邪，非邪？立而望之，偏何姗姗其来迟！（《汉书·外戚传》）

（4）别家相媳妇，他偏要相女壻。（《醒世恒言》第七卷）

（5）殊不知他在家里无法无天，大人想不到的话偏会说，想不到的事偏会行。（《红楼梦》第五十六回）

【然复】

"然复"表转折初见于汉代，但用例不多，《汉语大词典》未收录。

（1）太史公曰：袁盎虽不好学，亦善傅会，仁心为质，引义忼慨。遭孝文初立，资适逢世。时以变易，及吴楚一说，说虽行哉，然复不遂。（《史记·晁错列传》）

魏晋南北朝时期沿用，多见于一些佛经文献中，魏晋以后基本不再用作转折关联词。

（2）卿昔称吾于义兴，吾常谓之见知，然复自怪鄙野，不参风流，未有一介熟悉于事，何用独识之也。（《宋书·王微传》）

（3）犹如山河石壁百草五谷皆依于地而得长大，然复此地最尊最上。（《增壹阿含经》卷十七）

（4）人民炽盛，然复伫弱。（《贤愚经》卷八）

【要】

"要"表转折,汉代已见,但用例不多。

(1) 佛告诸菩萨:"譬如新学菩萨未能飞,但耳闻十方佛欲愿往,要未能飞,如是为见十方佛未?"诸菩萨报言:"如是为但有愿,要为不见十方佛。"(《十方菩萨品》)

魏晋时期用例增多。

(2) 其诸弟子虽未能即得应真道者,要其寿终皆生天上。(《六度集经》卷八)

(3) 卿知达等,恐不如吾也。要能刺举而辨众事,使贤人君子为之,则不能也。昔叔孙通用群盗,良有以也。(《三国志·魏书·高柔传》)

(4) 有人语言:"唯有《毗陀罗咒》可以害彼,但有一患,未及害彼,返自害己。"其人闻已,便大欢喜:"愿但教我,虽当自害,要望伤彼。"(《百喻经·共相怨害喻》)

后代沿用,直到明清时期。

(5) 一种貌如仙,人情要自偏。罗敷有底好?最得使君怜。(唐,施肩吾《感遇词》)

(6) 吾终不留此,要必效以报曹公,然后去耳。(《三国演义》第二十五回)

(7) 君如不忘汉上雪夜单衾,迭互暖抱时,当与儿谋,必能脱妾于厄。母姊虽忍,要是骨肉,但嘱勿致伤残,是所愿耳。(《聊斋志异》卷五)

现代汉语中的"要"已经没有转折用法。

【辄】

"辄"表转折汉代已见,《汉语大词典》收录,所举最早用例亦见于汉。转引其用例如下:

(1) 因失火,兄子与己子在内中,欲取兄子,辄得其子,独不得兄子。(《列女传·梁节姑姊》)

"辄"表转折的用法来源于其表承接的用法,"辄"表承接在上古汉语里比较常见。如:

(2) 令曰:常以秋岁末之时阅其民,案家人、比地、定什伍口数,别男女大小,其不为用者,辄免之。(《管子·度地第五十七》)

(3) 大夫皋如曰:"修德行惠,抚慰百姓;身临忧劳,动辄躬亲;吊死存疾,救活民命;蓄陈储新,食不二味;国富民实,为君养器;臣之事也。"(《吴越春秋·勾践入臣外传第七》)

汉代以后,因所处语境的影响,产生转折关联用法,但并不普遍。

(4) 谢安南免吏部尚书,还东;谢太傅赴桓公司马,出西,相遇破冈。既当远别,遂停三日共语。太傅欲慰其失官,安南辄引以它端。遂信宿中涂,竟不言及此事。太傅深恨在心未尽,谓同舟曰:"谢奉故是奇士。"(《世说新语·雅量第六》)

(5) 哀牢犯徼,自古有之,今此攻鹿崩,辄被天诛,中国有受命之王乎?何天佑之明也。(北魏,郦道元《水经注·叶榆河》)

(6) 太子太师魏征,当朝重臣也,所居室宇卑陋。太宗欲为营第,辄谦让不受。(唐,封演《封氏闻见记·第宅》)

（7）士子不乐，遂相与聚问三经有何不可，辄欲毁之？（《朱子语类》卷一百一《程子门人》）

【则】

"则"的转折关联用法《汉语大词典》收录，来源于其顺承关联用法，秦汉时期产生，一直沿用至明清时期。

（1）实欲言十则言百，百则言千矣。（《论衡·儒增篇》）

（2）孙兴公、许玄度皆一时名流。或重许高情，则鄙孙秽行，或爱孙才藻，而无取于许。（《世说新语·品藻第九》）

（3）山阳王瑚，字孟琏，为东海兰陵尉，夜半时，辄有黑帻白单衣吏，诣县，叩阁，迎之，则忽然不见。如是数年。后伺之，见一老狗，白躯犹故，至阁，便为人。以白孟琏，杀之，乃绝。（《搜神记》卷十八）

（4）爱其子，择其师而教之；于其身也，则耻师焉，惑矣。（唐，韩愈《师说》）

（5）这两句话，文虽浅近，其意则深。（《红楼梦》第二回）

第二节　中古汉语出现的转折范畴的使用情况考察

这一时期主要选用的语料：《三国志》《魏书》《世说新语》《搜神记》等。

这一时期新出现的转折范畴："便""便自""不图""倒""但""翻更"、"方""方更""方乃""更乃""乃复""乃更""岂料""岂意""却""唯/惟""正/政""正是""正自"等。

【便】

"便"是魏晋时期新出现的转折关联词,用例不是很普遍,《汉语大词典》收录,《世说新语》中见1例。

(1) 壹公曰:"风霜固所不论,乃先集其惨澹;郊邑正自飘瞥,林岫便已浩然。"(《世说新语·言语第二》)

沿用至元明时期。

(2) 幸是宰相为黎庶,百姓便作了台辅。(《刘知远诸宫调·知远走慕家庄沙陀村入舍》)

【便自】

《汉语大词典》未收录"便自"的转折用法,我们在《世说新语》中发现2例,如下:

(1) 荀中郎在京口,登北固望海云:"虽未睹三山,便自使人有凌云意。若秦、汉之君,必当褰裳濡足。"(《世说新语·言语第二》)

(2) 孝武山陵夕,王孝伯入临,告其诸弟曰:"虽榱桷惟新,便自有黍离之哀!"(《世说新语·伤逝第十七》)

【不图】

魏晋南北朝时期,"不图"可表"不料,没想到"义,引出意外转折句。

(1) 玉魂从墓出,见重流涕,谓曰:"昔尔行之后,令二亲从

王相求，度必克从大愿；不图别后遭命，奈何！"（《搜神记》卷十八）

后代沿用，一直到明清时期。现代汉语已经不再使用。

（2）帝克并州，召谦劳之曰："朕之举兵，本俟卿还；不图高遵中为叛逆，乖朕宿心，遵之罪也。"乃执遵付谦，任令报复。（《隋书·王长述传》）

（3）因素有羸疾，自去年丧子，忧患之余，继以痁疟，历夏及秋，后虽平复，然精神气血，已非旧矣。不图今岁五月二十八日，疟疾复作，至七月初二日，蒸发旧积，腹痛如刺，下血不已。（《新元史·吴澄传》）

（4）初意后缘尚属虚渺，不图今世即谐连理。（《今古奇观》第十八卷）

（5）遂告公子曰："妾初以公子世家文人，故蒙羞自荐。不图虚有其表！以貌取人，毋乃为天下笑乎！"（《聊斋志异》卷十一）

【倒】

在"倒"的诸多副词功能中，最早出现的是"与客观事实/情理或主观预期相反"的用法，关于这一用法，《汉语大词典》提供的最早用例是元代的。转引如下：

（1）雨声儿添凄惨，泪点儿助长吁，枕边泪倒多如窗外雨。（元，无名氏《红绣鞋》）

据我们考察，这一用法最早见于魏晋南北朝时期，只是用例甚少。如：

（2）严（岩）低石倒险，岭高松更疏。（南朝梁，萧悫《奉和望山应教诗》）

唐宋以后，副词"倒"的用例和功能都有所发展。

（3）既掷网，又抛筌，莫教倒被钓丝牵。（《船子和尚拨棹歌·拨棹歌》）

（4）曰："然。只知得不在，才省悟，便在这里。"或曰："某人只恁擒制这心，少间倒生出病痛，心气不定。"（《朱子语类》卷第二十五《论语七》）

明清时期，副词"倒"继续高频率使用，功能上也有所发展，表语气的用法逐渐占据主流。表转折的如：

（5）老嬷笑道："小小年纪，倒好老脸皮。说便去说，万一讨得骂时，须要你赔礼。"（《二刻拍案惊奇》卷二）

（6）雨村看了，因想到："这两句话，文虽浅近，其意则深。我也曾游过些名山大刹，倒不曾见过这话头，其中想必有个翻过筋斗来的亦未可知，何不进去试试。"（《红楼梦》第二回）

表舒缓语气的如：

（7）老嬷道："若是娘子肯依，倒也不费本钱。"（《二刻拍案惊奇》卷二）

（8）诗后便是此石坠落之乡，投胎之处，亲自经历的一段陈迹故事。其中家庭闺阁琐事，以及闲情诗词倒还全备，或可适趣解闷，然朝代年纪，地舆邦国，却反失落无考。（《红楼梦》第一回）

"倒"一直沿用至现代汉语,并且功能繁多(详见《现代汉语八百词》)。

【但】

"但"是中古时期新兴的转折连词,在《世说新语》中已见,但彼时用例甚少,限定范围副词用法占绝对优势。

(1)汉元帝宫人既多,乃令画工图之,欲有呼者,辄披图召之。其中常者,皆行货赂。王明君姿容甚丽,志不苟求,工遂毁为其状。后匈奴来和,求美女于汉帝,帝以明君充行。既召,见而惜之,但名字已去,不欲中改,于是遂行。(《世说新语·贤媛第十九》)

(2)王述转尚书令,事行便拜。文度曰:"故应让杜许。"蓝田云:"汝谓我堪此不?"文度曰:"何为不堪,但克让是美事,恐不可阙。"蓝田慨然曰:"既云堪,何为复让?人言汝胜我,定不如我。"(《世说新语·方正第五》)

另外,在同时期的《搜神记》中有17例,均表轻转。如:

(3)灵帝光和元年,南宫侍中寺雌鸡欲化为雄,一身毛皆似雄,但头冠尚未变。(《搜神记》卷六)

这一例的"但"可作两种理解,一方面与前句"皆"照应,可理解为限定副词,另一方面也与前句构成不一致关系,因此整个句子含有转折义。

(4)引丧者忽颠仆,称譏言曰:"我寿命未应死,但服药太多,伤我五脏耳。今当复活,慎无葬也。"(《搜神记》卷十五)

转折连词"但"的大量出现是在明清以后。如：

（5）薛嫂转来向妇人说道："娘子，你嫁得这位官人也罢了。"妇人道："但不知房里有人没有人？见作何生理？"（《金瓶梅》第七回）

（6）公子说："请听我回明白了。要讲应酬世路，料理当家，我自然不中用。但我向来的胆儿小，不出头，受父母的教导不敢胡行乱走的，这层还可以自信。"（《儿女英雄传》第二回）

（7）此石听了，不觉打动凡心，也想要到人间去享一享这荣华富贵，但自恨粗蠢，不得已，便口吐人言，向那僧道说道："大师，弟子蠢物，不能见礼了……"（《红楼梦》第一回）

【翻更】

"翻更"表转折的用法见于魏晋南北朝时期，但用例较少。

（1）其于所长，妇人为最。但纤细过度，翻更失真，然观察详审，甚得姿态。（南朝齐，谢赫《古画品录》第五品）

（2）别有将雏曲，翻更合丝桐。（南朝陈，张正见《威凤栖梧桐诗》）

唐代用例增多。

（3）复务细巧，翻更失真。（唐，张彦远《历代名画记》卷十）

（4）苾刍染欲生时，作不净观屏息婬情。何故汝今愚痴之人，应合打此翻更打余。（唐，义净译《根本说一切有部毗奈耶杂事》卷第四）

（5）若粪湿时水上浮出，及其干燥翻更下沉，是谓十种相违

之事。(唐,义净译《根本说一切有部毗奈耶杂事》卷第二十四)

(6) 担囊负柜,翻更喜于缄縢;抉门斩关,岂更忧于扃键。(五代,杜光庭《道门科范大全》卷八十五)

唐以后偶有用例。

(7) 将无因善病,翻更得长年。(明,张大复《梅花草堂集笔谈》卷一)

【方】

表转折的"方"来源于表"仅仅、只"义的限定范围副词"方"。"方"表转折魏晋南北朝时期已见。《汉语大词典》收录,所举用例最早出自唐代文献。唐宋以后基本不再使用。

(1) 老寿种类无闻,氏姓莫纪,丐乞刑余之家,覆养阉人之室。蒙国殊泽,预班爵序,正宜治家假内,教诫闺庭。方恣其淫奸,换妻易妾。荣前在洛州,远迎老寿妻常氏,兵人千里,疲于道路。老寿同敝笱之在梁,若其原之无别,男女三人,莫知谁子。人理所未闻,鸟兽之不若。(《魏书·抱嶷传》)

(2) 但以奸志未从,恐先泄漏,乃密白朝廷,使杀高乾,方哭对其弟,称天子横戮。(《周书·文帝纪上》)

(3) 若万一激怒西人,致生边患,兵连祸结……岂不危哉!而执政方以为西人微弱不敢动,数遣使来诚心内附,置之度外,不以为虞。(宋,司马光《乞未禁私市先赦西人第二札子》)

【方更】

"方更"表转折见于魏晋南北朝时期,《汉语大词典》未收录。

(1) 复以尚为荆州刺史。尚见胡兰余党南走苍梧，惧为已负，乃伪上言苍梧贼入荆州界，于是征交阯刺史张磐下廷尉。辞状未正，会赦见原。磐不肯出狱，方更牢持械节，狱吏谓磐曰："天恩旷然而君不出，何乎？"（《后汉书·张法滕冯度杨列传》）

(2) 对曰："公初杖兵樊、沔，此时应思，今王业已就，何所复思？昔武王伐纣，始入，民便曰吾君，武王不违民意，亦无所思。公自至京邑，已移气序，比于周武，迟速不同。若不早定大业，稽天人之望，脱有一人立异，便损威德。且人非金玉，时事难保。岂可以建安之封，遗之子孙？若天子还都，公卿在位，则君臣分定，无复异心。君明于上，臣忠于下，岂复有人方更同公作贼？"高祖然之。（《梁书·沈约列传》）

后代沿用，但用例不多。

(3) 迫之以水旱，役之以军旅，困苦之以疾病死丧，而民始无以为生矣。不反其本，方更图易令以求丰财，上之公卿大夫，下之百司庶府，中外之学士大夫，日夜讲求理财之策，民何以足而国何以堪耶？（宋，郑伯谦《太平经国书》卷三）

【方乃】

"方乃"表转折始见于魏晋南北朝时期，《汉语大词典》未收录。

(1) 诏曰："王位兼台辅，亲懿莫二，朝野属赖，具瞻所归。不能励德存道，宣融轨训，方乃肆兹贪腼，秽暴显闻。远负先朝友爱之寄，近乖家国推敬所期，理官执宪，实合刑典，天下为公，岂容私抑？但朕诸父倾落，存者无几，便极遽坐，情有未安。可免为庶人，别营坊馆，如法禁卫，限以终身。邦家不造，言寻感慨。"

(《魏书·北海王传》)

（2）乾归惧为利鹿孤所害，谓其子炽磐曰："吾不能负荷大业，致兹颠覆。以利鹿孤义兼姻好，冀存唇齿之援，方乃忘义背亲，谋人父子，忌吾威名，势不全立。"(《晋书·乞伏乾归载记》)

【更乃】

"更乃"表转折始于魏晋南北朝时期，大约沿用至唐，用例较为罕见。《汉语大词典》未收录。

（1）且邺洛相望，陆路平直，时乘沃若，往来匪难，更乃舍周道之安，即涉川之殆，此乃愚智等虑，朝野俱惑，进退伏思，不见其可。(《魏书·高道悦传》)

（2）天子为而不恃，成而不居，冲旨凝邈，固辞弗许。而虽休勿休，上德不德，更乃洁诚岱岳，逊谢㟅岑。方知六十四卦，谦撝之道为尊，七十二君，告成之义为小。(《隋书·薛道衡从弟孺列传》)

【乃复】

"乃复"表转折见于魏晋南北朝时期，用例不多见，《汉语大词典》未收录。

（1）汝既有美尚，加以吾意殷勤，何至不能慨然深自勉厉，乃复须严相割裁，坐诸纭纭，然后少止者。幸可不至此，一门无此酗酒，汝于何得之？临书叹塞。(《宋书·武三王列传》)

（2）侍臣出后，高祖谓彭城王勰曰："弁人身良自不恶，乃复欲以门户自矜，殊为可怪。"(《魏书·宋弁列传》)

【乃更】

"乃更"表转折见于魏晋南北朝时期,用例不多见,《汉语大词典》未收录。

(1) 高祖以其文雅之美,每优礼之。然贪褊矜慢。初在中书,好詈辱诸博士,博士、学生百有余人,有所干求者,无不受其财货。及老为二州,乃更廉俭自谨,有良牧之誉。(《魏书·高闾列传》)

【岂料】

"岂料"早在汉代已经出现,但彼时只见其疑问用法,可理解为"哪里想到、哪里料到"。如:

(1) 王与夫人叹曰:"吾已绝望,永辞万民,岂料再还,重复乡国?"言竟掩面,涕泣阑干。此时万姓咸欢,群臣毕贺。(《吴越春秋·勾践入臣外传第七》)

我们在魏晋时期的《搜神记》中发现1例"岂料"用于陈述句的用例。

(2) 平乃祝曰:"我与汝立誓天地,保其终身,岂料官有牵缠,致令乖隔,使汝父母与刘祥,既不契於初心,生死永诀。然汝有灵圣,使我见汝生平之面。若无神灵,从兹而别。"(《搜神记》卷十五)

我们认为,此例中的"岂料"有"不料"义,隋唐以后这种用法才较广泛。

（3）乱山重复叠，何路访先生，岂料多才者，空垂不第名。闲曹犹得醉，薄俸亦胜耕。莫问吟诗苦，年年芳草平。（唐，方干《自镜湖寄诗》）

（4）冀拜首阙庭，吐心陛下，论逆胡之兵势，陈讨捍之别谋。将酬万死之恩，以报一生之宠，岂料长安日远，谒见无由，函谷关遥，陈情不暇！（《旧唐书·封常清列传》）

后代沿用。

（5）鹿台只望接神仙，岂料妖狐降绮筵。（《封神演义》第二十五回）

（6）至是以亲贵及诸大臣荐，遂起用，岂料祸机即伏于此哉。（《清代野记·端忠敏死事始末》）

（7）指望回家图自在，岂料爹娘也怪吾。（《清平山堂话本·快嘴李翠莲记》）

【岂意】

"岂意"最早见于汉代，《汉书》中见1例，表反问。

（1）身幽北阙，妻子满狱，当此之时，自以夷灭不足以塞责，岂意得全首领，复奉先人之丘墓乎？（《汉书·公孙刘田王杨蔡陈郑传》）

《后汉书》中见2例。

（2）三十年，拜为太常。荣初遭仓卒，与族人桓元卿同饥厄，而荣讲诵不息。元卿嗤荣曰："但自苦气力，何时复施用乎？"荣

笑不应。及为太常,元卿叹曰:"我农家子,岂意学之为利乃若是哉!"(《后汉书·桓荣丁鸿列传》)

(3)皇太后诏曰:"先帝圣德淑茂,早弃天下。朕奉皇帝,夙夜瞻仰日月,冀望成就。岂意卒然颠沛,天年不遂,悲痛断心……"(《后汉书·孝安帝纪》)

其中,例(2)中的这个故事,《东观汉记》中亦有记载。

(4)《东观汉记》曰:"荣为太常,元卿来候荣,荣诸弟子谓曰:'平生笑尽气力,今何如?'无卿曰:'我安能知此哉!'"(《后汉书·桓荣丁鸿列传》李贤注)

可见,例(2)中的"岂意"是用于感叹句的,相对于用于疑问句中的"岂意"而言,感叹句中的"岂意"主观性更强,否定性也更强。进入感叹句是"岂意"向转折关联标记发展至关重要的一步。这种用法在唐以前的文献中十分常见。

(5)《献帝春秋》曰:瓒梦蓟城崩,知必败,乃遣间使与续书。绍候者得之,使陈琳更其书曰:"盖闻在昔衰周之节,僵尸流血,以为不然,岂意今日身当其冲!"(《三国志·公孙瓒传第八》,裴松之注引《献帝春秋》)

(6)王朗与文休书曰:"文休足下:消息平安,甚善甚善。岂意脱别三十余年而无相见之缘乎!诗人比一日之别于岁月,岂况悠悠历累纪之年者哉……"(《三国志·许靖传》,裴松之注引《魏略》)

(7)导稽首谢曰:"逆臣贼子,何世无之,岂意今者近出臣族!"(《晋书·王导列传》)

魏晋南北朝时期,"岂意"也出现在陈述句中。

(8)臣顺其此旨,表送章节,请废文思,改袭大宗,遣息文宝送女东归。自谓推诚奉顺,理不过此。岂意讳苞藏祸心,遂见讨伐,加恶文思,构生罪衅。(《宋书·武帝本纪中》)

例(8)中的"岂意"句与前句构成不一致关系,表意料之外,可理解为"不料"义。

唐代,"岂意"引导的转折句才较为普遍。

(9)太宗谓侍臣曰:"朕昔在藩,屡有征讨,世间遂有此乐,岂意今日登于雅乐。然其发扬蹈厉,虽异文容,功业由之,至有今日,所以被于乐章,示不忘于本也。"(《旧唐书·音乐志一》)

(10)少年无事学诗赋,岂意文章复相误。(唐,戎昱《相和歌辞·苦辛行》)

后代沿用。

(11)隋,李德林初仕齐,周武帝平齐,以为内史,谓群臣曰:"我当日唯李德林与齐朝作书檄,我正谓其是天上人,岂意今日得其驱使,复为我作文书,极为大异。"(《续世说》卷五)

(12)十年流落敢言归,鱼鸟江湖只自知。岂意青天扫云雾,尽呼黄发寄安危。(宋,苏轼《次韵李修孺留别二首》)

(13)我与你素不相识,一旦为你寄书,因而戏言,岂意遂为眷属。(元,尚仲贤《洞庭湖柳毅传书》,《全元杂剧》)

(14)今陛下继承大位,当行仁义,普施恩泽,惜爱军民,礼文敬武,顺天和地,则社稷奠安,生民乐业。岂意陛下近淫酒,亲

奸佞，亡恩爱，将皇后炮手剜睛，杀子嗣，自剪其后。(《封神演义》第二十七回)

【却】

副词"却"引导转折句，表"反而，倒"义，魏晋南北朝时期已见。如：

(1) 女曰："某，三河人，父见为弋阳令，昨被召来，今却得还，遇日暮，惧获瓜田李下之讥，望君之容，必是贤者，是以停留，依凭左右。"(《搜神记》卷五)

《汉语大词典》收录，所举最早用例来自唐代。如：

(2) 汉儿尽作胡儿语，却向城头骂汉人。(唐，司空图《河湟有感》)

(3) 何事将军封万户，却令红粉为和戎。(唐，胡曾《汉宫》)

后代沿用，并成为现代汉语常用转折词。

(4) 如一个大公至正之路甚分明，不肯行，却寻得一线路与自家私道合，便称是道理。今人每每如此。(《朱子语类》卷一百一十三《朱子十》)

(5) 故尧王不将天下传与他，却分付与舜王了。(《大宋宣和遗事·元集》)

(6) 只见两个轿夫来讨钱道："我等打轿去接夫人，夫人已先来了。我等虽不抬得，却要赁轿钱与脚步钱。"(《初刻拍案惊奇》卷二十七)

(7) 那僧又道:"若说你性灵,却又如此质蠢,并更无奇贵之处。如此也只好踮脚而已。也罢,我如今大施佛法助你助,待劫终之日,复还本质,以了此案。你道好否?"(《红楼梦》第一回)

【唯(惟)】

马建忠(1898):"第、但、独、特、惟五字,皆转语辞。""唯"表转折始于魏晋南北朝时期。《汉语大词典》未收录其转折用法。

(1) 王丞相云:"顷下论以我比安期、千里。亦推此二人;唯共推太尉,此君特秀。"(《世说新语·品藻第九》)

(2) 王子敬病笃,道家上章应首过,问子敬:"由来有何异同得失?"子敬云:"不觉有余事,惟忆与郗家离婚。"(《世说新语·德行第一》)

【正(政)】

表转折的副词"正",《汉语大词典》收录,释义为"偏偏,表示同所要求或所期望的相反"。转引其用例如下:

(1) 帝方对我饮,正用此时持事来乎?(《后汉书·刘玄传》)(转引自《汉语大词典》)

我们在《世说新语》中发现5例"正"表轻微转折的用例,相当于"只是"。如:

(2) 汰法师云:"《六通》《三明》同归,正异名耳。"(《世说新语·文学第四》)

(3) 初,荧惑入太微,寻废海西,简文登阼,复入太微,帝恶之。时郗超为中书，在直。引超入曰："天命修短，故非所计。政当无复近日事不？"超曰："大司马方将外固封疆，内镇社稷，必无若此之虑。臣为陛下以百口保之。"（《世说新语·言语第二》）

【正是】
"正是"表转折见于魏晋南北朝时期，在《世说新语》中发现1例。

（1）谢公领中书监，王东亭有事应同上省。王后至，坐促，王、谢虽不通，太傅犹敛膝容之。王神意闲畅，谢公倾目。还谓刘夫人曰："向见阿瓜，故自未易有。虽不相关，正是使人不能已已。"（《世说新语·赏誉第八》）

【正自】
"正自"表转折见于魏晋南北朝时期。

（1）过江诸人，每至美日，辄相邀新亭，藉卉饮宴。周侯中坐而叹曰："风景不殊，正自有山河之异！"皆相视流泪。唯王丞相愀然变色曰："当共戮力王室，克复神州，何至作楚囚相对！"（《世说新语·言语第二》）

（2）吾虽不能一切依附，亦不甚执偏见，但求夜光於巨海，正自未得耳。（南朝宋，何承天《答宗居士书》）

（3）上变色问左右："何故不以讯牒副仆射？"敬弘曰："臣乃得讯牒读之，正自不解。"上甚不悦，虽加礼敬，亦不以时务及之。（《南史·王裕之传》）

唐以后，极少见到"正自"表转折的用法。

第三节　近代汉语出现的转折范畴的使用情况考察

一　隋唐时期新出现的转折范畴考察

这一时期主要选用的语料：《全唐诗》《游仙窟》《敦煌变文集》《祖堂集》等。

这一时期新出现的转折范畴："不料""不期""颠倒/颠到""但是""可""那言""岂知""谁料""谁知""特地""要且""要自""争奈""只""直是/只是"等。

【不料】

"不料"成词于唐以后，可用于转折句。如：

（1）今田悦凶狂，何如承嗣名望？苟欲坐邀富贵，不料破家覆族。而况今之将校，罕有义心，因利乘便，必相倾陷。（《旧唐书·李宝臣列传》）

（2）盖为父母恩义重，不料魔家力来强。（《敦煌变文集新书·破魔变文》）

（3）从来学制斐然诗，不料霜台御史知。（唐，崔紫云《临行献李尚书》，《全唐诗》）

后代沿用，直至现代汉语。

（4）商量只是归耕是，不料归耕也误身。（宋，方岳《寄友人》）

（5）为某通晓六蕃言语，膂力过人，现任捉生讨击使。昨因奚契丹反叛，差我征讨。自恃勇力深入，不料众寡不敌，遂致丧

师。今日不免回见主帅,别作道理。(元,白朴《唐明皇秋夜梧桐雨》,《全元杂剧》)

(6) 大郊见他说出银子数目相对,已知果是杨化附魂,不敢隐匿,遂对众吐机:"前情是实。却不料阴魂附人,如此显明,只索死去休!"(《初刻拍案惊奇》卷十四)

(7) 原欲以科甲出身的,不料代善临终时遗本一上,皇上因恤先臣,即时令长子袭官外,问还有几子,立刻引见,遂额外赐了这政老爹一个主事之衔,令其入部习学,如今现已升了员外郎了。(《红楼梦》第二回)

(8) 直到一曲终了,音乐老师才离开风琴,站起来对苏杭说:"请你把鞋子穿上。"不料这话使苏杭哈哈大笑,他在椅子里全身抖动地回过头来,对我们说:"他还说'请'呢。"(余华《在细雨中呼喊》)

【不期】

"不期"表转折初见于唐。《汉语大词典》列举元代用例为最早例证。

(1) 本为入来寻佛窟,不期行处踏龙宫。(曹松《题昭州山寺常寂上人水阁》,《全唐诗》)
(2) 大愚遂连点头曰:"吾独居山舍,将谓空过一生,不期今日却得一子。"(《祖堂集·临济和尚》)

后代沿用。

(3) 今虽说不用旧说,终被他先入在内,不期依旧从它去。(《朱子语类》卷第八十《诗一》)

（4）刚才骂了我一场，说我不会干事，又与了我五钱银子做盘缠，教我再去请好法师降他。不期撞着你这个纥剌星扯住，误了我走路，故此里外受气，我无奈，才与你叫喊。（《西游记》第十八回）

（5）原来这林黛玉秉绝代姿容，具希世俊美，不期这一哭，那附近柳枝花朵上的宿鸟栖鸦一闻此声，俱忒楞楞飞起远避，不忍再听。（《红楼梦》第二十六回）

【颠倒/颠到】

"颠倒/颠到"本义是指将事物位置、顺序、状况等变得与原有的或应有的相反。表"反而、反倒"义的副词"颠倒/颠到"初见于唐代，《汉语大词典》收录此词条，所举用例最早为唐代诗句。转引如下：

（1）正论禅寂忽狂歌，莫是尘心颠倒多？（唐，皎然《酬秦系山人戏赠诗》）

元代以后才开始大量使用。如：

（2）我两个好意来和你说，颠倒说我每挑唆你。（元，徐㬎《杀狗记》，《全元南戏》）

（3）一迷里口似泼钐怎扑搭，那里肯周而不比且包含。本待成就您，颠倒连累咱。唬的我手忙脚乱似痴憨，似寻虎窟觅龙潭。（元，贾仲明《萧淑兰情寄菩萨蛮》，《全元杂剧》）

（4）［云］小二哥，假若我要见贺家姐姐，怎生入的承天寺里去？你替我怎生出一个计策。（小二云）官人似恁的聪明，文武两全，颠倒问俺这等人求计。（元，无名氏《逞风流王焕百花亭》，《全元杂剧》）

明清时期沿用。

（5）那男女道："人在你家不见了，颠倒这样说，这事必定跷蹊。"（《初刻拍案惊奇》卷二）

（6）那人家道："清平世界，荡荡乾坤，散了二次，不肯还钱，颠倒打我屋里！"（《水浒传》第一百十回）

（7）任掌道："我被这贼揪住，你们颠倒打我，被这贼走了。"（《喻世明言》第三十八卷）

（8）此时我只有催促他的，怎的老弟你颠倒嗔我不阻止他起来？（《儿女英雄传》第十六回）

虚词"颠倒"，现代汉语已不再使用。

【但是】

表转折的连词"但是"产生于晚唐，《汉语大词典》所举最早例子出于宋代。转引如下：

（1）今也只得恁地解，但是不甚亲切。（《朱子语类》卷七十三《易九》）

"但是"最早见于魏晋南北朝时期，但彼时的"但是"表"只要是，凡是"。如：

（2）天明，便告居人言："此庙中无神，但是龟鼍之辈，徒费酒食祀之。急具锸来，共往伐之。"（《搜神记》卷十九）

（3）沙牛皮、水牛皮、猪皮为上，驴、马、驼、骡皮为次。其胶势力，虽复相似，但驴、马皮薄毛多，胶少，倍费樵薪。破皮履、鞋底、格椎皮、靴底、破鞍、鞯，但是生皮，无问年岁久远，

不腐烂者，悉皆中煮。(《齐民要术·煮胶第九十》)

表转折的"但是"，一般被认为产生于宋代，周刚（2002：196）认为初见于晚唐。转引其用例如下：

（4）纵然子孙满山河，但是恩爱非前后。(《罗氏藏·天下传孝十二时》)

我们在晚唐文献中亦见到表转折的"但是"，不过用例甚少。

（5）今之宰臣，则往日台省长官也，今之台省长官，乃将来之宰臣也，但是职名暂异，固非行业顿殊。(《旧唐书·陆贽列传》)

表转折的"但是"，宋代用例开始增多。如：

（6）程先生所以有功於后学者，最是"敬"之一字有力。人之心性，敬则常存，不敬则不存。如释老等人，却是能持敬。但是他只知得那上面一截事，却没下面一截事。觉而今恁地做工夫，却是有下面一截，又怕没那上面一截。那上面一截，却是个根本底。(《朱子语类》卷十二《学六》)

（7）行夫问："张于湖字，何故人皆重之？"曰："也是好，但是不把持，爱放纵。本朝如蔡忠惠以前，皆有典则。及至米元章黄鲁直诸人出来，便不肯恁地。要之，这便是世态衰下，其为人亦然。"(《朱子语类》卷一百四十《论文下》)

明清时期，"但是"逐渐成为重要的转折连词之一，表轻微的转折。如：

（8）焦榕笑道："论起嫁这锦衣卫千户，也不算肮脏了。但是你自己没有见识，怎么抱怨别人？"（《醒世恒言》第二十七卷）

（9）那妇人就坐下开言道："本来在这热丧里面，不应该到人家家里来乱闯。但是出于无奈，求吴老爷见谅！"（《二十年目睹之怪现状》第十四回）

（10）婚姻大事，自然要听父母之命才是，但是父母也大不过天地。（《儿女英雄传》第十回）

（11）贾珍尤氏二人亲自递了茶，因说道："老太太原是老祖宗，我父亲又是侄儿，这样日子，原不敢请他老人家，但是这个时候，天气正凉爽，满园的菊花又盛开，请老祖宗过来散散闷，看着众儿孙热闹热闹，是这个意思。谁知老祖宗又不肯赏脸。"（《红楼梦》第十一回）

"但是"一直沿用至今，并成为现代汉语中主要的转折连词之一。

【可】

表转折的"可"初见于唐代，《汉语大词典》引用的最早例证是元代的，后一直沿用至现代汉语。

（1）石状虽如帻，山形可类鸡。（唐，韦庄《鸡公帻》）

（2）相见情已深，未语可知心。（唐，李白《相和歌辞·相逢行二首》）

（3）他口里说不要，可搋在怀里。（元，康进之《李逵负荆》第二折）

（4）珍哥走到房内说道："请他进来，可也合人说声，冒冒失失的就进来了。"（《醒世姻缘传》第三回）

(5) 佳蕙点头，想了一会道："可也怨不得你。这个地方，本也难站。"(《红楼梦》第二十六回)

【那言】

"那言"表"岂知，岂料"，仅见于唐，《全唐诗》中用例较多。《汉语大词典》亦收录。

(1) 主人议芝朮，怪见不敢前。那言空山烧，夜随风马奔。(唐，元稹《古社》)

(2) 昨来窜荆蛮，分与平生隳。那言返为遇，获见心所奇。(唐，元稹《酬别致用》)

【岂知】

"岂知"先秦已见，多用于反问句。

(1) 钧之死也，无必假手於武王，而其世不废，祀至于今，吾岂知纣之善否哉？(《国语·晋语一》)

(2) 仲父已语我其善，而不语我其恶，吾岂知善之为善也？(《管子·四称第三十三》)

汉代以后，"岂知"开始用于感叹句。

(3) 尔有惟旧人泉陵侯之言，尔不克远省，尔岂知太皇太后若此勤哉！(《汉书·翟方进传》)

(4) 母曰："吁，何大王之言过也！昔日妾之子为郢大夫，有盗王宫中之物者，妾子坐而绌，妾子亦岂知之哉！然终坐之，令尹独何人，而不以是为过也？昔者周武王有言曰：'百姓有过，在

予一人。'上不明则下不治，相不贤则国不宁。所谓国无人者，非无人也，无理人者也。王其察之。"(《列女传·楚江乙母》)

（5）李通岂知夫所欲而未识以道者乎！夫天道性命，圣人难言之，况乃亿测微隐，猖狂无妄之福，污灭亲宗，以觖一切之功哉！(《后汉书·李王邓来列传》)

隋唐时期，"岂知"开始用于陈述句，表意料之外。如：

（6）常与秦山对，曾经汉主游。岂知千载后，万事水东流。(唐，耿湋《登乐游原》)

（7）蜘蛛夜夜吐丝多，来往空中织网罗。将为一心居旧处，岂知他意别寻窠。(《敦煌变文集新书·长兴四年中兴殿应圣节讲经文》)

（8）寻闻围逼天长，必谓死在卿手，岂知鱼跳鼎釜，狐脱网罗，遽过长淮，竟为大憨。(《旧唐书·高骈传》)

后代沿用。

（9）本朝陆农师之徒，大抵说礼都要先求其义。岂知古人所以讲明其义者，盖缘其仪皆在，其具并存，耳闻目见，无非是礼。(《朱子语类》卷八十四《礼一》)

（10）比时孙孔目哥哥赶上去，正要寻个大衙门告他下来，岂知白衙内那厮早借一座大衙门坐着，专等他来告状，就一把拿住，发下死回牢里。(元，高文秀《黑旋风双献功》，《全元杂剧》)

（11）李总管自己已信道无儿了，岂知被算命的看出有子，到底得以团圆，可知是逃那命里不过。(《初刻拍案惊奇》卷三十八)

(12) 司棋的母亲见他外甥又不哭，只当是他心疼的傻了。岂知他忙着把司棋收拾了，也不啼哭，眼错不见，把带的小刀子往脖子里一抹，也就抹死了。(《红楼梦》第九十二回)

【谁料】
"谁料"初见于唐，表意料之外，《汉语大词典》亦收录。

(1) 风涛曾阻化鳞来，谁料蓬瀛路却开。(唐，司空图《纶阁有感》)

(2) 来时圣主假光辉，心恃朝恩计日归。谁料忽成云雨别，独将边泪洒戎衣。(唐，武元衡《饯裴行军赴朝命》)

(3) 危叶只将终委地，焦桐谁料却为琴。(唐，姚鹄《将归蜀留献恩地仆射二首》)

后代沿用，并一直沿用至现代汉语。

(4) 太平武备皆无用，谁料狂胡起战尘。(元，白朴《唐明皇秋夜梧桐雨》，《全元杂剧》)

(5) 一心妄想洞房春，谁料金榜擂槌有正身。(元，石君宝《鲁大夫秋胡戏妻》，《全元杂剧》)

(6) 两人相得之乐，真如翡翠之在丹霄，鸳鸯之游碧沼，无以过也。谁料乐极悲来，快活不上一年，撞着原政失纲，四方盗起。(《二刻拍案惊奇》卷六)

(7) 若是一个略略知趣的，见家主来光顾，也便逆来顺受了。谁料这朵那女是命犯孤辰寡宿的一般，一些趣也不知。(《今古奇观》第七十五卷)

(8) 他听如此说，方才略解忧闷，自为从此得所。谁料天下

竟有这等不如意事,第二日,他偏又卖与薛家。(《红楼梦》第四回)

(9) 原来这妇人说的是实话。趁丈夫不知,便自随了子都之心。谁料这绍闻正当血气未定之日,际利害周恤之年,每日胡同口有几回来往,已被皮匠看在眼里。(《歧路灯》第二十九回)

【谁知】

"谁知"先秦已见,但彼时尚为主谓结构,《汉语大词典》未收录。先秦文献中"谁知"用于询问的非常罕见,大都用于反问句。基于反问与否定相通的特性,其中的"谁知"极易被理解为"无人知道"。

(1) 谓山盖卑,为冈为陵。民之讹言,宁莫之惩。召彼故老,讯之占梦。具曰"予圣",谁知乌之雌雄!(《诗经·小雅·正月》)

(2) 仲尼曰:"《志》有之:'言以足志。文以足言。'不言,谁知其志?言之无文,行而不远。晋为伯,郑入陈,非文辞不为功。慎辞也!"(《左传·襄公二十五年》)

(3) 齐侯妻之,甚善焉。有马二十乘,将死於齐而已矣。曰:"民生安乐,谁知其他?"(《国语·晋语四》)

(4) 黄钟毁弃,瓦釜雷鸣;谗人高张,贤士无名。吁嗟默默兮,谁知吾之廉贞!(《楚辞·卜居》)

(5) 孔子曰:"野哉!君子不可以不学,见人不可以不饰。"不饰无貌,无貌不敬,不敬无礼,无礼不立。夫远而有光者,饰也;近而逾明者,学也。譬如洿邪,水潦瀗焉,莞蒲生焉,从上观之,谁知其非源泉也。(《大戴礼记·劝学》)

魏晋以后,"谁知"开始进入感叹句,主观性很强,表"谁也没想到、谁曾料想到"义。如:

(6) 刘献之，博陵饶阳人也。少而孤贫，雅好《诗》《传》，曾受业于勃海程玄，后遂博观众籍。见名法之言，掩卷而笑曰："若使杨墨之流不为此书，千载谁知其小也！"（《魏书·刘献之列传》）

(7) 区宇分崩，遭遇灾祸，违离膝下，三十五年，受形禀气，皆知母子，谁知萨保，如此不孝！（《北史·周宗室列传》）

隋唐以后，"谁"与"知"结合日趋紧密，逐渐完成词汇化，表"不料"义，用于表意料之外的转折句。如：

(8) 比拟好心来送喜，谁知锁我在金笼里。（唐，林楚翘《鹊踏枝》）

(9) 向见称扬，谓言虚假，谁知对面，却是神仙。此是神仙窟也！（《游仙窟》）

(10) 点眼怜伊图守护，谁知反吠主人公。（《敦煌变文集新书·长兴四年中兴殿应圣节讲经文》）

(11) 只道子期能辩律，谁知座主将参禅。（《祖堂集·华亭和尚》）

"谁知"引导转折句的用法，一直沿用至现代汉语。

(12) 还只道沉沉的卧著床褥，谁知他悠悠的赴了冥途，空把我孩儿叫道有千百句。（元，郑廷玉《崔府君断冤家债主》，《全元杂剧》）

(13) 南泉自谓跃过禹门，谁知依前落在巨网。（《五灯会元·灵隐道印禅师》）

(14) 本为求生来避虏，谁知避虏反戕生！（《喻世明言》第四十卷）

（15）雨村笑道："果然奇异。只怕这人来历不小。"子兴冷笑道："万人皆如此说，因而乃祖母便先爱如珍宝。那年周岁时，政老爹便要试他将来的志向，便将那世上所有之物摆了无数，与他抓取。谁知他一概不取，伸手只把些脂粉钗环抓来……"（《红楼梦》第二回）

【特地】

"特地"始见于唐代，最初有"特意""特别""突然"等义，分别举例如下：

（1）为忆去年梅，凌寒特地来。门前空腊尽，浑未有花开。（唐，戴叔伦《题黄司直园》）
（2）合欢能解恚，萱草信忘忧。尽向庭前种，萋萋特地愁。（唐，陆龟蒙《庭前》）
（3）等级云峰峻，宽平洞府开，拂开闻笑语，特地见楼台。（唐，杜牧《题茶山》）

同期，也出现了"特地"表转折的用法。如：

（4）茅堂拜亲后，特地泪双垂。（唐，杜荀鹤《辞座主侍郎》）
（5）因甚自从亡没后，阿娘特地落三涂。（《敦煌变文集新书·目连缘起》）
（6）虽闻不相似，特地使人愁。（唐，贯休《闻无相道人顺世五首》）

董志翘（1994：383）认为"特地"表转折来源于"突然"义，"因为事出'突然'，就使人出乎意料，与原有预想不同"。我们认为这一解释是合理的，如上面所举例（4）中的"特地"既可理解为"忽然、突然"义，亦可理解为"反而"义，可视为临界点的例子。

"特地"表转折一直沿用至宋代。

（7）本来无形段，那复有辱嘴。特地广称扬，替他说道理。且道他是阿谁？（《五灯会元·昭觉克勤禅师》）

元代以后，"特地"表转折的用法逐渐消失，而表"特意、专门"的用法占主流。

【要且】

"要"和"且"连用，表转折，有出乎意料的意思，可释义为"可是、偏偏"等。《全唐诗》中用例较多。如：

（1）由来不要文章得，要且文章出众人。（唐，方干《送弟子伍秀才赴举》）

（2）满园桃李虽堪赏，要且东风晚始生。（唐，罗邺《早梅》）

（3）虽然不识面，要且已销魂。（唐，贯休《寄西山胡汾》）

唐代以后基本不用。

【要自】

"要自"表转折见于《全唐诗》，后代基本不再使用。

（1）贫居岂及此，要自怀归忆。（唐，欧阳詹《蜀中将归留辞韩相公贯之》）

（2）皆言贱妾红颜好，要自狂夫不忆家。（唐，蒋维翰《怨歌》）

【争奈】

"争奈"表转折初见于唐，《汉语大词典》所举最早用例亦出自唐

代诗句。转引其用例如下:

(1) 风寒欲砭肌,争奈裘袄轻?(唐,顾况《从军行》之一)

《全唐诗》用例较多。

(2) 每见惶惶,队队雄军惊御辇。蓦街穿巷犯皇宫,只拟夺九重。长枪短剑如麻乱,争奈失计无投窜。金箱玉印自携将,任他乱芬芳。(唐,林楚翘《酒泉子》)

(3) 忆昔娇妃在紫宸,铅华不御得天真。霜绡虽似当时态,争奈娇波不顾人。(唐,李隆基《题梅妃画真》)

(4) 寸寸凌霜长劲条,路人犹笑未干霄。南园桃李虽堪羡,争奈春残又寂寥。(唐,崔涂《涧松》)

后代沿用。

(5) 虽云法眼无瑕翳,争奈其人掩耳听。(《祖堂集·华亭和尚》)

(6) 雨细云轻,花娇玉软,於中好个情性。争奈无缘相见,有分孤零,香笺细写频相问。我一句句儿都听。到如今、不得同欢,伏惟与他耐静。(宋,曹组《忆瑶姬》,《全宋词》)

一直沿用至明清时期,现代汉语不再使用。

(7) 呀!秀才,子虽念亲老孤单,亲须望孩儿荣贵。你趁此青春不去,更待何日?公公言极有理,争奈父母无人奉侍,如何去得?(《琵琶记》第四出)

（8）娘子虽然年芳貌美，争奈命蹇时乖，何不舍离爱欲，披缁削发，就此出家？（《初刻拍案惊奇》卷二十七）

（9）如今仲春天气，虽得了工夫，争奈宝玉因冷遁了柳湘莲，剑刎了尤小妹，金逝了尤二姐，气病了柳五儿，连连接接，闲愁胡恨，一重不了一重添。弄得情色若痴，语言常乱，似染怔忡之疾。（《红楼梦》第七十回）

【只】

《汉语大词典》未收录转折用法，其转折关联用法产生于唐代。

（1）既自是佛，何虑佛不解语？只恐不是佛，被有无诸法转，不得自由。是以理未立先，有福智载去，如贱使贵，不如于理先立。（《祖堂集·百丈和尚》）

后一直沿用至清。

（2）那里有一个土黄马，好本事，只腿跨不开。（《朴事通》）

（3）王生在黑影里看得明白，便道："想来此人便是所约之人了，只不知里边是甚么人。好歹有个人出来，必要等着他。"（《初刻拍案惊奇》卷十二）

（4）此是密本，原不发抄。只因杨丞相要激禄山速反，特着塘报抄送去的。（《长生殿》第二十出）

（5）洪广武道："有什么不愿见他？只因他此来颇令我疑惑。"（《七剑十三侠》第一百七十四回）

（6）女曰："受人求者常骄人，求人者常畏人。中夜奔波，生平何解此苦，只以畏人故耳，亦复何言！"（《聊斋志异》卷十）

（7）因此张太太虽然也见过几次，知道名儿，只不知那个名儿

是那件上的,所以不敢易上筷子。(《儿女英雄传》第二十九回)

现代汉语被"只是"取代。

【直是/只是】

"只是"表轻微的转折,相当于"不过、但是"。《汉语大词典》举的是明代《水浒传》中的例子。我们最早在《世说新语》中发现1例表转折的"直是"。

(1) 庾公造周伯仁,伯仁曰:"君何所欣说而忽肥?"庾曰:"君复何所忧惨而忽瘦?"伯仁曰:"吾无所忧,直是清虚日来,滓秽日去耳。"(《世说新语·言语第二》)

据席嘉(2004:744—749)分析,"只是"在唐代作为连词。转引其用例如下:

(2) 此情可待成追忆,只是当时已惘然。(唐,李商隐《佛瑟》)
(3) 功名一似淮西事,只是元臣不姓裴。(唐,吴融《简州归降贺京兆公》)
(4) 征人岂不思乡国,只是皇恩未放归。(唐,陈陶《水调词十首》)

另外,晚唐五代的《敦煌变文集》和《祖堂集》中用例甚多。兹举数例如下:

(5) 门前有一儿郎,性行不妨慈善,出来好个面貌,只是有些些舌短云云,大王闻说喜徘徊,卷上珠帘御帐开,既强圣人心里事,也兼皇后乐咳咳。(《敦煌变文集新书·丑女缘起》)

（6）师又去碓坊，便问行者："不易行者，米还熟也未？"对曰："米熟久矣，只是木有人簸。"（《祖堂集·祖弘忍和尚》）

（7）儿子曰："某甲祖公在南岳，欲得去那里礼觐，只是未受戒，不敢去。"（《祖堂集·长髭和尚》）

明清时期沿用。

（8）生得资格清秀，倒也伶俐。只是父母去世太早，自幼失学。（《金瓶梅》第九十三回）

《红楼梦》中"只是"表轻微转折的用例非常多。如：

（9）因这甄士隐禀性恬淡，不以功名为念，每日只以观花修竹，酌酒吟诗为乐，倒是神仙一流人品。只是一件不足：如今年已半百，膝下无儿，只有一女，乳名唤作英莲，年方三岁。（《红楼梦》第一回）

（10）这丫鬟忙转身回避，心下乃想："这人生的这样雄壮，却又这样褴褛，想他定是我家主人常说的什么贾雨村了，每有意帮助周济，只是没甚机会。我家并无这样贫窘亲友，想定是此人无疑了。怪道又说他必非久困之人。"（《红楼梦》第一回）

"只是"在现代汉语中是一个常用的轻转连词。

二　宋代新出现的转折范畴考察

宋代主要选用的语料：《朱子语类》《全宋词》《五灯会元》等。

宋代新出现的转折范畴："但只是""第""顾乃""可奈""那/哪知""其实""且是""却倒""却反""然却""怎奈""怎知""只

可惜"等。

【但只是】

表转折的"但只是"初见于宋。《汉语大词典》未收录。

（1）先生历言诸生之病甚切。谓时举："看文字也却细腻亲切，也却去身上做工夫。但只是不去正处看，却去偏傍处看。如与人说话相似，不向面前看他，却去背后寻索，以为面前说话皆不足道，此亦不是些小病痛。想见日用工夫，也只去小处理会。此亦是立心不定故尔，切宜戒之！"（《朱子语类》卷一百一十四《朱子十一》）

（2）尝问和仲先世遗文，因曰："先公议论好，但只是行不得。"和仲曰："闻之先人，所以谓之好议论，政以其可以措诸行事。何故却行不得？"答曰："公不知，便是六经，也有说得行不得处。"（《朱子语类》卷一百三十一《本朝五》）

明清时期沿用。如：

（3）武松遂将西门庆奸娶潘氏，并哥哥捉奸，踢中心窝，后来县中告状不准，前后情节细说一遍，道："小的本为哥哥报仇，因寻西门庆厮打，不料误打死此人。委是小的负屈含冤，奈西门庆钱大，禁他不得。小人死不足惜，但只是小人哥哥武大含冤地下，枉了性命。"（《金瓶梅》第十回）

（4）如来又取出三个箍儿，递与菩萨道："此宝唤做紧箍儿。虽是一样三个，但只是用各不同，我有金紧禁的咒语三篇。假若路上撞见神通广大的妖魔，你须是劝他学好，跟那取经人做个徒弟……"（《西游记》第八回）

（5）张媒婆道："我怎么认不得他？他人儿虽是少年风流，但只是生性有些难说话。我替他讲了几头亲事，他嫌不好道歹，再不肯便应承。我如今正有庄家一头亲事，要与他说，小姐的事既吩咐我，我自留心去说……"（《今古奇观》第四十八卷）

【第】

副词"第"汉代已经产生，但彼时并不表转折，表转折始于宋代，《汉语大词典》亦举宋代例子为最早。如：

（1）郭叔问："为学之初，在乎格物。物物有理，第恐气禀昏愚，不能格至其理。"（《朱子语类》卷十五《大学二》）

（2）辱贶斋酝，尤为醇美，第小邦鲜嘉客，老病少欢意，不得如侍台席时豪饮之量尔。可叹，可叹！（宋，欧阳修《熙宁四年与韩忠献王书》）（转引自《汉语大词典》）

后代沿用，但用例一直不多。如：

（3）本欲斩汝，第念汝夫之劳，着光禄司给与漆碗木杖，日令乞丐功臣之家，以为妒妇者戒。（明，都穆《都公谭纂》卷上）（转引自《汉语大词典》）

（4）海子大可千亩……亦有溪流贯其间，第不可耕艺，以其土不贮水。（《徐霞客游记·滇游日记》）

（5）生心实爱好，第虑父嗔，因直以情告。（《聊斋志异》卷十一）

【顾乃】

"顾乃"表转折，宋代始见，《汉语大词典》亦收录。如：

（1）高之解经，类以私意穿凿，诡异百端，曾无忌惮，顾乃于此著疑，以示重慎，岂不可笑哉！（金，王若虚《五经辨惑上》）（转引自《汉语大词典》）

（2）擢宗正少卿。上疏谓："陛下初政则以刚德立治本，更化则以刚德除权奸，今者顾乃垂拱仰成，安于无为。夫刚德实人主之大权，不可以久出而不收，覆辙在前，良可鉴也。"（《宋史·柴中行传》）

沿用至明清时期。

（3）扩廓帖木儿本非察罕帖木儿之宗，俾嗣职任，冀承遗烈，畀以相位，陟以师垣，崇以王爵，授以兵柄，顾乃凭藉宠灵，遂肆跋扈，构兵关陕，专事吞并。貊高倡明大义，首发奸谋；关保弗信邪言，乃心王室，陈其罪恶，请正邦典。（《元史·顺帝本纪》）

（4）松江自丙申二月十八日军乱，越三日，苗来克复。首尾两月之间，焚杀掳掠，十里之城，悉化瓦砾之区。视他郡尤可畏。是则星入月不知此时在於何所分野，顾乃松江独应其兆与？（《南村辍耕录》卷八）

（5）方拜谢间，一盗忽掷踊大恸曰："此人孱弱如是，尚数千里外求父骨。我堂堂丈夫，自命豪杰，顾乃不能耶？诸君好住，吾今往肃州矣。"（《阅微草堂笔记·姑妄听之二》）

【可奈】

《汉语大词典》收录，所举转折例句源于元代。据我们考察，宋代"可奈"已经用于转折句。

（1）消尽水沉金鸭。写尽杏笺红蜡。可奈薄情如此黠。寄书

浑不答。(宋，李从周《谒金门》，《全宋词》)

(2) 回首几关山。后会应难。相逢祇有梦魂间，叵奈梦随春漏短，不到江南。(宋，韩疁《浪淘沙》，《全宋词》)

元明清时期沿用，其中明代用例尤多。

(3) 当初去楚尚婴孩，伍相怀中抱得来．可奈昭公攮我拉，至今笑脸不曾开。(元，李寿卿《说专诸伍员吹箫》，《全元杂剧》)

(4) 走得到五云山下，只见江里走起一个人来，口里衔着一把刀，赤条条跳上岸来。方天定在马上见来得凶，便打马要走。可奈那疋马作怪，百般打也不动，却似有人笼住嚼环的一般。(《水浒传》第一百十五回)

(5) 周智道："非我坚执不允，可奈世风嚣漓，缄口结舌，反多福祉，任侠怀义，每见摧残，因此老拙断断不管。"(《醋葫芦》第八回)

(6) 虽是不合他的路数，可奈文有定评，他看了也知道爱不释手，不曾加得圈点。便粘了个批语。(《儿女英雄传》第三十五回)

【那/哪知】

"那知"初见于唐，唐诗中用例较多，但大都表反问。《汉语大词典》未收录。

(1) 只向阶前便渔钓，那知枕上有云霞。(唐，方干《山中》)

(2) 初因智者赏，果会幽人迹。不向定中闻，那知我心寂。(唐，皎然《咏小瀑布》)

(3) 僧来已说无耕钓，雁去那知有弟兄。(唐，齐己《渚宫

春日因怀有作》)

宋代,"那知"可用于陈述句,表"未曾想到,不料""却不知"义。如:

(4) 只道真情易写,那知怨句难工。(宋,陆游《临江仙》)
(5) 只道不来归,那知心似飞。(宋,晁元礼《菩萨蛮》)

元代,"那知"可连接意料之外的转折句,表"不料"义。

(6) 自领军与摩利支交战,倒也不见得便输与他。那知正战中间,忽地飞出一把刀来,惊的我这魂不在头上,就拨转马头,一彄兜跑了。(元,张国宾《薛仁贵荣归故里》,《全元杂剧》)

这种用法在明清时期得以发展。

(7) 只指望痊愈之日,图报大恩,那知竟不能起,有负盛意。(《今古奇观》第二十八卷)
(8) 行者笑道:"兄弟,实不瞒你说,自从降了黄风怪,下山来,这个把月不曾耍棍,我见你和他战的甜美,我就忍不住脚痒,故就跳将来耍耍的。那知那怪不识耍,就走了。"(《西游记》第二十二回)
(9) 姑娘觉得自己这个主意玄妙如风来云变,牢靠如铁壁铜墙,料想他安家的人梦也梦不到此。那知这段话正被随缘儿媳妇听了个不亦乐乎!(《儿女英雄传》第二十二回)
(10) 头几天香菱病着,他倒亲手去做汤给他吃,那知香菱没福,刚端到跟前,他自己烫了手,连碗都砸了。(《红楼梦》第一零三回)

明清时期，出现了"哪知"用例。如：

（11）到了此处，虽得先生这般教训，又蒙老兄这样抬举，哪知心里散乱，学问反觉荒疏，料难有出头日子，成不得功名，可不枉耽误了妻子，所以愁叹。(《石点头》第十四回)

（12）这里雯青还是笔不停披的校他的《元史》，直到吃晚饭时方上楼来，把俄皇请赴跳舞会的事告诉彩云，原想叫她欢喜。哪知彩云正为失了宝簪心中不自在，推说这两日身上不好，不高兴去。雯青只得罢了！(《孽海花》第十五回)

（13）这恶贼原想着是个暗算，趁着军官作下揖去，不能防备这一脚，定然鼻青脸肿。哪知那军官不慌不忙，瞧着脚临切近，略一扬手，在脚面上一拂，口中说道："公子休得无礼！"(《七侠五义》第四十四回)

【其实】

"其实"连接转折句，因所在小句是对客观情况的一种肯定，从而与前句构成纠正关系而形成转折，最早见于宋代，后沿用至现代汉语。

（1）论性不论气，这性说不尽；论气不论性，性之本领处又不透彻。荀扬韩诸人虽是论性，其实只说得气。荀子只见得不好人底性，便说做恶。扬子见半善半恶底人，便说善恶混。(《朱子语类》卷四《性理一》)

（2）圣贤所说工夫，都只一般，只是一个"择善固执"。论语则说"学而时习之"，孟子则说"明善诚身"，只是随他地头所说不同，下得字来，各自精细。其实工夫只是一般，须是尽知其所以不同，方知其所谓同也。(《朱子语类》卷八《学二》)

（3）本州有个无赖邪民，姓郭名赛璞，自幼好习符咒，投着一个并州来的女巫，结为伙伴。名称师兄师妹，其实暗地里当做夫妻，两个一正一副，花嘴骗舌，哄动乡民不消说。(《初刻拍案惊奇》卷三十九)

（4）外头只知道是明日出榜，其实场里今日早半天就拆弥封，填起榜来了。(《儿女英雄传》第一回)

【且是】

《汉语大词典》收录其转折用法，义为"只是"，所举用例最早出自宋代。转引其用例如下：

（1）孩儿去则犹闲，且是无人照管我门户。(宋，无名氏《张协状元》第五出)

（2）果然是银河倒泻，沧海盆倾，好阵大雨！且是没躲处，冒着雨又行了数十步，见一个小小竹门楼。(《京本通俗小说·西山一窟鬼》)

元代较多见。

（3）姑娘，丫头虽小，且是识人多矣。不知那里寻许多苦堆一处。(元，柯丹邱《荆钗记》，《全元南戏》)

（4）野鸟同林宿，天明各自飞。孩儿去则犹闲，且是无人照常我门户。(元，无名氏《张协状元》，《全元南戏》)

（5）这一带都无旅店，又无寺观。此庙虽无敕额，且是威灵。比着官房，到有些广阔。(元，无名氏《张协状元》，《全元南戏》)

现代汉语不再使用。

【却倒】

"却倒"有"反倒、反而"义,可以连接转折关系句,《汉语大词典》亦收录,所举例句出于明代。转引如下:

(1) 小人先妻是微末出身,却倒百伶百俐,是件件都替的小人。(《水浒传》第二十四回)

(2) 汝等脸嘴丑陋,只恐唬了人,闯出祸来,却倒无住处矣。(《西游记》第四十七回)

据我们考察,早在宋代,副词"却倒"已经产生,在《朱子语类》中发现3例。列举如下:

(3) 心之官,固是主於思,然须是思方得。若不思,却倒把不是做是,是底却做不是。(《朱子语类》卷五十九《孟子九》)

(4) 邑是私邑,却倒来命令自家。虽便做得正,人君到此也则羞吝。(《朱子语类》卷七十《易六》)

(5) 后赴同安任,时年二十四五矣,始见李先生。与他说,李先生只说不是。某却倒疑李先生理会此未得,再三质问。李先生为人简重,却是不甚会说,只教看圣贤言语。(《朱子语类》卷一百四《朱子一》)

后沿用至明清时期。

(6) 李逵虽个个杀人不斩眼的魔君,听的说了这话,自肚里寻思道:"我特地归家来取娘,却倒杀了一个养娘的人,天地也不佑我!罢,罢,我饶了你这厮性命!"(《水浒传》第四十三回)

(7) 这安老爷家,通共算起来,内外上下也有三二十口人,虽然算不得簪缨门第、钟鼎人家,却倒过得亲亲热热,安安静静,与人无患,与世无争,也算得个人生乐境了。(《儿女英雄传》第一回)

(8) 看着宝钗虽是痛哭,他端庄样儿一点不走,却倒来劝我,这是真真难得的!(《红楼梦》第一二零回)

【却反】

"却反"表转折见于宋代,《汉语大词典》未收录此词条。

(1) 边事之作,未有不由熟户者。平时入西界盗孳畜人户,及夏人理索,却反称西人入汉为盗。(《西夏书事》卷二十四)

(2) 某作或问,恐人有疑,所以设此,要他通晓。而今学者未有疑,却反被这个生出疑!(《朱子语类》卷十四《大学一》)

沿用至明清时期。

(3) 这如今看见接了头,活了人,他却反不得齿,只是心上还是不肯,说道:"既是国师老爷要和,学生怎么敢拗?只怕他还不肯和。"(《三宝太监西洋记》第七十五回)

(4) 主簿陈琳曰:"不可!俗云:掩目而捕燕雀,是自欺也,微物尚不可欺以得志,况国家大事乎?今将军仗皇威,掌兵要,龙骧虎步,高下在心:若欲诛宦官,如鼓洪炉燎毛发耳。但当速发雷霆,行权立断,则天人顺之。却反外檄大臣,临犯京阙,英雄聚会,各怀一心:所谓倒持干戈,授人以柄,功必不成,反生乱矣。"(《三国演义》第二回)

(5) 飞曰:"捉了一员贼将,操不见有甚褒赏,却反来唬吓,何也?"(《三国演义》第十九回)

（6）其中家庭闺阁琐事，以及闲情诗词倒还全备，或可适趣解闷，然朝代年纪，地舆邦国，却反失落无考。（《红楼梦》第一回）

【然却】

"然却"表转折，宋代《朱子语类》中有大量用例，《汉语大词典》未收录。

（1）又曰："性最难说，要说同亦得，要说异亦得。如隙中之日，隙之长短大小自是不同，然却只是此日。"（《朱子语类》卷四《性理一》）

（2）曰："'阴阳'虽是两个字，然却只是一气之消息，一进一退，一消一长。进处便是阳，退处便是阴；长处便是阳，消处便是阴。只是这一气之消长，做出古今天地间无限事来。所以阴阳做一个说亦得，做两个说亦得。"（《朱子语类》卷七十四《易十》）

沿用至明清时期。

（3）府虽则断道："一死自抵前生，岂以再世幸免？"不准其诉。然却心里大是惊怪。因晓得：人身四大，乃是假合。形有时尽，神则常存。何况屈死冤魂，岂能遽散。（《初刻拍案惊奇》卷十四）

（4）先生曰："此须识我立言宗旨。今人学问，只因知行分作两件，故有一念发动，虽是不善，然却未曾行，便不去禁止。我今说个知行合一，正要人晓得一念发动处，便即是行了。发动处有不善，就将这不善的念克倒了。须要彻根彻底，不使那一念不善潜伏在胸中。此是我立言宗旨。"（《王阳明全集·知行录之三·已下门人黄直录》）

（5）湘云笑道："得陇望蜀，人之常情。可知那些老人家说的不错。说贫穷之家自为富贵之家事事趁心，告诉他说竟不能遂心，他们不肯信的；必得亲历其境，他方知觉了。就如咱们两个，虽父母不在，然却也忝在富贵之乡，只你我竟有许多不遂心的事。"（《红楼梦》第七十六回）

（6）他们兄弟俩，各依着天赋的特性，各自向极端方面去发展，然却有一点是完全一致，就为他们是海边人，在惊涛骇浪里生长的，都是胆大而不怕死。（《孽海花》第二十八回）

【怎奈】

"怎奈"表"奈何、无奈"义，可连接转折句，《汉语大词典》收录，所举皆为明清时期用例。转引如下：

（1）怎奈白玉乔那厮催并，迭成文案，要知县断教雷横偿命。（《水浒传》第五十一回）

（2）欲要渡江，怎奈连日大西风，上水船寸步难行。（《警世通言》第十七卷）

（3）他才学是有的，怎奈时运不济！（《儒林外史》第三回）

我们在《全唐诗》中见到 1 例。如下：

（4）粉香尤嫩，霜寒可惯，怎奈向，春心已转。玉容别是一般闲婉。悄不管，桃红杏浅。月影帘栊，金堤波面，渐细细，香风满院。一枝折寄，故人虽远，莫辄使，江南信断。（唐，毛文锡《鞓红》）

《全宋词》中用例较多。如：

（5）残梅舞红褪了。佩珠寒、满怀清峭。几度酒余重省，旧愁多少。荀令风流未减，怎奈向飘零赋情老。待寄相思，仙山路杳。（宋，吕同老《天香》）

（6）短亭相送处，长忆得、醉中攀折。年年岁岁好时节。怎奈尚、有人离别。（宋，晏殊《望汉月》）

元明清时期沿用。如：

（7）少小知名达礼闱，白头犹未解朝衣。年来屡上陈情疏，怎奈君恩不放归。（元，关汉卿《杜蕊娘智赏金线池》，《全元杂剧》）

（8）孔明笑曰："云长勿怪！某本欲烦足下把一个最紧要的隘口，怎奈有些违碍，不敢教去。"获曰："某虽肯降，怎奈洞中之人未肯心服。若丞相肯放回去，就当招安本部人马，同心合胆，方可归顺。"（《三国演义》第八十八回）

（9）邢王二夫人等也都劝了好几次，怎奈惜春执迷不解。（《红楼梦》第一一五回）

现代汉语不再使用。

【怎知】

"怎知"初见于宋，《全宋词》中见 29 例，《朱子语类》中见 1 例。

（1）应笑赤松黄石，效痴儿成事，犹自言功。怎知他箕颍，袖手独春容。幸风月、有人料理，自家山叟与溪翁。鸣榔晚，一声长啸，相送冥鸿。（宋，林实之《八声甘州》）

（2）南庐佳号。是自许孔明，经纶才调。对柳鸣琴，凭花制锦，小试一同谈笑。怎知画帘难驻，忽又星轺催召。但谶得、耀碑潭水月，交光相照。（宋，陈著《喜迁莺》）

元代用例增多,表意料之外的用法也比较普遍。

(3)驿程去速,奈何被士马拦截归路,国败家亡,怎知此日完聚!(元,施惠《幽闺记》,《全元南戏》)

(4)指望你背紫腰金,怎知你不成器!(元,无名氏《宦门子弟错立身》,《全元南戏》)

明清时期沿用。

(5)三藏听言,唬倒在地,半晌间跌脚拳胸道:"徒弟呀!只说你善会降妖,领我西天见佛,怎知今日死于此怪之手!苦哉,苦哉!我弟子同众的功劳,如今都化作尘土矣!"那师父十分苦痛。你看那呆子,他也不来劝解师父,却叫:"沙和尚,你拿将行李来,我两个分了罢。"(《西游记》第七十五回)

(6)自恃才高,道是举手可得,如拾芥之易。怎知命运不对,连应过五六举,只是下第,盘缠多用尽了。(《初刻拍案惊奇》卷四十)

【只可惜】

"只可惜"可用于转折关联词,形成于宋元时期,《汉语大词典》未收录。

(1)缘它於事上讲究得精,故於世变兴亡,人情物态,更革沿袭,施为作用,先后次第,都晓得;识得个仁义礼乐都有用处。若用於世,必有可观。只可惜不曾向上透一著,於大体处有所欠阙,所以如此!(《朱子语类》卷一百三十七《战国汉唐诸子》)

(2)此女乃是白乐天之后,小字牡丹。莫说他姿容窈窕,颇

解文墨，只可惜他落在风尘，没个人来抬举。(元，吴昌龄《花间四友东坡梦》，《全元杂剧》)

(3) 这两个贼汉，元来不是梁山泊上头领。他拐了我女孩儿，左右弄做破罐子，倒也罢了。只可惜那李逵哥哥，一片热心，赌着头来，这须不是耍处。我如今将酒冷一碗，热一碗，劝那两个贼汉吃的烂醉。(元，康进之《梁山泊李逵负荆》，《全元杂剧》)

清代以后大量使用，并沿用至现代汉语。

(4) 原来这林如海之祖，曾袭过列侯，今到如海，业经五世。起初时，只封袭三世，因当今隆恩盛德，远迈前代，额外加恩，至如海之父，又袭了一代；至如海，便从科第出身。虽系钟鼎之家，却亦是书香之族。只可惜这林家支庶不盛，子孙有限，虽有几门，却与如海俱是堂族而已，没甚亲支嫡派的。今如海年已四十，只有一个三岁之子，偏又于去岁死了。(《红楼梦》第二回)

三 元代新出现的转折范畴考察

元代主要选用的语料：《新刊元刊杂剧三十种》《西厢记》《琵琶记》《全元散曲》等。

元代新出现的转折范畴："不想""不想道""倒反""倒是""反倒""那/哪想""那/哪知道""奈""偏生""谁承望""谁想""谁想道""谁想到""谁知道""无奈""怎想""怎知道""只争"等。

【不想】

"不想"本为偏正短语，元代完成词汇化，义同"不料"。《汉语大词典》所举例句亦出自元代。关联标记"不想"连接表意外的转折句，自元代起一直沿用至今。

（1）想老夫幼年间做商贾，早起晚眠，积攒成这个家业。指望这孩儿久远营运。不想他成人已来，与他娶妻之后，只伴着那一伙狂朋怪友，饮酒非为，吃穿衣饭，不着家业，老夫耳闻目睹，非止一端；因而忧闷成疾，昼夜无眠；眼见的觑天远，入地近，无那活的人也。（元，秦简夫《东堂老劝破家子弟》，《全元杂剧》）

（2）当初只说娶个良善女子，不想讨了个五量店中过卖来家，终朝四言八句，弄嘴弄舌，成何以看！（《清平山堂话本·快嘴李翠莲记》）

（3）这位姑娘从来也不知怎样叫做失眠，不想这日身在枕上，翻来覆去只睡不着。（《儿女英雄传》第二十二回）

（4）宝玉以为觉悟，不想忽被黛玉一问，便不能答。（《红楼梦》第二十二回）

（5）病中总希望你来看看我，不想你影儿不露，连信也不来！（转引自《现代汉语虚词词典》）

【不想道】

《汉语大词典》收录此词条，义为"想不到，不料"，仅举明代用例1例。据我们的考察，表"想不到，不料"义的"不想道"用于表意料之外的关系句始于元代，明代沿用，清代基本不再使用，且用例一直非常少见。

（1）俺两个一时本是知心友，不想道半路里翻为刎颈交。他怎肯将我耽饶？（元，马致远《半夜雷轰荐福碑》，《全元杂剧》）

（2）嗨！我止望娶他做个夫人，不想道今日撞着原主儿，眼见的要还他去了。可知道我这两日有些眼跳。（元，无名氏《逞风

流王焕百花亭》,《全元杂剧》)

（3）他求科举,指望锦衣归,不想道你留他为女婿。有缘千里能相会,须强他不得,他埋冤洞房花烛夜,那些个千里能相会?（元,高明《蔡伯喈琵琶记》,《全元南戏》)

（4）俺本是避乱辞家,遨游许下,登楼罢回首天涯,不想道屈身躯扒出他们胯。（明,徐渭《渔阳弄》)（转引自《汉语大词典》)

（5）吾自九岁时蒙爹抚养成人,今已二十多岁,在家未曾有半点差错。前日看见我爹费产完官,暗地心痛,又见爹信了野道,召将费钱,愈加不乐,不想道爹疑到我身上。今日我只欠爹一死,更无别话。（《警世通言》第十五卷)

【倒反】

"倒反"初见于元代,但我们仅在《全元杂剧》中发现1例。如下：

（1）呸！庞衙内,你羞么？你妻舅打死平人,你倒反囚了他的原告。（元,无名氏《十探子大闹延安府》)

明清时期用例较多,用法同"倒",多表"与客观事实/情理或主观愿望相反"等。如：

（2）马公道："二位总兵在上,天师在前,似此两边摆列着天神天将,当原日丑陋不堪如此,倒反以为神,不知何以为其正果？这如今的人生得眉清目秀,博带峨冠,聪俊如此,倒反不能为神,何以堕落轮劫？"（《三宝太监西洋记》第二十五回)

（3）那怪鼍闻此言,心中大怒道："我与你嫡亲的姑表,你倒反护他人？听你所言,就教把唐僧送出,天地间那里有这等容易事也！"（《西游记》第四十三回)

（4）林黛玉听了，低头一语不发，半日说道："你只怨人行动嗔怪了你，你再不知道你自己怄人难受。就拿今日天气比，分明今儿冷的这样，你怎么倒反把个青肷披风脱了呢？"（《红楼梦》第二十回）

（5）在外国时，所有往来的中国人都是广东人，所以他倒说了一口广东话，把他自己的辽东话，倒反忘记个干净了。（《二十年目睹之怪现状》第五十五回）

《汉语大词典》亦收录此词条，但认为是方言词。转引其用例如下：

（6）孩子象小雀似地跳跃着，在门口迎接了客人。可是一到屋里，小家伙倒反有点紧张了。（柯岗《卡达耶夫在我家》）（转引自《汉语大词典》）

【倒是】

关于"倒是"，《汉语大词典》亦收录此词条，并列了与"倒"相同的7种功能（详见《现代汉语八百词》），所举例句均为现代汉语中的例子①。

"倒是"表转折同"倒"相似，多表示"与客观事实/情理完全相反"，最早见于元代。如：

---

① 1. 副词。表示同一般情理相反，犹言反而，反倒。如：没吃药，这病倒是好了。
2. 副词。表示想的、说的同事实相反。如：你想得倒是容易，可事情哪儿有那么好办！
3. 副词。表示出乎意料。如：你一说，我倒是想起来了。
4. 副词。表示转折。如：房间不大，陈设倒是挺讲究。
5. 副词。表示让步。如：质量倒是挺好，就是价钱贵点儿。
6. 副词。用以舒缓语气。如：咱俩能一起去，那倒是挺好。
7. 副词。用于追问或催促。如：大伙儿早走了，你倒是去不去呀？

（1）我着那最小的幼男去当刑，他便欢喜紧将儿发送。只把前家儿子苦哀矜，倒是自己亲儿不悲痛。似此三从四德可褒封，贞烈贤达宜请俸。（元，关汉卿《包待制三勘蝴蝶梦》，《全元杂剧》）

（2）岂不闻晏平仲为齐相，乘车人忧心悄悄，倒是御车吏壮志扬扬。（元，宫天挺《死生交范张鸡黍》，《全元杂剧》）

（3）这妮子癞肉顽皮，倒是熬得打的。（无名氏《金水桥陈琳抱妆盒》，《全元杂剧》）

"倒是"也发展出"出乎意料""舒缓语气""让步"等用法，各举1例如下：

（4）谁知那娇秀回府，倒是日夜思想。厚贿侍婢，反去问那董虞候，教他说王庆的详细。（《水浒传》第一百一回）

（5）宋江笑道："院长尊兄，何必见外。量这些银两，何足挂齿。由他去赌输了罢。若要用时，再送些与他使。我看这人倒是个忠直汉子。"（《水浒传》第三十八回）

（6）我道："倒是那票油酒是好生意，我看见为数太少了，不去和他抢夺罢了。"（《二十年目睹之怪现状》第六十二回）

"倒是"的诸虚词功能均沿用至现代汉语。

【反倒】

"反倒"出现得比较晚，宋代初见，但尚未成词。

（1）如今人做诗曲，亦自有体制不同者，自不可乱，不必说雅之降为风。今且就诗上理会意义，其不可晓处，不必反倒。（《朱子语类》卷八十《诗一》）

（2）如"天命之谓性"，初且恁地平看过去，便看下面"率

性之谓道";若只反倒这"天命之谓性"一句,便无工夫看"率性之谓道"了。(《朱子语类》卷一百一十七《朱子十四》)

表"反而"义的"反倒"元代初见。我们在《全元杂剧》中发现3例。列举如下:

(3) 这其间听一声"金缕"歌,看两行红袖舞,常则是笙箫缭绕丫鬟簇;三杯酒满金鹦鹉,六扇屏开锦鹧鸪,反倒做他心腹。(元,关汉卿《包待制智斩鲁斋郎》)

(4) 爷爷可怜见,李玉壶先前和俺女孩儿作伴,后来我家里别留山西客人甚舍。他自没趣,走了出去,反倒搬调的我娘儿两个不和,我因此来告他。缘何原告跪着,被告立着,岂有此理?(元,贾仲明《李素兰风月玉壶春》)

(5) 嗨!朝廷上多少滥官污吏,一生享用荣华不尽。只有老夫忠勤廉正,替朝廷干事的,反倒受人弹论。公道安在!我想此一去,莫说途路遥远,便是到得京师,也还有许多费用。(元,无名氏《玉清庵错送鸳鸯被》)

明代沿用。

(6) 先时戕害僚友,继而弁髦君上。末后把祖宗宗祀斩了,妻子兄弟族属枭夷。这要荣他,反倒辱他;要好他,反倒害他。(《今古奇观》第六十六卷)

(7) 这共舱的人说道:"出家人慈悲小心,不贪欲,那里反倒要讨我们的便宜?"这和尚听得说,回话道:"你这一起是小人!我要你伏侍,不嫌你,也就勾了。"(《喻世明言》第十九卷)

清代用例增多，并沿用至现代汉语。

（8）石头笑答道："我师何太痴耶！若云无朝代可考，今我师竟假借汉唐等年纪添缀，又有何难？但我想，历来野史，皆蹈一辙，莫如我这不借此套者，反倒新奇别致，不过只取其事体情理罢了，又何必拘拘于朝代年纪哉……"（《红楼梦》第一回）

【那/哪想】

"那想"初见于元代，表意料之外。如：

（1）他那想赴京师关本时，受官差在旅途。耽惊受怕过朝暮，受了五十四站风波苦。亏杀数百千程递运夫，哏生受哏搭负。广费了些首思分例，倒换了些沿路文书。（元，刘时中《套数》，《全元散曲》）

（2）梅香，你那里知道。那想此人一表非俗，吟的诗清字正，委实少有也呵。（元，无名氏《赵匡义智娶符金锭》，《全元杂剧》）

明清时期沿用。

（3）此时友谅军人已死大半，约剩七万有零，沿岸奔走，自分到江边再作区处。那想到江一望，楼船、战舰，十无一全，访问舟人说："李文忠率了精锐焚掠殆尽。"（明，无名氏《英烈传》第三十回）

（4）匡大道："自你去后，弟妇到了家里，为人最好，母亲也甚欢喜。那想他省里人，过不惯我们乡下的日子……"（《儒林外史》第二十回）

"哪想"清代始见，表意料之外，沿用至现代汉语。

（5）哪想济公他挑着这担子，来到热闹街上，把担子一放，拿刀就切狗肉。（《济公全传》第十五回）

（6）罗爷回府，心中想道："俺昔日身在流沙，妻离子散，穷困已极，哪想还有今日。全亏了两个孩儿纠合义师，使我成功归国，此乃上苍所助也。不可不上谢神灵，下酬戚友。"（《粉妆楼》第八十回）

【那/哪知道】

"那知道"初见于唐代，但并未用于转折关系句。

（1）此去那知道路遥，寒原紫府上迢迢。（唐，皇甫冉《玄元观送李源李风还奉先华阴》）

（2）云晴渐觉山川异，风便那知道路长。（唐，姚合《送源中丞赴新罗》）

元代开始，"那知道"才用于表意料之外的转折句。

（3）敢猜着我调假小为真，那知道蕙叹惜芝焚；去不去我几回家将伊尽，可怎生到门前兜的又回身？（元，纪君祥《冤报冤赵氏孤儿》，《全元杂剧》）

（4）舅舅，则为你这盘缠，连我也替你恼起来。那知道你家妹子，这般个狠人，放着许多衣服头面，一些儿不肯与你，只是剔他身上的肉一般。（元，李行甫《包待制智赚灰栏记》，《全元杂剧》）

清代以后才出现"哪知道"用例。如：

（5）原来雷鸣、陈亮前者回到镇江府，到了陈亮家中，哪知道

陈亮的叔父并不在家,出去催讨账目。(《济公全传》第二百回)

(6) 他就把自己的鬼主意用江湖黑话 说,哪知道乔五奶奶懂得这绿林话,她父亲是个贼,花驴贾亮就是绿林中人。(《彭公案》第一百九十四回)

【奈】

元代,"奈"可表"无奈,怎奈"义,用于连接转折句。

(1) 想自家空学的满腹兵书战策,奈满眼儿曹,谁识英雄之辈!好伤感人呵!(元,金仁杰《萧何月夜追韩信》,《全元杂剧》)

明清时期用例较多。

(2) 武松遂将西门庆奸娶潘氏,并哥哥捉奸,踢中心窝,后来县中告状不准,前后情节细说一遍,道:"小的本为哥哥报仇,因寻西门庆厮打,不料误打死此人。委是小的负屈含冤,奈西门庆钱大,禁他不得。小人死不足惜,但只是小人哥哥武大含冤地下,枉了性命。"(《金瓶梅》第十回)

(3) 祝道:"妾身吴氏,作配西门,奈因夫主留恋烟花,中年无子。妾等妻妾六人,俱无所出,缺少坟前拜扫之人。妾夙夜忧心,恐无所托。是以发心,每夜于星月之下,祝赞三光,要祈佑儿夫早早回心,弃却繁华,齐心家事。不拘妾等六人之中,早见嗣息,以为终身之计,乃妾之夙愿也。"(《金瓶梅》第二十一回)

(4) 西门庆答道:"不敢!昨日云峰书来,具道二位老先生华辀下临,理当迎接,奈公事所羁,幸为宽恕。"(《金瓶梅》第三十六回)

(5) 今如海年已四十,只有一个三岁之子,偏又于去岁死了。

虽有几房姬妾，奈他命中无子，亦无可如何之事。今只有嫡妻贾氏，生得一女，乳名黛玉，年方五岁。(《红楼梦》第二回)

（6）待要回去，奈事未毕。(《红楼梦》第十四回)

【偏生】

"偏生"可用于表示实际情况与情理或所希望相反的转折句，最早见于元代。

（1）我这嘴脸也不俗，偏生不入婆娘目。（元，贾仲明《荆楚臣重对玉梳记》，《全元杂剧》）

（2）只是我做着衙内，偏生一世里，不曾得个十分满意的好夫人。（元，武汉臣《包待制智赚生金阁》，《全元杂剧》）

（3）可不是晦气，他起初要我吟诗，偏生再做不来。如今倒气出我四句来了。（元，无名氏《孟德耀举案齐眉》，《全元杂剧》）

明清时期沿用。

（4）也该体恤下人，积点阴骘，偏生与和尚做尽对头，设立恁样不通理的律令！(《醒世恒言》第三十九卷)

（5）他这才更"缸里掷骰子——没跑儿了"，万分无奈，只得鼻子里闭着气，嘴里吹着气，只用两个指头捏着那烟袋杆儿去点。偏生那油丝子烟又潮，这个当儿，师老爷还腾出嘴来向地下"呱咭"吐了一口唾沫，良久良久才点着了。(《儿女英雄传》第三十七回)

（6）林黛玉素知丫头们的情性，他们彼此顽耍惯了，恐怕院内的丫头没听真是他的声音，只当是别的丫头们来了，所以不开门，因而又高声说道："是我，还不开么？"晴雯偏生还没听出来，

便使性子说道:"凭你是谁,二爷吩咐的,一概不许放人进来呢!"(《红楼梦》第二十六回)

【谁承望】

"承望"是心理动词,经常与具有否定语义特征的"不""谁"等结合,用来表意料之外。

"谁承望"引导表意料之外的转折句在元代用例很多。如:

(1) 我则道别离时易,谁承望相见呵难!(元,王爱山《怨别离》,《全元散曲》)

(2) 想起当初,指望待常相聚,谁承望好姻缘遭间阻。(元,徐琰《间阻》,《全元散曲》)

(3) 先前见责,谁承望今宵欢爱!(《西厢记杂剧》第四本)

明清时期沿用,但用例较少。

(4) 只知道奉命征讨,谁承望片甲无存。(《封神演义》第二回)

(5) 正叹他人命不长,那知自己归来丧!训有方,保不定日后作强梁。择膏粱,谁承望流落在烟花巷!(《红楼梦》第一回)

【谁想】

"谁想"初见于唐代,《全唐诗》中见2例。《汉语大词典》未收录。

(1) 长安多未识,谁想动吟魂。(唐,刘昭禹《送人红花栽》)

(2) 昔在龙门侧,谁想凤鸣时。(唐,刘允济《咏琴》)

元代,"谁想"的用例陡增,在"汉籍全文检索系统"中,共出现411次。在此期间,"谁想"开始用于转折句,表意料之外。

(3) 比及奴家知道,去对爹爹说,要和他同去奉事双亲,谁想爹爹不肯。(《琵琶记》第三十五出)

(4) 我只道东邻歹,谁想西邻又歹似东邻。(元,徐䶄《杀狗记》,《全元南戏》)

明清时期沿用。

(5) 李克让看见湖山佳胜,宛然神仙境界,不觉心中爽然。谁想贫儒命薄,到任未及一月,犯了个不起之症。(《初刻拍案惊奇》卷二十)

(6) 甘夫人曰:"昨日曹军入城,我等皆以为必死;谁想毫发不动,一军不敢入门。叔叔既已领诺,何必问我二人?只恐日后曹操不容叔叔去寻皇叔。"(《三国演义》第二十五回)

(7) 邢侍郎亦再无别言而去,谷县公对着左右说道:"便宜他!我说邢爷一定替他讲这事,谁想一字不题。"(《醒世姻缘传》第四十七回)

(8) 却说安公子见那女子进了屋子,便走向前去把那门上的布帘儿挂起,自己倒闪在一旁,想着好让他出来。谁想那女子放下石头,把手上身上的土拍了拍,抖了抖,一回身,就在靠桌儿的那张椅子上坐下了。(《儿女英雄传》第四回)

(9) 却说娇杏这丫鬟,便是那年回顾雨村者。因偶然一顾,便弄出这段事来,亦是自己意料不到之奇缘。谁想他命运两济,不承望自到雨村身边,只一年便生了一子,又半载,雨村嫡妻忽染疾下世,雨村便将他扶侧作正室夫人了。(《红楼梦》第一回)

【谁想道】

《汉语大词典》未收录此词条。据我们所考察的文献,"谁想道"仅在元代文献中出现过数十例,表"不料、没想到"义。

(1) 自家当初不仔细,一时间不信我那院子的说话,定要招蔡伯喈为婿,指望养老百年。谁想道他父母俱亡,如今他媳妇径来寻取,闻说我女孩儿也要和他同去,不知是否?待我唤院子出来问他,便知端的。(《琵琶记》第三十九出)

(2) 当日个管待杀我也峨冠士大夫,谁想道这搭儿重相遇。(元,秦简夫《宜秋山赵礼让肥》,《全元杂剧》)

(3) 我这里便急待、急待要挣,这打拷实难捱。忽然将泪眼猛闪开,谁想道我这残生在。(元,无名氏《争报恩三虎下山》,《全元杂剧》)

【谁想到】

《汉语大词典》未收录此词条。"谁想到"初见于元代文献,但在我们所考察的文献中仅见2例,均位于句首,引导陈述句表意料之外,在篇章中构成意外转折关系。

(1) 谁想到刘均佐又见了一个境头,将家计都撇下,跟我往岳林寺出家去,那其间贫僧再传与他大乘佛法便了。(元,郑廷玉《布袋和尚忍字记》,《全元杂剧》)

(2) 嗨!谁想到刘均佐见了些小境头,便要回他那汴梁去。这一去,见了那酒色财气,人我是非,贪嗔痴恶后,遇我师父点化,方能成道。(元,郑廷玉《布袋和尚忍字记》,《全元杂剧》)

这种用法明清时期沿用。

（3）孙寡妇受了吉期，忙忙的制办出嫁东西。看看日子已近，母子不忍相离，终日啼啼哭哭。谁想到刘璞因冒风之后，出汗虚了，变为寒症，人事不省，十分危笃。吃的药就如泼在石上，一毫没用，求神问卜，俱说无救。吓得刘公夫妻魂魄都丧，守在床边，吞声对泣。(《今古奇观》第四卷)

（4）李四嫂道："我和你说这许多头好亲官都交放过了，我自取笑他；若胡员外焦燥时，我只说取笑，谁想到成了事。"(《三遂平妖传》第五回)

（5）杨明看了实不能走，无奈说："尊驾说的这话，可也是难怪，不得不留神。我三个人原是江西保镖的，谁想到今天赶上雨了，求庄主方便方便。我等必有一份人心。天下人交遍天下友，人也不能一概而论。"(《济公全传》第九十四回)

（6）原来马玉龙早就醒了，知道有人在地下打洞，于是钻到床下，突然听到门响，睁睛一看，见姚猛撒尿，地下有一个窟窿。过了一会，果然，曹镖由地道上来，刚一奔床，打算刺杀马玉龙，谁想到被马玉龙将腿拽住，把他按倒捆上。(《彭公案》第二百零八回)

【谁知道】

"谁知道"引导转折句的功能形成于元代，《汉语大词典》未收录此词条。

（1）你看那书中那一句不说着孝义，当初俺父母教我读诗书，知孝义，谁知道反被诗书误了我，还看他怎的？(《琵琶记》第三十七出)

明代以后用例增多。

(2) 那媳妇自是个老实勤谨的，只以孝情为上，小心奉事翁姑，那里有甚心去捉他破绽？谁知道无心人对着有心人，那婆了自做了这些话把，被媳妇每每冲着，虚心病了，自没意思却恐怕有甚风声吹在老子和儿子耳朵里，颠倒在老子面前搬斗。（《初刻拍案惊奇》卷二十）

(3) 宝玉听了，便如头顶上响了一个焦雷一般。紫鹃看他怎样回答，只不作声。回忽见晴雯找来说："老太太叫你呢，谁知道在这里。"（《红楼梦》第五十七回）

【无奈】

"无奈"用于连接转折句，元代始见，《汉语大词典》未收录。

(1) 春来苦欲伴春居，日日寻春去。无奈春云不为雨，为春瘴，绿窗谁唱留春住。买春不许，问春无语，春意定何如？（元，刘时中《小桃红》，《全元散曲》）

沿用至明清时期。

(2) 时景公年已老耄，志气衰颓，不能自振。官中止一幼女未嫁，不忍弃之吴地。无奈朝无良臣，边无良将，恐一拒吴命，兴师来伐，如楚国之受祸，悔之何及！大夫黎弥亦劝景公结婚于吴，勿激其怒。景公不得已，以女少姜许婚。（《东周列国志》第七十九回）

(3) 委员答应退下，自去构思，约摸有三个钟头，做好写好，上来呈政。无奈当中又用了许多典故，贾制台有点不懂，看了心上气闷得很。（《官场现形记》第四十二回）

(4) 其暴虐浮躁，顽劣憨痴，种种异常。只一放了学，进去见了那些女儿们，其温厚和平，聪敏文雅，竟又变了一个。因此，他令尊也曾下死笞楚过几次，无奈竟不能改。每打的吃疼不过时，他便"姐姐""妹妹"乱叫起来。(《红楼梦》第二回)

【怎想】

"怎想"表"不料，没想到"义，可连接转折句，最早见于元代，《汉语大词典》未收录。

(1) 自古道无忧愁无是无非，怎想这金风未动蝉先觉，暗送无常死不知，准备着拷打凌迟。(元，郑廷玉《包待制智勘后庭花》，《全元杂剧》)

沿用至清代，但用例较少。

(2) 那监生道："辩白固然是老师的大恩，只是门生初来收管时，心中疑惑：不知老师怎样处置，门斗怎样要钱，把门生关到甚么地方受罪？怎想老师把门生待作上客！门生不是来收管，竟是来享了两日的福。这个恩典，叫门生怎么感激的尽！"(《儒林外史》第三十六回)

【怎知道】

"怎知道"初见于宋代文献，《朱子语类》中见1例，《全宋词》中见9例。如：

(1) 方其有阳，怎知道有阴？方有乾卦，怎知更有坤卦在后？(《朱子语类》卷六十八《易四》)

(2) 是何人惹愁来，那人何处。怎知道愁来不去。(宋，褚生

《祝英台近》)

（3）帝城春昼。见杏脸桃腮，胭脂微透。一霎儿晴，一霎儿雨，正是催花时候。淡烟细柳如画，雅称踏青携手。怎知道、那人人，独倚阑干消瘦。（宋，易祓《喜迁莺》）

元代，"怎知道"结构开始大量出现，并且进入感叹句、陈述句等非疑问结构，表意料之外。

（4）白日里无承应，教寡人不曾一觉到天明，做的个团圆梦境。却原来雁叫长门两三声，怎知道更有个人孤另！（元，马致远《汉宫秋》第四折）

（5）告恩官，听拜启：当日书房里，一意会佳期。蓦忽撞着伊公相，一时见却怒起，令人星夜捍分离。怎知道，今日做夫妻，谢得恩官作主议。（元，无名氏《宦门子弟错立身》，《全元南戏》）

明清时期沿用。

（6）行者凄凄惨惨的，自思自忖，以心问心道："这都是我佛如来坐在那极乐之境，没得事干，弄了那三藏之经！若果有心劝善，理当送上东土，却不是个万古流传？只是舍不得送去，却教我等来取。怎知道苦历千山，今朝到此丧命！"（《西游记》第七十七回）

（7）鲍嫂道："我家里的早间去县前有事，见押司捽着卖卦的先生，兀自归来说，怎知道如今真个死了！"（《今古奇观》第五十五卷）

【只争】

"只争"用于元明时期，表轻转，义同"只是"，但用例较罕见。《汉语大词典》未收录。

（1）半世为人，不曾教大人心困。虽是搽胭粉，只争不裹头巾，将那等不做人的婆娘恨。（元，关汉卿《诈妮子调风月》，《全元杂剧》）

（2）哥哥也，你活也自活，死也自死。因孩儿颜貌奇绝不可当，光飘满室敬清香，只争室女难收养，送赴空桑天主张。（元，郑光祖《立成汤伊尹耕莘》，《全元杂剧》）

（3）娘子人才无比的好，只争年纪大些。小媳妇不敢擅便，随衙内老爹尊意，讨了个婚帖在此。（《金瓶梅》第九十一回）

（4）善恶到头终有报，只争来早与来迟。（《西游记》第十回）

四 明代新出现的转折范畴考察

明代主要选用的语料：《水浒传》《西游记》《金瓶梅》、"三言二拍"等。

明代新出现的转折范畴："便是""不过""倒颠""倒转""但只""还只""讵料""讵意""讵知""可耐""那/哪晓得""实际上""孰知""曾奈""争耐""只奈"等。

【便是】

《汉语大词典》未收录"便是"的转折用法，我们在明代文献中有发现"便是"表转折的用例。如：

（1）伯爵道："哥，休说此话，你心间疼不过，便是这等说，恐一时冷淡了别的嫂子们心。"（《金瓶梅》第六十五回）

（2）阿嫂道："你倒说得好，便是没捉处。"（《水浒传》第十七回）

【不过】

"不过"是表轻微转折的连词。成熟于明代，大量使用于清代以后，沿用至今，并成为现代汉语主要的轻转连词之一。

（1）燕王也有些晓得他不凡，果然面奏太祖，讨了他去。后来赞成靖难之功，出师胜败，无不未卜先知。燕兵初起时，燕王问道："利钝如何？"他说："事毕竟成，不过废得两日工夫。"后来败于东昌，方晓得"两日"是个"昌"字。他说道："此后再无阻了。"果然屡战屡胜，燕王直正大位，改原永乐。（《二刻拍案惊奇》卷三十三）

（2）胡理徐徐的答道："有我在里头，怕他逃到那里去。不过拿不出，也就没有法子了。"（《官场现形记》第三回）

（3）黄胖姑道："本来前天夜里的事情，他昨儿才晓得。就是要出去，也决计不会如此之快。不过我写信给你，叫你以后当心点，这是我们朋友要好的意思，并没有别的。"（《官场现形记》第二十五回）

（4）门上的人道："奴才曾问过，并没有什么喜庆事。不过南安王府里到了一班小戏子，都说是个名班。伯爷高兴，唱两天戏请相好的老爷们瞧瞧，热闹热闹。大约不用送礼的。"（《红楼梦》第九十三回）

【倒颠】

"倒颠"与"颠倒"是同素异序词，本义是"将事物位置、顺序、状况等变得与原有的或应有的相反"。

"倒颠"表转折（"反倒，反而"义）最早见于明代，《汉语大词典》亦引用明代例证。转引如下：

(1) 我好意请你吃饭，你倒颠赖我大虫。（《水浒传》第四十九回）

在我们所考察的文献中，未发现其他用例。

【倒转】

"倒转"初见于宋，表"掉换次序"。

(1) 乾、坤、坎、离倒转也只是四卦，艮、兑、震、巽倒转则为中孚、颐、小过、大过。（《朱子语类》卷六十七《易三》）

明清时期，"倒转"有表转折（"反倒，反而"义）的用法。如：

(2) 子笑道："你这个风泼和尚，忒没道理。我倒是好意，特来报与你们，教你们走路时，早晚间防备，你倒转赖在我身上。且莫说我不晓得妖魔出处，就晓得啊，你敢把他怎的递解？解往何处？"（《西游记》第三十二回）

(3) 锦上天笑道："原来如此，带累了我白挨一顿打，我原劝过大爷的，不要着紧，弄惊了她倒转不好。从今以后，切不可动，只当做不知道。待回到了长安，稳定她进了府，就稳便了。"（《粉妆楼》第六十一回）

(4) 过学士看了，急得怒气冲天，因大骂韦佩道："他是一个新进的小畜生，我写书送礼嘱托他，他倒转为他表彰节行。为了表彰节行也罢，还将罪过归于我的儿子身上。这等可恶，断断放他不过！"（《好逑传》第十七回）

《汉语大词典》亦收录副词"倒转",认为表"反而,反倒"义的"倒转"是方言词,转引其用例如下:

(5) 为好不得好,倒转把气讨。

据许宝华、宫田一郎主编的《汉语方言大词典》收录的情况看,"倒转"表"反而、反倒"义的副词用法存在于西南官话(四川成都方言)、吴语(上海方言)、闽语(福建厦门方言)中①。

【但只】

"但只"连用初见于唐,《汉语大词典》未收录,我们仅找到1例。如下:

(1) 臣又闻司封令式,内外臣僚官阶及五品已上者,即与封妻荫子,固不分于清浊,但只言其品秩。且谏议大夫、给事中、中书舍人,并是五品,赞善大夫、洗马中允、奉御等,亦是五品。若论朝廷之委任,宰臣之拟论,出入之阶资,中外之瞻望,则天壤相悬矣。(《旧五代史·职官志》)

宋代,用例开始增多,《朱子语类》和《全宋词》中用例较多,但都是限定用法。

(2) 问:"如先生所言,推求经义,将来到底还别有见处否?"曰:"若说如释氏之言有他心通,则无也。但只见得合如此尔。"(《朱子语类》卷十一《学五》)

---

① 许宝华、[日]宫田一郎主编:《汉语方言大词典》,中华书局1999年版,第4924页。

(3) 曰："克己便是此心克之。公但看'为仁由己，而由人乎哉'，非心而何？'言忠信，行笃敬，立则见其参於前，在舆则见其倚於衡'，这不是心，是甚么？凡此等皆心所为，但不必更著'心'字。所以夫子不言心，但只说在里，教人做。如吃饭须是口，写字须是手，更不用说口吃手写。"（《朱子语类》卷九十九《张子书二》）

(4) 楼头千里，帐底三更，尽堪泪滴。怎生向，无聊但只听消息。（宋，周邦彦《双头莲》，《全宋词》）

直到明清时期，"但只"才用于转折句。

(5) 来保下边就把礼物呈上。邦彦看了，说道："你蔡大爷分上，又是你杨老爷亲，我怎么好受此礼物？况你杨爷，昨日圣心回动，已没事。但只手下之人，科道参语甚重，一定问发几个。"（《金瓶梅》第十八回）

(6) 黛玉耳内听了这话，眼内见了这形景，心内不觉灰了大半，也不觉滴下泪来，低头不语。宝玉见他这般形景，遂又说道："我也知道我如今不好了，但只凭着怎么不好，万不敢在妹妹跟前有错处。便有一二分错处，你倒是或教导我，戒我下次，或骂我两句，打我两下，我都不灰心……"（《红楼梦》第二十八回）

【还只】

"还只"宋代已见，表限定。《汉语大词典》未收录此词条。

(1) 天教自家做人，还只教怎地便是了？（《朱子语类》卷一百二十一《朱子十八》）

明清时期开始出现轻转用法，义同"只是"。

（2）后闻得捉了窝主李秀，稍觉心安。还只虑林澹然走脱，致生后患，日夜悬悬，亦无心与黎赛玉取乐。(《禅真逸史》第十二回)

（3）那僧托于掌上，笑道："形体倒也是个宝物了！还只没有实在的好处，须得再镌上数字，使人一见便知是奇物方妙。然后携你到那昌明隆盛之邦，诗礼簪缨之族，花柳繁华地，温柔富贵乡去安身乐业。"(《红楼梦》第一回)

【讵料】

"讵料"义为"岂料、不料"，用于表意料之外的转折句，明代小说中较常见。《汉语大词典》亦收录。

（1）因与本国棋手女子妙观赌赛，将金五两聘定，诸王殿下尽为证见。讵料事过心变，悔悖前盟。(《二刻拍案惊奇》卷二)

（2）心下又思："阮郎从娶我入门，情同鱼水，未尝片言相逆，讵料半路相抛，未得相依一语。婆婆待我甚厚，恩同母子，今夜长往，不能奉养暮年。"(《禅真逸史》第三十七回)

【讵意】

"讵意"义为"岂料、不料"，用于表意料之外的转折句，使用于明清时期。《汉语大词典》未收录。

（1）只知悻悻全无畏，讵意冥冥别有天。(《明珠缘》第十八回)

（2）阿里虎闻诮，愈怒道："帝初得我，誓不相舍。讵意来此淫种，夺我口食！"(《醒世恒言》第二十三卷)

（3）本藩乃先皇帝第八子也，蒙先皇、太后爱怜，衣带遗诏，入承大统。讵意正德违诏自立，日肆荒淫，生民涂炭。（《七剑十三侠》第六十一回）

【讵知】

"讵知"义为"岂知、岂料"，用于表意料之外的转折句，使用于明清时期，《汉语大词典》未收录。

（1）有几个富翁为事打通关节，他传出密示，要苏州这卷《金刚经》。讵知富翁要银子反易，要这经却难，虽曾打发人寻着寺僧求买，寺僧道是家传之物，并无卖意。（《二刻拍案惊奇》卷一）

（2）一家尽道贼去无事，又历碌了一会，放倒了头，大家酣睡。讵知贼还在家里。（《二刻拍案惊奇》卷三十九）

（3）何敬卿是个粗人，还认是大人要传吴悦士进去，商议方才的事，心中十分着急，自言自语道：他请吴师爷商议，方才已被他拦阻，把已答应的事情，仍是不成功；倘若此刻再请他进去，非但事成画饼，而且还要把苦水张三吃哩！讵知正在懊悔之际，里面的两个人奔出来，一见何敬卿，即时说道："好了好了，何师爷倒就在这里，省得吾们奔跑了。"（《续济公传》第七十八回）

【可耐】

"可耐"同"可奈"，明清始见，《汉语大词典》亦收录。

（1）翠莲道罢，妆办停当，直来到父母跟前，说道："爹拜禀，娘拜禀，蒸了馒头索了粉，果盒肴馔件件整。收拾停当慢慢等,看看打得五更紧。我家鸡儿叫得准,送亲从头再去请。姨娘不来不打紧,舅母不来不打紧,可耐姑娘没道埋,说的话儿全不准。昨日许我五更来,今朝鸡鸣不见影。歇歇进门没得说,赏她个漏风的巴掌当邀请。"(《清平山堂话本·快嘴李翠莲记》)

(2) 听得那媳妇子请教他,不由得这手举着花儿,那手就把个签帖儿接过来。可耐此时是意乱心忙,眼光不定,看了半日,再也看不明白。(《儿女英雄传》第三十八回)

【那/哪晓得】

明代以前,"那晓得"出现得比较少,明代文献中用例较多,并沿用至现代汉语。

(1) 赵婆道:"大官儿,你虽是聪明,那晓得我佛门中的奥妙……"(《禅真逸史》第六回)

(2) 雯青接着一口一口的慢慢喝着,说道:"你晓得她应允了,怎么样呢?却毫不在意,没一点儿准备。看看会期已到,你想曾侯心中干急不干急呢?那晓得夫人越做得没事人儿一样。"(《孽海花》第十回)

(3) 那个时候冷清得不得了,哪晓得十几年工夫变得这么热闹了。(新华社2004年新闻稿)

【实际上】

"实际上"初见于明清时期,表事实确认,当前句所述的情况与"实际上"句所确认的事实不统一时,语义上便构成转折。

(1) 鸾鸾回答:"过去缪生有病,不能近女色,虽然我与他做夫妻将近有四个月，但实际上并没有做过那种事，后来他就死了。但是这件事只有我母亲知道，其他人并不知道。"(《剪灯余话》卷二)

（2）黛玉道："非真非幻即幻即真，这一字何必深辨？倒是各司的名儿，说着怪难听的，实际上又不是那么回事，为什么不改了呢？"(《红楼真梦》第六十三回)

（3）牧斋序皆令集，表面上不以姚士粦之文为然，实际上暗寓皆令才高貌寝之意。(《柳如是别传》第四章)

沿用至现代汉语。

（4）慈禧于戊戌后，憾光绪帝不已，虽不遽事废立，而实际上待之如隶囚。(许指严《十叶野闻》)

（5）她实际上是跟她们一样也没有力量的。(巴金《家》)

【孰知】

"孰知"先秦已见，多用于反问句。

（1）虽有圣贤，适不遇世，孰知之？(《荀子·成相篇第二十五》)

（2）十年亦死，百年亦死。仁圣亦死，凶愚亦死。生则尧舜，死则腐骨；生则桀纣，死则腐骨。腐骨一矣，孰知其异？且趣当生，奚遑死后？(《列子·杨朱》)

这种用法在明以前的文献中占据主流。

（3）夫吉者，凶之门；福者，祸之根。今大王虽在危困之际，

孰知其非畅达之兆哉？（《吴越春秋·勾践入臣外传第七》）

（4）夫天清地平，两仪交泰，四时推移，日月辉其间，自然之数，虽经诸圣，孰知其始。（《晋书·纪瞻列传》）

（5）所问当与不当耳，非臣亲旧，孰知其才？其不知者，安敢与官？（《新唐书·李绛传》）

（6）成掩面愧谢曰："始以为犬，孰知其为虎耶？"（《新元史·何真传》）

明清时期，伴随着"孰知"所在分句的陈述化，"孰知"开始引导意料之外的转折句，表"不料、没想到"义。

（7）指望借兵申大恨，孰知中道遇豺狼。（《封神演义》第九回）

（8）正欲借二兄作古押衙，引韩郎入章台，为把臂连杯之乐。孰知好事多磨，变生意外，使弟一片热肠，竟成镜花水月。（《梦中缘》第三回）

"孰知"现代汉语已经不用，被"谁知"取代。

【曾奈】

《汉语大词典》未收录，用于转折句的"曾奈"明清时期有用例。如：

（1）知州寻思道："欲待放了卜吉，一州人都知他赶一个妇人落井，及至打捞，又坏了一个水手性命，若只恁地放了，州里人须要议我。我欲待把卜吉偿那妇人的命。曾奈尸首又无获处，倒将金鼎来献我，如何是好？"（《三遂平妖传》第七回）

（2）大圣道："我记得当年玉帝妹子思凡下界，配合杨君，生一男子，曾使斧劈桃山的，是么？我行要骂你几声，曾奈无甚

冤仇；待要打你一棒，可惜了你的性命。你这郎君小辈，可急急回去，唤你四大天王出来。"(《西游记》第六回)

（3）却说孙行者见妖精擒了八戒，心中惧道："这厮恁般利害！我待回朝见师，恐那国王笑我。待要开言骂战，曾奈我又单身？况水面之事不惯。且等我变化了进去，看那怪把呆子怎生摆布，若得便，且偷他出来干事。"(《西游记》第六十三回)

【争耐】
《汉语大词典》亦收录，明清时期偶有使用。如：

（1）宋江向前道："久闻长老清德；争耐俗缘浅薄，无路拜见尊颜。"(《水浒传》第九十回)（转引自《汉语大词典》）

（2）欧阳侍郎至后堂，欠身与宋江道："俺大辽国久闻将军大名，争耐山遥水远，无由拜见威颜。又闻将军在梁山大寨，替天行道。众弟兄同心协力。"(《水浒传》第九十回)

（3）算计定了，便时时寻个清客朋友，引诱他到花柳丛中去玩耍，争耐他少年老成，见了妇人睬也不睬。(《今古奇观》第十二卷)

（4）我便要把合周三赌赛的那万金相赠，争耐他分文不取。(《儿女英雄传》第十六回)（转引自《汉语大词典》）

【只奈】
《汉语大词典》未收录。我们在明清时期的文献中发现少许"只奈"连接转折句的用例。

（1）行者道："呆子休怕！我们曾遭着那毒魔狠怪，虎穴龙潭，更不曾伤损？此间乃是一国凡人，有何惧哉？只奈这里不是住处。天色将晚，且有乡村人家，上城买卖回来的，看见我们是和尚，嚷出名去，不当稳便。且引师父找下大路，寻个僻静之处，却好商议。"（《西游记》第八十四回）

（2）武吉告曰："小人不幸逢遇冤家，误将王相打死，理当偿命，安得埋怨。只奈小人有母，七十有余岁。小人无兄无弟，又无妻室……"（《封神演义》第二十三回）

（3）却喜生下三个儿子，皆能继父之志，也是一字不识；又生了一个女儿，更是粗陋，叫做香姑，与冰心小姐同年，只大得两个月，因见哥哥没有儿子，宦资又厚，便垂涎要白白消受。只奈冰心小姐未曾出嫁，一手把持，不能到手。（《好逑传》第三回）

（4）海瑞道："说来惭愧。只因本县在此一贫如洗，前日有个乡绅送了我几色礼物，虽然不曾受他的，只是礼相送还，本县亦要回敬过去。只奈没有一些东西，又没银子去买，故特请列位到来商议，要向宝店内各借几色，装一装脸。若是那边收了，该多少价钱，照依送还就是。"（《海公大红袍传》第三十五回）

现代汉语已经不再使用。

五　清代新出现的转折范畴考察

清初主要选用的语料：《醒世姻缘传》《聊斋志异》等。

清末主要选用的语料：《红楼梦》《儿女英雄传》《儒林外史》等。

清代新出现的转折范畴："不承望""倒只是""反转""就是""讵""讵期""可是""可只""可只是""那料""那料想""那/哪想到""偏偏""偏巧""事实上""想不到""争乃""只不过"等。

【不承望】

"不承望"最早见于唐，但彼时，"不承望"为"不期望、不期待"义。如：

（1）十娘失声成笑，婉转入怀中。当时腹里癫狂，心中沸乱。又咏曰："腰支一遇勒，心中百处伤。若为得口子，余事不承望。"（《游仙窟》）

"不承望"位于分句句首，表意料之外的用例最早见于清代，《红楼梦》中用例较多。

（2）众道士慌的回说："原是老爷秘法新制的丹砂吃坏事，小道们也曾劝说'功行未到且服不得'，不承望老爷于今夜守庚申时悄悄的服了下去，便升仙了。这恐是虔心得道，已出苦海，脱去皮囊，自了去也。"（《红楼梦》第六十三回）

（3）赵姨娘素日深与彩霞契合，巴不得与了贾环，方有个膀臂，不承望王夫人又放了出去。（《红楼梦》第七十二回）

后一直沿用至现代汉语。

（4）想当日怀中结就蚌珠胎，乳殷勤保抱来。原想乐桑榆南风歌凯，不承望顿失裙钗，好教我孤栖运，老来挨。（《茯苓仙传奇》第五出）

（5）不承望逃兵们从保定捅来了一个团，架上大炮，要火洗锁井镇。（梁斌《红旗谱》）

【倒只是】

"倒"与"只是"连用，表转折，见于明清时期。

（1）相随多白锰，同伴有红妆。行色翩翩壮，扬州是故乡。倒只是难为老晁夫妇撇得孤恓冷落，大不胜情。(《醒世姻缘传》第八回)

（2）那邻庄人见他这庄上人心坚固，所用者少，所保者大，那大姓人家也只得跟了他学，所以也存住了许多庄户。倒只是那城里的居民禁不得日日消磨，弄得那通衢闹市几乎没了人烟。(《醒世姻缘传》第三十二回)

（3）又是叔叔这样人说了做二房，我管保我老娘和我父亲都愿意。倒只是嫂子那里却难。(《红楼梦》第六十四回)

【反转】

《汉语大词典》收录此词条，且所举用例皆出自现代汉语。转引如下：

（1）但他没有多少地方可走，而一个人在街上彳亍着，又反转越来越加感到无聊；最后，他拐进禹王宫小学校去。(沙汀《磁力》)

（2）你说你要瞒着，反转到给你吵出来了！(艾芜《我的旅伴》)

我们在清代文献中发现用例，但是仅在《续济公传》中发现138例，疑是方言词。

（3）若论案中的面场，你明日最好是约了仁鼎一同到衙门，将悟真请上客厅，一应不谈前文，反转托他在师父前说些好话，然后一齐陪着送他进庙。总之能把个悟真送回了庙，那怕就负荆请罪，事件就好办了。(《续济公传》第二百二十回)

（4）济公站起道："俺还有几万件大事要去办呢。"说罢往外就走。马仁陪出暖阁，晓得他是最忌世务，客气过头，反转讨他的没趣，只得转身回头。才进客厅，只见那酒壶旁边摆了一封字儿。（《续济公传》第二百二十二回）

【就是】

"就是"可表轻微的转折，《汉语大词典》亦收录，所举用例为现代作家老舍作品中的例子。转引如下：

（1）〔这所房子〕下多大的雨，绝对，绝对不漏！就是呀，夏天稍微热一点。（老舍《四世同堂》七一）

（2）西门夫人是个好女人，就是有一样，常搅乱我的工作。（老舍《二马》第三段十三）

据我们考察，表转折的"就是"在清代已经使用得比较普遍了。

（3）那太太便在旁说道："老爷，玉格这话狠是，我也是这个意思。这些话我心里也有，就是不能像他说的这么文诌诌的。老爷竟是依他的话，打起高兴来。管他呢，中了，好极了；就算是不中，再白辛苦这一荡也不要紧，也是尝过的滋味儿罢咧！"（《儿女英雄传》第一回）

（4）凤姐儿低了半日头，说道："这实在没法儿了。你也该将一应的后事用的东西给他料理料理，冲一冲也好。"尤氏道："我也叫人暗暗的预备了。就是那件东西不得好木头，暂且慢慢的办罢。"（《红楼梦》第十一回）

（5）宝钗一旁笑道："姨娘不知道，他穿衣裳还更爱穿别人的衣裳，可记得旧年三四月里，他在这里住着，把宝兄弟的袍子穿

上，靴子也穿上，额子也勒上，猛一瞧倒象是宝兄弟的，就是多两个坠子。"(《红楼梦》第三十一回)

（6）贾母道："眼睛牙齿都还好？"刘姥姥道："还都好，就是今年左边的糟牙活动了。"(《红楼梦》第三十九回)

【讵】

"讵"在秦汉时期常用作反诘副词，义同"岂"。《广韵》："讵，岂也。"用字上，有"渠""巨""钜""遽"等变体。清代可用于表意料之外的转折句。《汉语大词典》亦收录。

（1）过一天，又写个条子去约苟才出来谈谈，讵接了回条，又是推辞。(《二十年目睹之怪现状》第一〇一回)（转引自《汉语大词典》）

（2）本部堂见查无实据，旋即回城。讵当夜即有恶僧三名，前来行刺。(《施公案》第三百六十七回)

【讵期】

"讵期"义为"岂料、不料"，用于表意料之外的转折句，清代有少量用例。《汉语大词典》亦收录。

（1）王执手泣曰："君子不弃，方图永好。讵期孽降自天，国祚将覆，且复奈何！"(《聊斋志异》卷五)

（2）尤忆湖中会，常思马上妆。锦心吐绣口，玉手送金觞。方拟同心结，讵期连理伤。秦楼闲凤管，楚榭冷霓裳。声断梁间月，云封陌上桑。雁音阻岭海，鲤素沉沧浪。(《梦中缘》第三回)

【可是】

"可是"表转折出现得比较晚,直到清代才产生,在现代文学作品中才广泛使用。

(1) 媒婆道:"这是程木匠的闺女,魏武举娶了去,嫌破茬,送回来的,在娘家住了两三年,不知怎么算计,又待嫁人家哩。论人倒标致,脸象斧子苗花儿似的,可是两点点脚;要不,你老人家娶了他也罢。"(《醒世姻缘传》第七十二回)

(2) 侯张两个道:"你觉好了?身上没大怎么疼呀?可是你这娇生惯养的,吃这砍头的们这们一场亏!咱商量这事怎么处,没的咱就罢了?"(《醒世姻缘传》第七十四回)

(3) 祁老人的背虽然有点弯,可是全家还属他的身量最高。(老舍《四世同堂》)

(4) 看这情形,我们是注定了要做被包围的困兽了,可是我们不要做被猎的,我们要做猎人。(张爱玲《霸王别姬》)

【可只】

"可只"表转折见于清代小说,《汉语大词典》未收录。

(1) 小娇春也只得跳在湖里逃命,可只不会赴水,泪没得象个鬼雏一般。(《醒世姻缘传》第六十六回)

【可只是】

"可"与"只是"连用表转折,见于清代文献,《汉语大词典》未收录。

(1) 那丫头道:"我刚才不说过了?一席酒,我自己也曾做

来，可只是人家有大小不等，看将就不将就哩。就是一碗肉罢，也有几样的做，也有几样的吃哩。"(《醒世姻缘传》第五十五回)

（2）两个道婆说："怎么没有？有丈夫跟着的，有儿的，有女婿侄儿的，家人的，随人所便。可只是使的是各人自己的盘缠。"(《醒世姻缘传》第六十八回)

【那料】

"那料"引导的转折句在清代有用例，但并不多见，《汉语大词典》未收录。

（1）念照远见他女儿既无子嗣，又无养膳，仍旧带回广州去了。那料念氏福薄，回到娘家没过三年，父母双亡。(《幻中游》第十七回)

（2）久羁燕邸未曾回，牝政初成祸已胎，那料太阳云又罩，千奇百怪一齐来。(《歧路灯》第十一回)

（3）抚台道："季某向来禀见时，留心体察，只觉悃愊无华，那料有如此本领。"(《歧路灯》第九十五回)

（4）怎知贞娘青春嫁与老者，为他爷娘受过恩德，那料一宿而终。(《施公案》第二十八回)

【那料想】

见于清代文献，表意料之外，用例不多，《汉语大词典》未收录。

（1）我只说石巡抚是个白面书生，不谙军务。那料想被他杀的这般尽绝，此仇不报，何以雄据一方，图谋中原呢？(《幻中游》第十八回)

（2）文氏唬的目定口呆，心中暗道："我只道胡发避兵不在

家，那料想庚贴都出了，此事如何是好？"（《薛刚反唐》第四十八回）

【那/哪想到】

"那想到"初见于明代，表反问。《汉语大词典》未收录此词条。

（1）到初二日半夜，听得刮起大风大雪，心上好不着忙。也只道风雪中船行得迟，只怕挫了时辰，那想到过不得湖？（《醒世恒言》第七卷）

"哪想到"清代始见，表意料之外，沿用至现代汉语。

（2）孙玉周通刀法纯熟，众贼以多为众，把他二人围住。谢自成一看金眼雕是个老头，一摆棍就扑奔金眼雕想看着取胜，哪想到一过去就被金眼雕将棍夺住，一腿把谢自成踢了一溜滚，谢自成起来吓得亡魂皆冒，看了看金眼雕往回就跑。（《彭公案》第一百五十一回）

（3）老道刚要赶过去，武杰抖手一镖正打在老道肩头上，哪想到跟没打一个样，老道有金钟罩护身。（《彭公案》第一百九十五回）

（4）监寺的广亮找瓦木作，择黄道吉日开工动土，兴夯定嗓，立柱上梁。过了好些日子，砖瓦俱已齐备，抹缝灌浆，一切修理好了，就少油漆彩画。哪想到好事多磨，那一天有人进来报告：现有秦相府四位管家，带着四位三爷，在山门外下马。监寺的广亮一看，赶紧往外迎接。（《济公全传》第十六回）

【偏偏】

副词"偏偏"见于明清时期,多表"恰巧"义。

(1) 二人商议,即将太子装入盒内,刚刚盛得下。偏偏太子啼哭,二人又暗暗地祷告。(《七侠五义》第一回)

(2) 天发了肝气,痛得无可如何,三更半夜的,又不便惊天动地的乱闹。偏偏我平日吃的十香丸又没有了,没奈何只好叫他连夜去买。(清,张春帆《九尾龟》第一百二十五回)

"恰巧"义在一定的语境中也可衍生出表"故意跟主观愿望或客观情况相反"的副词用法,多含"不满"的语气。

(3) 他指望那科就可中得,果然头场荐了解,二场也看起来,偏偏第三场落了一问策草,誊录所举将出来,监临把来堂贴了,房考等三场不进去,急得只是暴跳,只得中了个副榜。(《醒世姻缘传》第十六回)

(4) 我常听见人说,这包公老爷善于剖断阴阳,是个清正官儿,偏偏他总不从此经过,故此耽延了这些年。(《七侠五义》第十五回)

(5) 太后偏偏自要吞,倘有一些差失处,说不得,严刑立斩郦词林。(《再生缘》第二十一回)

【偏巧】

"偏巧"最早见于宋代,为"特别灵巧"义,《全宋词》中已见。

(1) 花旧说,南昌好。花宜占,东风早。想香霏地近,融和偏巧。(宋,李曾伯《满江红》)

(2) 天意深怜，花神偏巧，持为翦冰裁水。（宋，王千秋《喜迁莺》）

直到清代，"偏巧"的副词用法才产生，表"恰巧"义。

(3) 咱两人抓阄，谁抓着算谁的。偏巧这阄被他抓着。（《彭公案》第一百〇九回）

(4) 那日，十字街来了一个卖艺之人，他要帮他一个场儿，偏巧焦振远也在那里瞧热闹，他过去一帮场儿，焦振远也去帮场儿，二人各施所能，比试了有几路拳脚，练了几路刀。（《彭公案》第一百一十一回）

(5) 由他家中出来。往前走了不远，偏巧见济公由他对面一溜歪斜，脚步不稳，"梯拖梯拖"来也。（《济公全传》第一百七十九回）

彼时，"偏巧"还可表"事实同所期待的正好相反"义，这一用法来源于"偏巧"义，是语境义沾染的结果。如：

(6) 那一天小人买了两张榆木椅子，想要雇一个人替我挑到我家去，偏巧没有相当人，我就上王兴家找他去了。（《济公全传》第二十一回）

(7) 他有一条蟋蟀原本是虫王，当初花五百银子买的，偏巧我一多手，把蟋蟀罐子碰倒了，把他那蟋蟀也跑了。（《济公全传》第二百二十七回）

(8) 我打算要不是下雨可以把地契带着，连细软之物，带家眷逃生。偏巧今日又下雨，你二位想想我烦不烦！（《彭公案》第三十八回）

【事实上】

"事实上"本表事实确认,当前句所述的情况与"实际上"所确认的事实不统一时,语义上便构成转折,最早出现在晚清小说中。

(1) 自明中世,对女真之政策,殆止注重赐印,其他一切不顾。然则事实上于其内部之争夺,已不能加以何等干涉。(《清朝前纪·建州纪第二》)

(2) 老方丈手打问讯说道:"众位施主,我出家人来此镇擂,虽说焦公子之聘,事实上不然。那么贫僧是为功名富贵而来吗?也并不是为功名富贵而来。只缘贫僧有一长门大弟子法蓝,掌院白莲寺,年已七十有余,自幼出家,拜在小僧门下,小僧昼夜教授,六十余年的苦工,派来杭州掌院于白莲寺……"(《三侠剑》第六回)

(3) 阅者诸君,此不过梦霞之理想,实亦事实上所决无者也。(《玉梨魂》第二章)

【想不到】

"想不到"本为动补结构,初见于明代。如:

(1) 或时看到闹处,不觉心痒,口里漏出着把来指手画脚教人,定是寻常想不到的妙着。(《二刻拍案惊奇》卷二)

(2) 桂生喜出望外,做梦也想不到此,接银在手,不觉屈膝下拜,施济慌忙扶起。(《警世通言》第二十五卷)

清代文献中用例增多,但并未出现转折关联用法。

(3) 太太事情多,一时固然想不到。我们想不到则可,既想

到了，若不回明太太，罪越重了。(《红楼梦》第三十四回)

（4）姑娘此时断想不到这班人忽然在此地同时聚在一处，重得相见，更加都穿着孝服，辨认不清，到了他那个丫鬟——随缘儿媳妇——隔了两三年不见，身量也长成了，又开了脸，打扮得一个小媳妇子模样，尤其意想不到，觉得诧异。(《儿女英雄传》第二十回)

其中，"想"是语句的核心动词，前加动作的发出者（施事）的"想"还是自主动词。晚清文献中，出现了"想不到"位于句首的用法，施事的消失使得"想不到"句首化，语义上也由自主动词进入非自主动词，进而产生关联功能。

（5）又有一天，箭都完了，眼看要束手被擒，想不到对面射过来许多箭，都射在树上，正好供我们应敌。那时候真不想活命，居然支持到援兵来了，打了几个胜仗，这才有了活路。(《红楼真梦》第二十回)

（6）不多时，戏文煞了台，正在欢天喜地之时，想不到闹出一件举家惊惶的事来。(《红楼梦补》第八回)

"想不到"在现代汉语中应用十分广泛。

【争乃】

《汉语大词典》未收录，仅在清代的《歧路灯》中发现用例。如：

（1）濮阳公忽的站起身来，说道："本欲畅谈聆教，争乃敝衙事忙，明日建醮，该速递青词稿。幸会，幸会。"一面说，一面走。二人起身相送。濮阳公辞了远客，单着戚公送出大门而去。(《歧路灯》第七回)

（2）王中直是急得心里发火，欲待另请先生，争乃师娘在主母跟前，奉承的如蜜似油，侯冠玉领过闪屏后的教，又加意奉承。（《歧路灯》第十四回）

（3）总裁略观大意，说道："此卷的确可中，争乃此句万不可解。皇上前日经筵说：'宋臣合肥包拯，独得以孝为谥，是古来严正之臣，未有不孝于亲而能骨硬者。'圣意隐隐，盖谓哭阙之臣，不以孝侍君上，而徒博敢谏之名以沽直的意思。"（《歧路灯》一百零二回）

【只不过】

《汉语大词典》未收录此词条。在我们所考察的文献中，最早见于宋代的《朱子语类》，元代文献中使用稍为广泛，本为限定范围副词，表"仅仅"义。如：

（1）曰："吕说大概亦是，只不合将'赤子之心'一句插在那里，便做病。赤子饥便啼，寒便哭，把做未发不得。如大人心千重万折，赤子之心无恁劳攘，只不过饥便啼、寒便哭而已。未有所谓喜，所谓怒，所谓哀，所谓乐，其与圣人不同者只些子。"问："南轩辨心体昭昭为已发，如何？"（《朱子语类》卷九十七《程子之书三》）

（2）想当时，也是不得已为之。便做道审得情真，奏过圣旨，只不过是一人处死；须断不了王家宗祀，那里便灭门绝户了俺一家儿？（元，关汉卿《包待制三勘蝴蝶梦》，《全元杂剧》）

明清以后才用于转折句。

（3）说着，夫妇相看，泪如雨下。但后来遇害的那天，金钱却不知到哪去了，只见被血渍印成的一枚钱影却留在孩子身旁，只不过观看的人不仔细，所以就不知道了。女主人写的那十首诗也只有我记得。像这两件事，都是世人所不知道的。(《剪灯余话》卷一)

（4）姊姊道："这又不是了。云岫这东西，不给他两句，他当人家一辈子都是糊涂虫呢。只不过不应该这样旁敲侧击，应该要明亮亮的叫破了他。"(《二十年目睹之怪现状》第二十回)

（5）云岫虽然闷住，心中眼中是很明白的，只不过说不出话来，动弹不得。(《二十年目睹之怪现状》第六十五回)

沿用至现代汉语。

第三章

从空间转折范畴到关系转折范畴

第一节 空间转折——原型转折范畴

一 语言范畴观的历史演进

从古希腊亚里士多德到当代认知语言学,范畴理论经历了3个阶段,先后形成了经典范畴、家族相似性范畴、原型范畴3种范畴观。亚里士多德最早提出"范畴"概念,并从范畴和客观事物的关系上揭示了范畴的实质及分类标准,形成了经典范畴观(古典范畴观)。经典范畴观认为范畴是客观事物在人脑中的反映,能够独立存在的客观"实体"是一切范畴形成的基础,因此,划分范畴是通过一组必要条件和属性特征来定义的,只有充分满足这些条件才属于某个范畴,否则即不属于。范畴的范围或边界很清晰,范畴内的成员因为必须满足范畴成立的全部条件,所以范畴内的成员是平等的。经典范畴观的缺陷在于严格界定范畴成员的必要条件或共享特征,二分法的界定标准非常明确,这样对一些具备交叉属性的成员便难以实现范畴的概括能力,而且经典范畴观内部只能对客观实体静态展现,当语言原有范畴发展或转化为另一范畴时,更显得捉襟见肘。例如,客观实体"西红柿"

应该属于水果范畴抑或蔬菜范畴？社会中的变性人到底属于男人还是女人？体现在语言内部，"是"到底是代词还是系词？

维特根斯坦（1953）在《哲学研究》中不仅批判了亚里士多德的经典范畴观，而且提出了新的"家族相似性范畴"，他认为范畴并非具有绝对或明确的界定标准，范畴的边界具有模糊性或不确定性，即便是范畴内的成员也会以不同的方式属性特征来体现其范畴性，范畴内存在中心成员与非中心成员的区别，但每个范畴成员又都是平等的，只是在家族内部相似性上会呈现链条性区别，如同A像B、B像C、C像D，而链条两端的A与D最后可能并无共性特征。其贡献就在于确立了范畴的模糊性，即范畴的边界是临近或模糊的，可以扩展容纳一些新事物进入范畴。但家族相似性范畴由于忽略共性特征而造成相似性的扩大化，导致世间所有事物都可能属于一个范畴的风险，因而不能贯彻到全部范畴中。

原型范畴化理论是对经典范畴和家族相似性范畴两种极端理论的折中，也是当代认知语言学派的主要观点之一。原型范畴观认为："范畴不一定能用一组充分必要条件来下定义，在区别一个范畴时，没有一个属性是必要的。实体的范畴化是建立在好的、清楚样本的基础上，然后将其他实例根据它们与典型样本在某些属性上的相似性而归入该范畴。这些好的、清楚样本就是典型（即原型），它们是非典型事例范畴化的参照点。这种根据与典型事例类比而得出的范畴就是原型范畴。"[1] 原型是人们对世界进行范畴化的认知参照点，范畴内部成员的地位是不均等的，有的是原型范畴成员，具有特殊地位，有的是非原型成员，如麻雀、燕子、喜鹊等可称为鸟类的原型成员，鸵鸟、企鹅则是鸟类范畴的非典型成员。Rosch（1978）认为范畴在纵向和横向两

---

[1] 袁毓林：《词类范畴的家族相似性》，《语言的认知研究和计算分析》，北京大学出版社1998年版，第224页。

个方面运作,纵向纬度关注范畴的容纳水平(inclusiveness)(如"动物"这个范畴所能够包含的不同对象),或者说范畴结构能够抽象出来的层次,以建立基本的范畴分界线。纵向范畴上可以体现出3个不同层级:上位范畴→基本水平范畴→下位范畴。横向维度主要考察范畴的内在结构,该维度表示范畴以最佳范例为组织结构,范畴的确定以最佳范例为确定对象(如知更鸟即为鸟范畴的最佳范例)。[1] 从原型成员到最佳范例,范畴不断具体化,可操作性也越来越强。Lakoff、Rosch和Goldberg等著名认知语言学家不仅将原型范畴理论运用到词汇多义性研究中,而且推向了更加复杂或抽象的句法结构中,如Goldberg即通过"致使—移动结构"、双及物结构、动结构式等原型效应建立了多义型式的扩展构式,形成了构式语法理论。可以说,在认知语言学视角中,原型不仅可以指某个范畴的主要成员或一群主要成员,而且还可以是某个范畴概念核心的某种图示化表征。

二 转折的原型及意象图式

认知语言学的哲学基础是体验哲学,也就是说在范畴化的过程中人们往往会根据日常生活中的经验对事物或事件进行分类,从而形成概念,这一过程就是范畴化过程。空间范畴是人类最基本的认知范畴,因此,关于转折,最先进入人们大脑的应该是空间运行过程中因路径改变而形成的转折。

空间运行动词是行为比较具体的一类动词,关涉到运动的起点、路径、方向和终点4大要素,形成典型的路径图式。Johnson(1987)指出了运动的3种路径:一是人们用双脚踏过的实际路径(physical path),如从教室到寝室的路;二是类似抛物线的路径(projected path),

---

[1] 刘正光:《语言非范畴化——语言范畴化理论的重要组成部分》,上海外语教育出版社2006年版,第18页。

如被射出的子弹或被抛出的石头的轨迹；三是想象中的路径（imagined path），如台风运动的路线和外星人来地球的路线。这些有形和无形的路径都反映了路径图式的4个基本要素：起点（source，starting point）、终点（destination，goal，end point）、路径（path）、方向（direction），如图3-1所示[①]：

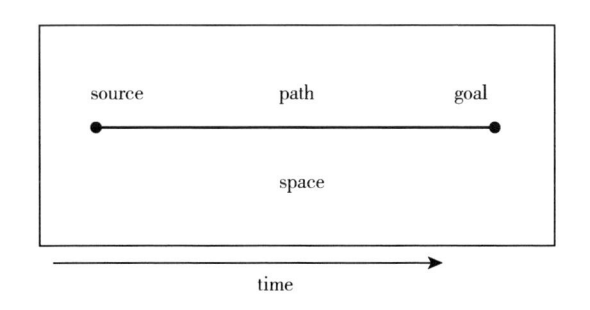

图3-1　Source-path-goal

转折的认知根源最初一定是来自现实，经过认知加工反映到语言层面，我们认为转折是基于路径图式的范畴化，并通过隐喻不断扩展，从而形成转折范畴。转折的意向图式源自路径图式，但与Johnson所指出的运动的3种路径略有不同，这种路径仍然源自客观现实中的一种运动形式，人们从出发点（source）出发以后并没有直接到达符合普遍预期的目的地（goal），而是在中途发生了运动方向的改变，因此这种路径图式仍然具有上述的4要素，只是要加以改动，运动的终点可能与起点重合，方向会发生改变。归纳起来转折有以下几种类型，如图3-2至图3-4所示：

这种意象图式的典型特征是运动的主体可以看作一个点，运动过程中可能没有位移，仅表达主体上下方位的变换。

这种意象图式的典型特征运动过程中没有实际的路径，仅表达方

[①] Johnson, M., *The Body in the Mind*: *The Bodily Basis of Meaning*, *Imagination and Reason*, Chicago: The University of Chicago Press, 1987: 113.

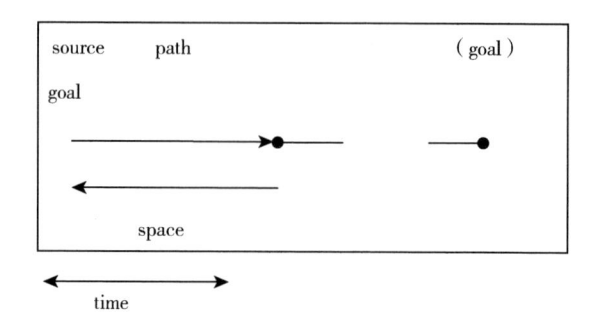

图 3-2　前后返回（还、却、转、回、复）

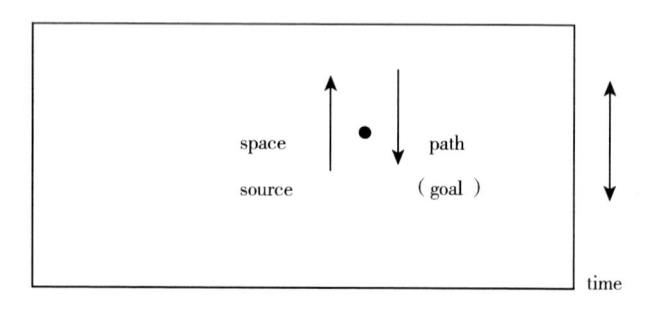

图 3-3　上下翻转（反、翻、覆、倒）

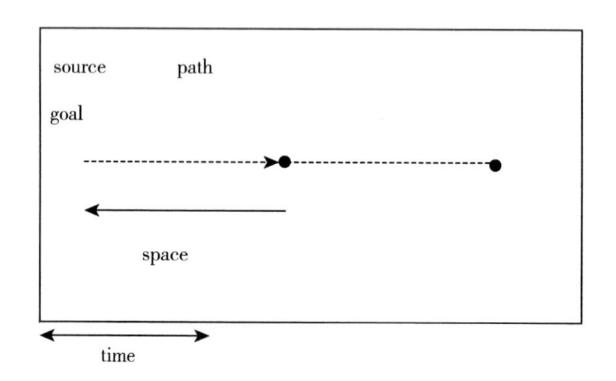

图 3-4　原地回望（顾）

向的转换。

以上 3 种空间运行模式是最基本的转折意象图式，也是转折的原型，我们称为"空间转折"。

三　空间转折与关系转折

体现在语言层面，原型转折（空间转折）体现为少数几个动词，而我们一般所讲的转折，通常指语言表达中经常用到的转折关系句，其中包括无标记的意念转折句和有标记的转折句，本书主要关注的是后者，那么转折标记理所当然成为我们主要的考察对象。汉语中，我们以上讨论的转折原型，即"转""却""还""反""倒""翻""覆""顾"等空间运行动词在汉语史上均可用于转折关系句，充当转折标记，也就是说在历时的发展过程中，空间转折动词经历了由空间范畴向关系范畴的转移。范畴转移的发生往往伴随着范畴化与非范畴化的过程，换句话说，假设 A 范畴向 B 范畴转移，那么伴随这一过程的是 A 范畴成员相对于源范畴（A）不断非范畴化的过程和相对于新范畴（B）不断范畴化的过程，也就是说 A 范畴在发展过程中具有越来越多与 B 范畴相似的特征，同时丢失越来越多 A 范畴本身的特征。

语言结构从某种程度上来说，往往反映了人们所体验的客观世界中的某些结构，两者具有象似性。认知语言学的观点是"句法结构甚至句法规则是非任意、有动因的，跟人的经验结构之间有一种自然的关系"[①]，二者之间具有象似理据。句子结构反映概念结构。现实事件的概念结构或认知图式向语言结构投射形成语言结构的表达式。

从转折的意象图式可以看出，一个路径图式的完成经历了两个过程：首先是一个同于普通路径图式的路径运行过程，然后是一个与原路径方向不一致的运行路径。在语言表达的句法层面，一个转折关系句的表达往往是通过两个小句来完成的，小句之间用关联标记连接。前一小句表达某种意思，后一小句与前一小句表达不一致的意思，这

---

① 沈家煊：《句法的象似性问题》，《外语教学与研究》1993 年第 1 期。

便是转折关系句的构成。连接词的句法位置也反映了转折的经验结构,转折关系句中的连接词往往位于后一小句的句首,在经验结构中,转折的发生也是可以找到节点的。转折的语义重心在后一分句,也体现了与原型图式的象似性。转折的原型图式(路径图式)并不同于普通路径图式,往往在运行过程中有一个转向,最终目的地也与刚出发时所预期的不同,转变为运动发生转向后所指的目的地。因此,运行动词进入关系词范畴后,引导的转折关系句所表达的最终意义也由后一分句体现,这也体现了两者的象似性。

运行动词向转折范畴转化的过程也是从空间域进入更加抽象的认知域的过程,其触发机制是隐喻,隐喻的产生基于两者的象似性,在空间域向认知域投射的过程中,象似因素得以凸显。如图 3-5 所示:

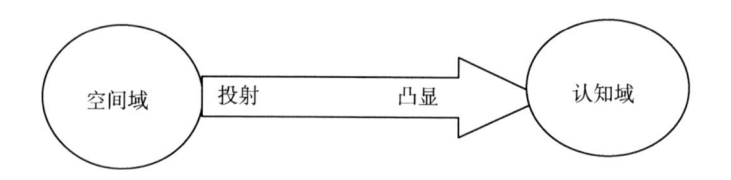

图 3-5 隐喻的发生

Panther(2006)认为"隐喻是基于来源域和目标域意义之间的象似性关系(iconic relations)"[①]。在从空间域向认知域投射的过程中,空间运行动词的一部分特征(如 [+方向相反])被凸显并投射到认知域中,而被凸显的部分也就是来源意义与目标意义之间的象似成分。空间域中显现的是路径方向的差异,而认知语义的转折是指前言与后语之间的差异,这种差异性可以是语义完全对立,也可能是语义部分相异,但语义间的差异性正是语言中转折语义的本质,这一点在众多

---

① Panther, K-U. Metonymy as a Usage Event G. Kristiansen, M. Achard, R. Dirven & F. Ruiz de Mendoza, *Cognitive Linguistics*: *Current Applications and Future Perspectives*, Berlin/New York: Mouton de Gruyter, 2006: 162.

转折标记演化途径中也会逐渐显明。

第二节 "空间转折范畴＞关系转折范畴"个案考察

我们将空间转折范畴按照上文所述的意象图式分为"前后返回""上下翻转""原地回望"3类空间运行动词,下文分别以个案形式展开论述。

一 前后返回

"返""复""还""回""归""转""旋""却""退"[①]虽然最初在本义上有差别,但在汉语史上均曾进入"返回"义动词范畴,其中,"返""还""转""却"等均发展出转折关联副词用法。可见,汉语史上存在"返回义动词＞转折关联副词"的范畴转移模式。由于"还"和"却"在汉语史上均为多功能词,义项繁多,因此也较受学者们关注,它们的转折功能已经研究得比较深入,且观点趋向一致(详见第一章综述部分),本节仅选取"返"和"转"两个个案进行考察。

(一)"返"

《说文》:"返,还也。"《广雅·释诂二》:"返,归也。""返"的本义是"返回",义同"还"。我们考察了"十三经",均未见到"返",《国语》《孙子兵法》《晏子春秋》《庄子》中虽有用例,但都是本义,而且动词"返"经常与"去""往"等动词对举或在同一语段出现。如:

[①] 严格来讲,"却""退"应该属于"后退"义动词,其"返回"义出现得比较晚,但"后退"与返回之间就运行方向改变这一点来说是一致的,因此我们将其也放入"前后返回"一节中讨论。

(1) 靡笄之役，郤献子师胜而返，范文子后入。(《国语·晋语五》)

(2) 可以往，难以返，曰挂。(《孙子兵法·地形第十》)

(3) 其仆曰："向之去何速？今之返又何速？"晏子曰："非子之所知也，公之言至矣。"(《晏子春秋·内篇谏上》)

(4) 大而无当，往而不返。(《庄子·逍遥游》)

结构上，汉代"返"开始进入"返+V2"结构，这为"返"的虚化提供了句法上的条件，但据我们对秦汉文献的考察，这类结构并不多见。

(5) 虽欲无为之下，固不得之矣。秦尝攻韩邢，困于上党，上党之民皆返为赵。天下之民，不乐为秦民之日固久矣。(《战国策·秦策三》)

(6) 使返报平王。王闻之，即发大军追子胥至江，失其所在，不获而返。(《吴越春秋·王僚使公子光传第三》)

(7) 遂登船径去，终不返顾。(《吴越春秋·勾践入臣外传第七》)

例(5)中的"返"可理解为"反过来"义，相对于源词而言，语义更加抽象；例(6)、例(7)中的"返"与"V2"之间是平行的并列关系，且两个动词之间有时间上的先后承接关系，因此，其中的"返"可理解为"返回""回头"等义，仍为动词。

我们在东汉时期的《太平经》中发现表转折的"返"。如：

(8) 夫人神乃生内，返游于外，游不以时，还为身害，即能追之以还，自治不败也。(《太平经》卷十八至三十四《以乐却

灾法》)

（9）凡事皆使有限，努力好学者各以其材能，反失其常法，外学则遂入浮华，不能自禁，内学则不应正路，返入大邪也。(《太平经》卷七十《学者得失诀第一百六》)

（10）狱者，天之治罪名处也，恐列士善人欲为帝王尽力，上书以通天地之谈，返为闲野远京师之长吏所共疾恶，往返以他事害之，故列宿乃流入狱中也。(《太平经》卷八十六《来善集三道文书诀第一百二十七》)

（11）今天乃悒悒欲言，何故返使人谈哉？(《太平经》卷八十八《作来善宅法第一百二十九》)

以上 4 例中的"返"均可理解为转折义副词。疑问是，为何在众多的汉代文献中均未见到表转折的"返"，唯独《太平经》中却出现了数十例呢？但目前我们还无法做出准确解释。

"返"表转折，汉代以后沿用。如：

（12）告人云："废人饮美酒、对名胜，安能作刀笔吏返披故纸乎？"(《北齐书·韩晋明传》)

（13）新妇闻客此言，面目变青变黄："如客此语，道有他情，即欲结意，返失其里（理）。遣妾看客，失母贤子……"(《敦煌变文集新书·韩朋赋一卷》)

（14）或曰："鼠者，坎精，主为窃盗，猫者之食，是吾君利器服下之义也。今返食其乳，是空我腹，贼之征也。"果有十月三日之难矣。(《奉天录》卷二)

（15）以臣今在，恐部人不从，与臣克期祭山，返相诬告。臣若朝死，蒙逊必夕发。(《晋书·沮渠蒙逊载记》)

表转折的"返"在后代也有用例,但一直不多,其原因大概是受"反"的影响,后文我们将对"反"进行考察。可能由于"反"的转折用法在汉代大量使用,在文字分工上"返"便主要承担了动词的功能,在功能发展上受到限制。

(二)"转"

"转",从"车",本义应该是"车运;转运"。由于车轮的转动是一个循环迂回的过程,后使用的范围扩大,引申出"翻转""辗转""返回"等义。人类的思维往往具有抽象性,如果将视角由车轮的转动聚焦到转动的特征上,"转"的语义便脱离了本义所指的对象——"车",语义泛化。《说文》曰:"转,还也。"段注:"还者,复也。复者,往来也"。"转"进入"返回"义动词的根本原因还在于"车"运转的轨迹与"返回"的运动轨迹有很大的相似之处。如图3-6和图3-7所示:

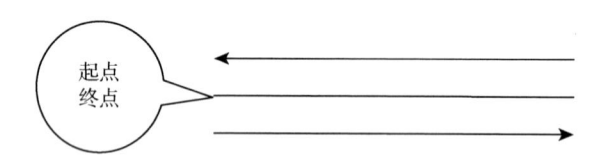

图3-6 返回义动词的运行模式

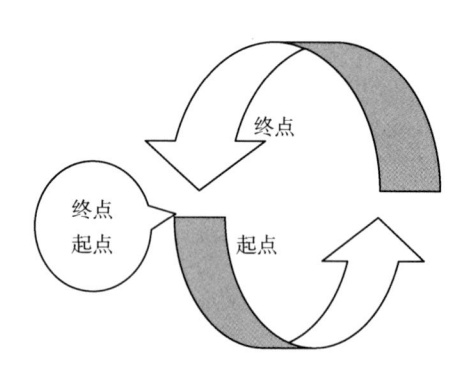

图3-7 "转"的运行模式

语义是认知概念化的结果，而认知是人类基于客观实践的体验而做出的反映，因此人类生活世界的同一性，反映到语言领域，语义在很大程度上也具有同一性。两种运行图式的相似之处是一个运动周期的起点和终点是重合的。

在一个范畴内部，原型范畴集中了这个范畴最典型的特征，因此成为人们最容易辨识的成员。基于这一基础，我们同样可以进行推理：如果一个范畴中的成员是由其他范畴转化而来的，那么最早、最容易发生转化的应该是与这一范畴特征最象似的成员。具体到转折范畴，在转折关联标记从无到有的产生过程中，最早产生的是人们能够比较直接感受到的，并与转折在某些方面有相似的动作，返回义动词便最早由运动过程中的转折进入关系转折句。

在"转"进入转折关系范畴的过程中，首先是语义的发展：进入返回义动词范畴。"转"的语义演变路径，如图3-8所示：

车运；转运——回转、返回——反而、反倒
[+变化]
语义泛化

图3-8 "转"的语义演变路径

当然，在这一演变过程中，句法因素仍然是主要因素，只有进入关系句中的"转+V"结构中的"转"才有虚化的可能。

我们对《诗经》《左传》《公羊传》《谷梁传》《论语》《孟子》《墨子》《战国策》《越绝书》等上古文献做了考察，除在《诗经》中发现1例［见下文例（6）］外，未在其他文献中发现"转"的副词用法，但这一时期的"转"词义开始泛化，表"变化"义的"转"用例较多。兹举数例如下：

（1）若转攻，卒击其后，暖失治，车革火。（《墨子·备蛾傅》）
（2）齐人闻之曰："孟尝君可语善为事矣，转祸为功。"（《战

国策·齐策三》)

（3）夫越王句践，东垂海滨，夷狄文身，躬而自苦，任用贤臣，转死为生，以败为成。（《越绝书·越绝外传本事第一》）

以上3例中的"转"均为转化、变化之义，"转"的词义泛化。汉代出现了这样的用例：

（4）是反为非，虚转为实，安能不言？（《论衡·对作篇》）

（5）愚者反戾，不自省思，虽休征见相，福转为灾。（汉，王符《潜夫论·相列》）

以上2例中的"转"与例（2）、例（3）中的"转"，都是泛化后的动词"转"，两者的区别在于：例（2）、例（3）中的"转"是自主动词，动作的发出者是人（越王句践、孟尝君），而例（4）、例（5）中的"转"是非自主动词。

转折关联标记"转"的出现必然伴随着转折关系句的出现。

（6）将恐将惧，维予与女。将安将乐，女转弃予。（《诗经·小雅·谷风》）（高亨注："到了安乐时，你反而抛弃了我。"）

结构上，这里的"转弃予"与例（1）没有什么差别，应该说是语境促使了"转"词义的进一步发展。

我们对各个时代的代表性文献进行了考察，发现"转"的"反而、反倒"义副词用法虽然在先秦已经产生，但使用频率一直不高，结构和语义均没有什么变化。这可能是由于其动词性语义特征太强，动词用法占主流，副词未能普遍使用。

二 上下翻转

这类成员主要有："反""翻""覆""倒"等。在汉语史上，它们无一例外地发展出转折关联用法。返回义动词与翻转义动词的差别存在于路径上，返回义动词在运动过程中是有位移的，而翻转义动词一般没有位移，使用过程中仅凸显方向的变化。源词的语义特征在词类转化过程中具有重要作用，可能就是这一差别导致"翻转"义动词更容易发生虚化。

（一）反

"反"是古汉语里功能较单一，且使用频率较高的一个转折关联标记。《说文》："反，覆也。"本义为"翻转""颠倒"。相对于"返回"义动词而言，"翻转"义动词语义更容易发生非范畴化（decategorization）[①]，原因在于源词在"路径"上的非典型性使得"翻转"义动词语义更容易泛化。

连接转折句的副词"反"早在《诗经》中已有用例，在先秦汉语中已经成为应用广泛的转折关联词，一直沿用至今。因此，关于"反"的历时演变过程，本节不再详细论述，重点放在"反"由空间范畴进入关系范畴的句法语义条件上。

1. 源词"反"

表"翻转、颠倒"义的动词"反"在先秦文献中的用例极少。我们仅在《诗经》中发现 1 例。如下：

（1）求之不得，寤寐思服。悠哉悠哉，辗转反侧。（《诗经·周南·关雎》）

[①] 所谓非范畴化，指范畴成员在一定的条件下逐渐失去范畴属性的过程。（刘正光：《语言非范畴化——语言范畴化理论的重要组成部分》，上海外语教育出版社 2006 年版）

2. 意义泛化后的"反"

"翻转、颠倒"义动词"反"具有很强的动作性,根据语法化的一般规律,动作性太强的动词很难直接虚化。古汉语中多数动词(如"使""令"等)的语法化均首先经历了语义泛化的阶段。上古文献中存在大量的"违反"义动词。

(2)《象》曰:六二之难,乘刚也。十年乃字,反常也。(《周易·屯·卦三》)

(3)言爽,日反其信。(《国语·周语下》)(韦昭注:"反,违也。")

(4)季子曰:"公子不可以入,入则杀矣。"奚斯不忍反命于庆父,自南涘北面而哭。(《公羊传·僖公元年》)

语义泛化也是一种词语"非范畴化"的表现,从源动词"反"的意象图式可以看出,其相关联的有:动作的起点(source,starting point)、终点(destination,goal,end point)、路径(path)、方向(direction)。而泛义动词"反"仅关涉动作的方向,也就是说,"反"发生了非范畴化,原本非典型的特征义[+方向改变]得以凸显,并且丧失了其他3项重要的运行动词的基本语义特征,这是"反"语义功能发展的第一步。

3. 进入"反 + V2"结构

"实词的虚化,要以意义为依据,以句法地位为途径。"[①] 句法因素的改变与词义的演变有密切关系,可以说句法因素是实词虚化的关键因素。进入"反 + V2"结构是"反"虚化的必备条件,这种结构的句子在先秦已经广为应用。如:

[①] 解惠全:《谈实词的虚化》,南开大学中文系《语言研究论丛》编委会《语言研究论丛》第4辑,南开大学出版社1987年版,第208—227页。

（5）羽父惧，反谮公于桓公而请弑之。(《左传·隐公十一年》)

（6）凡公行，告于宗庙；反行，饮至、舍爵，策勋焉，礼也。(《左传·桓公二年》)

（7）使虎释其爪牙而使狗用之，则虎反服于狗矣。人主者，以刑、德制臣者也，今君人者，释其刑、德而使臣用之，则君反制于臣矣。(《韩非子·二柄第七》)

（8）"怨而无言"，言不可不慎也；言不周密，反伤其身。(《管子·宙合第十一》)

（9）历九州兮索合，谁可与兮终生？忽反顾兮西圃，睹轸丘兮崎倾。横垂涕兮泫流，悲余后兮失灵。(《楚辞·九怀昭世》)

以上"反+V2"结构中的"反"可理解为"反过来""回头""反而"等义，作为"V2"的修饰成分，可理解为方式状语。这样，"反"便由动词范畴进入副词范畴，相对于源范畴而言，不论是词义还是功能均发生了范畴化。词义的转化是"反"虚化的语义基础，但在"反"语法化过程中，致变因素还是句法关系的变化，即"反+V2"结构进入关系句。

4. 进入关系句的"反+V2"结构

转折是一种句法语义关系，往往通过关系句表达。"反"功能变化的致变因素是进入关系句。

1) 在关系句中的位置

"反"在关系句中位置比较灵活，既可以放在小句句首，也可以放在主语后。

①小句句首

（10）言不周密，反伤其身。(《管子·宙合第十一》)

（11）且单于信女，使决人死生，不平心持正，反欲斗两主，观祸败。(《汉书·苏武传》)

②主语后

（12）民者固服於势，诚易以服人，故仲尼反为臣，而哀公顾为君。(《韩非子·五蠹第四十九》)

（13）吾常欲以此术而喻之，若反以彼术而教我哉！(《列子·杨朱》)

2）句类分布
①陈述句

（14）人主者，以刑、德制臣者也，今君人者，释其刑、德而使臣用之，则君反制于臣矣。(《韩非子·二柄第七》)

（15）既受诗传，并力抄录，颇疏侍教。先生曰："朋友来此，多被册子困倒，反不曾做得工夫。何不且过此说话？彼皆纸上语尔。有所面言，资益为多。"(《朱子语类》卷一百一十七《朱子十四》)

②感叹句

（16）子元曰："妇人不忘袭仇，我反忘之！"(《左传·庄公二十八年》)

（17）且郦生一士，伏轼掉三寸舌，下齐七十余城，将军将数万之众，乃下赵五十余城。为将数岁，反不如一竖儒之功乎！"(《汉书·蒯伍江息夫传》)

③反诘句

（18）岂天地始分之时，山小而人反大乎？（《论衡·谈天篇》）
（19）弇曰："乘舆且到，臣子当击牛醧酒以待百官，反欲以贼虏遗君父耶？"（《后汉书·耿弇列传》）
（20）赵俄而悉用之，曰："昔安石在东山，缙绅敦逼，恐不豫人事。况今自乡选，反违之邪？"（《世说新语·赏誉第八》）

处于反诘句和疑问句中的"反"，主观化程度更高，也最容易发生语法化。

3）关系句之间的语义关系变化
①顺承关系

（21）使虎释其爪牙而使狗用之，则虎反服于狗矣。（《韩非子·二柄第七》）
（22）任久不胜，则幸反为祸，其幸大者其祸亦大，非祸独及己也。（《吕氏春秋·孝行》）
（23）桓公问孔西阳："安石何如仲文？"孔思未对，反问公曰："何如？"答曰："安石居然不可陵践其处，故乃胜也。"（《世说新语·品藻第九》）

观察以上3例，虽然就小句"虎反服于狗矣"和"幸反为祸"而言，是与常理相悖的情况，但就其所在的整个复句而言，前2例的分句之间均有顺承关联标记"则"连接，因此其中的"反"可理解为"反而""反过来"义，尚未完全虚化。再看例（23），这里的"反"是个多解词，因前句的"未对"与后句的"问公"两个动作之间有时间上的先后顺序，因此这里的"反"既可理解为方式副词"反过来"

义，也可理解为"反而"义。

②转折关系

"反"所在的关系句语义的变化是"反"虚化的关键因素。从大的方面讲，"反"连接的转折句均表示与情理或客观现实相反，其中实现的方式又有多种情况。

ⅰ 前后句语义对照

(24) 生时无佑，死反有报乎？（《论衡·书虚篇》）

ⅱ 与客观现实或情理相反

(25) 是非不讳，直言不休，庶几正君，反以见疏。（《越绝书·越绝外传纪策考第七》）

(26) 丁戍到了船中，与同船之人正在舱里大家说些闲话，你一句，我一句，只见丁戍忽然跌倒了。一会儿爬起来，睁起双眸，大喝道："我乃北京大盗卢疆也。丁戍天杀的！得我千金，反害我命，而今须索填还我来！"（《初刻拍案惊奇》卷十四）

ⅲ 与主观设想或愿望相反

(27) 今世上卜筮祷祠，故疾病愈来。譬之若射者，射而不中，反修于招，何益于中？夫以汤止沸，沸愈不止，去其火则止矣。故巫医毒药，逐除治之，故古之人贱之也，为其末也。（《吕氏春秋·季春》）

(28) 书啊，我只为其中自有黄金屋，反教我撇却椿庭萱草堂。还思想，毕竟是文章误我，我误爹娘。（《琵琶记》第三十七出）

(29) 莽龙蛇、本待将河翻海决，反做了失水瓮中鳖，恨樊笼

霎时困了豪杰。(《长生殿》第三出)

4) 形式标记
① "不X，反Y"构式
这种关系句的形成是通过凸显对比实现的。举例如下：

(30) 不我能慉，反以我为雠。(《诗经·邶风·谷风》)
(31) 缪公与麾下驰追之，不能得晋君，反为晋军所围。(《史记·秦本纪》)

观察以上2例，"反"均处于"不X，反Y"构式中，都有递进的意思。

② "虽X，反Y"构式

(32) 王北中郎不为林公所知，乃著论沙门不得为高士论，大略云："高士必在于纵心调畅。沙门虽云俗外，反更束于教，非情性自得之谓也。"(《世说新语·轻诋第二十六》)

③ 跟"而"连用

(33) 民知不死，其亦夫有奋心，犹将旌君以徇于国，而反掩面以绝民望，不亦甚乎？(《左传·哀公十六年》)
(34) 曰："志壹则动气，气壹则动志也。今夫蹶者趋者，是气也，而反动其心。"(《孟子·公孙丑章句上》)
(35) 林类笑曰："吾之所以为乐，人皆有之，而反以为忧。少不勤行，长不竞时，故能寿若此。老无妻子，死期将至，故能乐若此。"(《列子·天瑞》)

④跟"乃"连用

(36) 今疾病困厄，不自激卬，乃反涕泣，何鄙也！"(《汉书·赵尹韩张两王传》)

(37) 傅太后大怒曰："何有为天子乃反为一臣所颛制邪！"(《汉书·郑崇传》)

这些形式标记进一步凸显了"反"的转折意义。

可见，在"反"的语法化过程中，语义泛化而导致的主观化是最重要的语义演变机制，明显的表现在于进入转折关系句中。

5. 本节小结

综上，"反"的虚化首先表现为本身词义的泛化。意义泛化后的"反"往往仅凸显［＋方向改变］这一语义特征。意义泛化后的"反"进入连动结构，这样就可能由核心动词变为次要动词或附属动词。"反＋V2"结构所进入的关系句语义关系的变化是"反"语法化的致变因素。可见，"反"的语法化是在"反"本身的语义特征、句法结构发展、关系句之间语义关系的变化三方面共同作用下得以完成的。

(二) 倒

本小节探讨转折关联词"倒"的产生和发展过程。关于表转折的"倒"，李宗江（2005）认为产生于宋代，列举了《朱子语类》中的两个用例①。关于表转折的"倒"的来源，李文认为："由于动词的意义是表示方向相反，那么通过隐喻所获得的副词意义一开始是用于表示

---

① 《朱子语类》中的两个例子分别为：(1) 也是一说。但如此说，都无紧要的。如横渠说底虽似，倒犹有一截工夫；程先生说底，某便晓未得。(《朱子语类》卷二二) (2) 如今学问未识个入路，就他自做，倒不觉。惟既识得个人头，事事须著理会。(《朱子语类》卷八)

跟预期相反，最早见于南北朝时期，但不多见。"① 李文还对"倒"的演变轨迹进行了总结："倒"首先由动词演变为表相反意义的副词，由相反意义的副词进一步虚化为表转折关系的"倒"，最后产生语气副词用法。我们根据对文献资料的考察情况，认为李先生的观点是可信的。本节拟在李先生的研究基础上，以转折关联词"倒"为中心，重在探讨"倒"各种语法意义之间的关联，初步考察各种语义产生的先后顺序、相互之间的演变关系、演变机制及"倒"的各种语义功能出现后的使用情况。

1. "倒"的语法意义

吕叔湘《现代汉语八百词》中列举了"倒"的7个义项，分别是：表示跟一般情理相反、跟事实相反、出乎意料、转折、让步、舒缓语气、用于追问或催促②。

李宗江（2005：33）将吕先生所述的7种意义概括为3种：

1）表示跟情理或事实相反：妹妹倒比姐姐高。/你说得倒简单，你试试看。

2）表示让步或转折：质量倒挺好，就是价钱贵点。/房间不大，陈设倒挺讲究。

3）表示舒缓语气：咱俩能一起去，那倒挺好。

我们认为相反关系也是一种转折关系，转折包括完全相反和部分不一致两种情况，因此本书的研究将表相反关系的"倒"也归入转折范畴，但将"倒"表让步和表转折两种功能分开。从句法关系上讲，让步和转折表达的都是前后句的不一致性，但二者还是有区别的，转折表达的一般是前小句存在某种预期，而后小句表示反预期；而让步的前小句往往表达的是主观上姑且承认某一事实，后小句表达与这一

---

① 李宗江：《副词"倒"及相关副词的语义功能和历时演变》，《汉语学报》2005年第2期。
② 吕叔湘：《现代汉语八百词（增订本）》，商务印书馆1999年版，第153页。

事实不一致的情况。

2. "倒"的语义辐射

一个词往往具有多种语法意义，各种语法意义之间不是孤立的，往往存在"原型—引申"① 关系，即一个词往往具有一个典型性的原型语义，其他意义因具有不同程度的典型性而从原型引申出来，各种语义之间形成一个辐射网络。"词义的扩展是具有认知理据的，通常是隐喻、转喻或意向图式转换的结果。"② 我们可以根据"倒"语义的来源及引申过程，绘制"倒"的语义辐射图。

《集韵·号韵》："倒，颠倒也。"可见动词"倒"的本义是"上下翻转"。非假借的词语的本意一般就是这个词的原型语义，可见"倒"的原型语义便是"上下翻转"，先秦文献中广泛使用，如：

（1）东方未明，颠倒衣裳。倒之颠之，自公令之。（《诗经·齐风·东方未明》）

（2）变白以为黑兮，倒上以为下。（《楚辞·九章·怀沙》）

（3）倒筴侧龟于君前，有诛。（《礼记·曲礼下》）（郑玄注：倒，颠倒也。）

"倒"在使用的过程中，词义逐渐虚化，首先表现为使用范围的扩大，由最初仅表示位置上的上下翻转延伸至表达一般的位置相反，乃至与事件发展正常状态相反的动词。在人们的认知识解过程中，[＋相反]这一语义特征得以凸显。当动词"倒"的其他语义特征逐渐淡化后，位于其他动词前的"倒"在句法上逐渐处于附庸的修饰成分，词

---

① 严辰松：《语言使用建构语言知识——基于使用的语言观概述》，《解放军外国语学院学报》2010年第6期。

② 严辰松：《语言使用建构语言知识——基于使用的语言观概述》，《解放军外国语学院学报》2010年第6期。

性也开始发生变化,即向副词转化。副词"倒"首先获得"与事实、情理相反"的副词用法,这一过程是在隐喻机制的作用下完成的。与事实、情理相反的副词进入关系句,表达的是一种重转关系,而前后语句表达不一致的关系句表达的一般是一种轻转关系,它们均可以归入转折关系。转折关系的典型语义特征是［＋相反］／［＋不一致（差异）］,在使用过程中,进一步产生出乎意料、让步、舒缓语气等用法。我们将"倒"的语义关系辐射图,如图 3－9 表示如下:

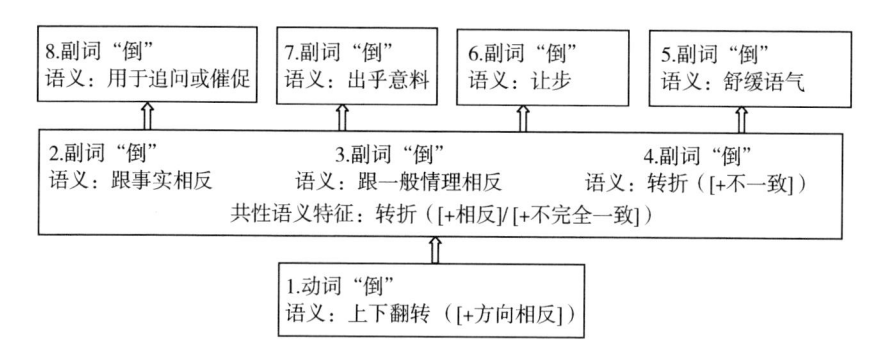

```
┌─────────┐  ┌─────────┐  ┌─────────┐  ┌─────────┐
│8.副词"倒"│  │7.副词"倒"│  │6.副词"倒"│  │5.副词"倒"│
│语义:用于 │  │语义:出乎 │  │语义:让步 │  │语义:舒缓 │
│追问或催促│  │意料      │  │          │  │语气      │
└────▲────┘  └────▲────┘  └────▲────┘  └────▲────┘
     │            │            │            │
┌────┴────────────┴────────────┴────────────┴────┐
│ 2.副词"倒"      3.副词"倒"        4.副词"倒"    │
│ 语义:跟事实相反  语义:跟一般情理相反 语义:转折([+不一致]) │
│ 共性语义特征:转折([+相反]/[+不完全一致])         │
└──────────────────────▲──────────────────────────┘
                       │
              ┌────────┴────────┐
              │ 1.动词"倒"      │
              │ 语义:上下翻转   │
              │ ([+方向相反])   │
              └─────────────────┘
```

图 3－9　"倒"的语义关系辐射图

3. "倒"的历史演变过程

我们依据"倒"的初始语义特征,并根据隐喻的一般原理找到"倒"的各种语法功能语义之间的关系,初步绘制出"倒"的语义关系辐射图,但缺乏史料的佐证或检验。这里我们将进一步考察"倒"在汉语史上的演变过程,详细考察分析"倒"的语法意义出现的先后顺序及彼此之间的关系。

1）秦汉时期的"倒"

秦汉时期,"倒"一般作动词,表颠倒位置,或表示动作使某一物体与原本或正常的方向相反,与"逆"相对。

（4）今未有其所以得,而行其所以处,是倒义而逆德也。倒

义，则事之所以败也，逆德，则怨之所以聚也；败亡之不察何也！（《韩非子·难四》）

（5）昔者武王伐纣时，彗星出而兴周。武王问，太公曰："臣闻以彗斗，倒之则胜。"（《越绝书·越绝外传纪策考第七》）

彼时，也出现了"倒"位于动词前的用法。如：

（6）子胥曰："为我谢申包胥，曰：日暮路远，倒行而逆施之於道也。"（《吴越春秋·阖闾内传第四》）

这里的"倒"虽然位于动词（"行"）前，但语义上尚未虚化。动词"倒"的基本语义是使事物位置颠倒，即与原来相反，因此，动词"倒"的主要语义特征是［+方向相反］。这种空间上的方向相反在隐喻机制的作用下，语义延伸到其他语义域，可以表与事理、逻辑等相反，这种用法出现于魏晋南北朝时期。

2）魏晋南北朝时期的"倒"

魏晋南北朝时期，副词"倒"萌生，萌生的格式是"倒+V"结构。如：

（7）今方始封而亲疏倒施，甚非所宜。宜更大量天下土田方里之数，都更裂土分人，以王同姓，使亲疏远近不错其宜，然后可以永安。（《晋书·刘颂传》）

这里的"倒"是动词（"施"）的行为方式，虽然还是动词，但与源动词"倒"相比，施事性减弱或消失，为其进一步虚化奠定基础。

进入复杂关系句的"倒+V"结构中的"倒"逐渐演化为表相反关系（包括与情理、客观事实和主观愿望相反）的副词。

①跟情理相反

（8）叡小名须拔，生三旬而孤，聪慧夙成，特为高祖所爱，养于宫中，令游娘母之，恩同诸子。魏兴和中，袭爵南赵郡公。至四岁，未尝识母，其母则魏华阳公主也。有郑氏者，叡母之从母姊妹之女，戏语叡曰："汝是我姨儿，何因倒亲游氏。"叡因问访，遂精神不怡。高祖甚以为怪，疑其感疾，欲命医看之。（《北齐书·赵郡王琛列传》）

（9）严（岩）低石倒险，岭高松更疏。（南朝梁，萧悫《奉和望山应教诗》）

以上 2 例，例（8）的前小句"汝是我姨儿"，情理上应该亲近我姨（亲生母亲：魏华阳公主），但后接小句（亲游氏）恰恰与情理上呈背离关系，这里的"倒"主要起关联作用，应该理解为"反而"义副词；例（9），情理上，严（岩）低石不险，但句子表达的正是与情理相反的意思——严（岩）低石险，这里的"倒"也已经没有颠倒位置的语义，虚化为副词。

②跟客观事实相反

（10）譬如有人，因其饥，故食七枚煎饼。食六枚半，已便得饱满，其人恚悔，以手自打，而作是言："我今饱足，由此半饼，然前六饼，唐自捐弃。设知半饼能充足者，应先食之。"世间之人亦复如是，从本以来常无有乐。然其痴，倒横生乐想。（《百喻经·欲食半饼喻》）

例（10）中，下句的"横生乐想"与上句的客观事实"从本以来常无有乐"构成相反关系。

③跟主观愿望相反

（11）昔有野人，来至田里，见好麦苗，生长郁茂，问麦主言："云何能令是麦茂好？"其主答言："平治其地，兼加粪水，故得如是。"彼人即便依法用之，即以水粪调和其田，下种于地。畏其自脚蹋地令坚其麦不生，我当坐一床上使人舆之于上散种，尔乃好耳。即使四人，人擎一脚至田散种，地坚逾甚，为人嗤笑。恐己二足，更增八足。凡夫之人亦复如是，既修戒田，善芽将生，应当师咨受行教诫，令法芽生，而返违犯，多作诸恶，便使戒芽不生，喻如彼人，畏其二足，倒加其八。（《百喻经·比种田喻》）

此例讲述的是一个种麦的人担心自己的脚把麦地踩硬，麦子长不茂盛，于是让四人抬床令其散种，这里种麦人的主观愿望是种田的时候没有脚在地里踩，但客观事实是有八只脚在地里踩，这样主观愿望与客观事实正好相悖，"倒"的"相反义"语义特征凸显。

表转折的副词"倒"萌生于魏晋南北朝时期，但彼时仅出现表示相反关系的转折副词"倒"，且用例极少。

3）隋唐时期的"倒"

隋唐时期，表转折的副词"倒"（相反关系）用例增加，同时，"倒"的功能进一步发展，出现了表意料之外的用法。

①跟情理相反

（12）故有除粪庸人，翻渺不生之位；应书贵士，倒坠无间地狱。（隋，释彦琮《能极论》）

（13）单于曰："寻思是你汉家你将，倒不解深谋一时之功，行万里之地……"（《敦煌变文集新书·李陵变文》）

（14）三杯吐然诺，五岳倒为轻。（唐，李白《侠客行》）

以上 3 例中的"倒"后接的谓词性成分，均为"倒"前面的名词性成分情理上的结果相反，"倒"仍为表跟客观情理相反的副词，是对前期用法的沿用。

②意料之外的情况

表示意料之外的用法是由表跟情理相反的用法进一步发展来的，实际表达的结果与一般情理相反，但同时又往往是说话人始料未及的，基于两者的象似性，表跟情理相反的副词"倒"很容易向表意料之外发展。

（15）一桡劈脑没遮拦，大海波涛澈底干。尽谓单传并直指，谁知倒被祖师瞒。（《船子和尚拨棹歌·诸祖赞颂》）

（16）嗣复曰："古者任则不疑，齐桓公器管仲于仇虏，岂有倒持虑邪？"（《新唐书·陈夷行列传》）

在具体的语例中，表意料之外的副词"倒"与表与情理相反的副词"倒"很难辨别，二者在语义上有叠加的成分，以上 2 例因"倒"前面有"谁知""岂"这样的明显表意料之外的词，所以我们将这类词归入表意料之外的情况。后文如遇到没有标记的这类"倒"，我们仍然以"与情理相反"用法处理。

4) 宋代的"倒"

至宋代，"倒"的语义功能进一步扩大，在表"相反关系"的副词"倒"继续使用的同时，出现了表示"不完全一致关系"的转折关联副词，至此，转折关联副词"倒"发展成熟。同时，此期还出现了表语气的副词"倒"。我们首先对《禅林僧宝传》《朱子语类》《五灯会元》等宋代文献中的"倒"做了考察，发现出现了如下几种用法。

①与情理相反

（17）曰："作么生是伽蓝中人？"对曰："青松盖不匝、黄叶

岂能遮?"曰:"道什么?"对曰:"少年曾决龙蛇阵,老倒还听稚子歌。"(《禅林僧宝传》卷十五)

(18) 师曰:"如何是第一义?"曰:"学人请益,师何以倒问学人?"师曰:"汝适来请益甚么?"(《五灯会元·报劬玄应禅师》)

(19) 范公"恕己之心恕人"这一句自好。只是圣人说恕,不曾如是倒说了。不若横渠说"以责人之心责己,爱己之心爱人",则是见他人不善,我亦当无是不善;我有是善,亦要他人有是善。推此计度之心,此乃恕也。於己,不当下"恕"字。(《朱子语类》卷十八《大学五》)

这里的"倒"表示与情理相反,"倒"所在的前后语言单位之间是一种对立关系。

②不一致关系转折

到了宋代,"倒"的语义功能进一步发展,出现了表转折关系的副词"倒"。如:

(20) 曰:"也是一说,但如此说,都无紧要了。如横渠说底虽似,倒犹有一截工夫;程先生说底,某便晓未得。"(《朱子语类》卷二十二《论语四》)

转折一般是通过差异性来体现的,而这种差异性往往要通过比较才能产生。比较产生的差异可以分为两类:完全不同和部分不同。就"倒"所在的转折句而言,表完全不同(即"相反")关系的转折句率先出现,宋代开始,部分不同(这里称"不一致")关系的转折句才出现。例(20)中的"倒"可以分析为表"不一致"关系的转折句,上句"如横渠说底虽似"中的"似"本身就点明了只是相似,并不一致,下文"倒"引出"犹有一截工夫"正好与上句构成转折关系,并且上句还有转折关联词"虽",构成"虽……倒……"构式。

③缓和语气

"倒"表缓和语气的功能是转折副词"倒"进一步语法化的结果。这种功能在宋代萌生。

(21) 乡原直是不好,宁可是狂底、狷底。如今人恁地文理细密,倒未必好,宁可是白直粗疏底人。(《朱子语类》卷三十九《论语二十一》)

(22) "如今学问未识个入路,就他自做,倒不觉。惟既识得个入头,却事事须著理会。且道世上多多少少事!"(《朱子语类》卷八《学二》)

《汉语大词典》把例(21)中"倒"的功能归入转折,事实上,这一例还可认为是表示与情理相反,一般情况下,"文理细密"是好的一种表现,但这里后一句说的却是"未必好",但由于后小句的评议性质,这里的"倒"也可认为是语气副词。例(22),由于"倒"连接的前后项比较的对象不明显,因此差异性特征未能凸显,更倾向于表缓和语气的副词。

可见,宋代"倒"的转折功能进一步丰富,同时表舒缓语气的语气副词用法开始萌生,但我们尚未发现成熟的语气副词用例。

5) 元代的"倒"

我们考察了《老乞大》《朴通事》《全元散曲》《西厢记》《琵琶记》及《窦娥冤》等元代文献,发现"倒"的各种虚词用法已经成熟,此期最明显的变化是出现了成熟的表舒缓语气的副词用法。

①与情理相反

表与情理相反的用法,元代沿用。

（23）我曾打听得高丽田地里卖的行货，底似十分好的倒卖不得，则直豹子衬货，倒着主儿快。（《古本老乞大》）

（24）我在窗儿外几曾轻咳嗽，立苍苔将绣鞋儿冰透。今日个嫩皮肤倒将粗棍抽，姐姐呵，俺这通殷勤的着甚来由？（《西厢记杂剧》第四本）

（25）老姥姥你年纪大矣，你做管家婆，倒哄着女使每闲耍，是何所为！（《琵琶记》第六出）

②意料之外

（26）道不得"一马不跨双鞍"，可怎生父在时曾许了我，父丧之后，母倒悔亲？这个道理那里有？（《西厢记杂剧》第五本）

（27）婆婆，那张驴儿把毒药放在羊肚儿汤里，实指望药死了你，要霸占我为妻。不想婆婆让与他老子吃，倒把他老子药死了。我怕连累婆婆，屈招了药死公公，今日赴法场典刑。（《窦娥冤》第三折）

例（26）中的"倒"置于反问句中，表意料之外，但同时，我们也可把此句理解为表"与情理相反"的用例，可见，两者有着十分密切的联系。例（27），张驴儿的本意是药死婆婆，但事态发展过程中出现了意外（药死了自己的老子），与主观愿望相反，这类句子经常与"不想""不料"等词连用。语气是就说话人的主观态度而言的，并不能完全独立，因此表意料之外的"倒"字句往往与"与情理、事实、主观愿望相反"的"倒"字句有交叉。

③舒缓语气

继宋代，元代语气副词"倒"的用例大大增加。

(28) 他要变时谁睬他？他敬我五分时,我也敬他十分；他敬我一分时,我敬他五分。这般时,是人伦弟兄之意。他不敬我时,我敬他甚么屁！那厮如今倒可喜,可知貌随福转。(《朴通事·谚解中》)

(29) 卖榛子的,你来,我和你拿榛子。一霎儿赢了二升多榛子,乾得那些榛子吃,倒省钱。(《朴通事·谚解下》)

(30) 昨日见了那小姐,倒有顾盼小生之意。今日去问长老借一间僧房,早晚温习经史；倘遇那小姐出来,必当饱看一会。(《西厢记杂剧》第一本)

例(28),句中"如今倒可喜",是现在跟过去比,还有比较的意味,与相反关系也尚有联系。但例(29)、例(30)中的"倒"已经与转折关系比较远了,应该属于成熟的表语气的用法。

我们穷尽统计分析了《西厢记》《琵琶记》《窦娥冤》三部元代杂剧中的虚词"倒",如表3-1所示：

表3-1　《西厢记》《琵琶记》《窦娥冤》中"倒"的用法

	与情理相反	转折	出乎意料	舒缓语气
《西厢记》	2	0	5	7
《琵琶记》	7	0	1	9
《窦娥冤》	4	0	5	1

从统计数据可以看出,表舒缓语气和与情理相反的副词"倒"所占比例最高,表与情理相反的副词"倒"自南北朝萌生以来,一直是虚词"倒"的主要用法,此期语气副词"倒"似乎已超过与情理相反的副词"倒",成为"倒"的主要功能。

6) 明清时期的"倒"

"倒"的语气副词用法萌生于宋代,成熟于元代,明清时期用例大量增加，并成为"倒"的主要用法，我们考察了"三言二拍"、《醒世姻缘传》《儿女英雄传》《红楼梦》中"倒"的用法。这一时期出现了表让步的用法。

（31）江老道："此事倒也好，只不知女儿肯不肯。"（《二刻拍案惊奇》卷十五）

（32）有一个高四嫂说道："晁大婶倒也不是脸丑脚大，只有些体沉骨重，只怕马驮不动你。"又说道："大官人也没正经。你要尊敬他，抬举他，只在家中尊他抬他罢了，这是甚么模样！他倒罢了，脱不了往时每日妆扮了昭君，妆扮了孟日红，骑着马，夹在众戏子内与人家送殡；只是大官人僧不僧、俗不俗，不成道理。莫说叫乡里议论，就是叫任里晁爷知道，也不喜欢。"（《醒世姻缘传》第二回）

明清时期"倒"的各项语法功能继续使用，承接元代出现的语气副词逐渐占优势的势头，明清时期语气副词用法继续占绝对的优势。

至清代，唯有"表用于追问或催促"的语气副词"倒"尚未出现，对于这类用法，李宗江先生在文中也未提及。从现代汉语中的用例来看，我们看不出它与"倒"的哪项用法存在来源关系，还有待日后进一步研究。

4. 本节小结

在词汇功能的早期发展过程中，自身的语义特征往往起决定性作用，"倒"是个"没有位移"的"翻转义动词"，语义极容易发生变化。虚化后的"倒"最初仅出现在表与情理、事实或主观愿望相反的转折关系句中。中古以后，功能进一步扩展，出现表意料之外的用例，事实上，在具体操作过程中，表意料之外与前期的表主观愿望相反的用法很难区分开来，两者的区别仅在于所在句表达主观性程度的强弱，关于"倒"的词义分类,《现代汉语八百词》持细分的原则,但由于有些义项之间的差别太小,很容易在归类的过程中发生偏误,因此,就"倒"而言,我们认为在细分的基础上还需要上升到统分的层面。洪波认为:"表示'对比'才是'倒'的基本语法意义,而'跟一般情理相反'、'与事实相反'、'表示出乎意料'、'表示转折'、'表示让步'等只是'倒'在不同语境中所引申出的具体用法而已。"我们同意这一观点,"转折"是因比较产生差异而产生的,无论是因完全相反还是不完全一致,我们均认为是转折,因此,在"倒"的语义分类上,我们认为可以将其概括为表转折(包括各类相反关系)和表语气(包括表意料之外和表舒缓语气)两大类。同时,我们根据历时的语言事实,将"倒"的语义功能演变历程图示如图 3-10:

动词"倒" →转折关联副词"倒" →语气副词"倒"
上下翻转 → 跟一般情理相反 → 舒缓语气
　　　　　　跟事实相反　　　↗
　　　　　　跟主观愿望相反　↗ →出乎意料

图 3-10　"倒"的语义功能演变历程

三　原地回望

本节探讨转折关联词"顾"的产生和发展过程。"顾"在汉语史上先后发展出语气副词、转折连词等用法。

最早对虚词"顾"进行探讨的是元代卢以纬编著的《助语辞》,该书说:"'顾'训回视,然非语助。"这指的是其实词用法。又说:"又如'燕王哙顾为臣'与其他'顾欲'、'顾以'、'顾乃'之类,此'顾'字似与'反以我为仇'之'反'字同,意亦是回字上借意来,但顾字婉而轻,反字峻而直耳。"可见,《助语辞》中已经分出了"顾"的虚词用法,还指出了其与"反"的细微差别。

之后的虚词研究著作中对"顾"的研究也多集中于对其词性的分类上,总结起来,各家的观点基本一致,对"顾"的释义大致有以下3种:

1)反也;

2)但也;

3)故也。

这3种解释在《经籍篡诂》《助字辨略》《经传释词》《古书虚字集释》《马氏文通》《词诠》等中均列出,其中《词诠》的分类最为明确:表态副词(反也)和转折连词(但也)。

韩峥嵘的《古汉语虚词手册》在此基础上对"顾"的功能做了更为详尽的解释:

1)语气副词,表示跟上文意思相反或出乎预料和常情之外,用在谓语的前面,可译为"反而""竟然""却",与"反"相同,例如:"足反居上,首顾居下。"(《汉书·贾谊传》)

2)承接副词,通"故"(同纽同部),表示在某种条件或情况下怎么样,可译为"就""便",例如:"诚臣计画有可采者,顾大王用之。"(《史记·陈丞相世家》)

3)转折连词,表示轻微的转折,通常用在复句的后一分句开头,可译为"只是""不过""但"等,例如:"此在兵法,顾诸君不察耳。"(《史记·淮阴侯列传》)

可见,各家对"顾"的词性功能看法已形成定论,但对于其发展演变,只有宋辉(2006)对副词"顾"的产生做了一定的考察外,尚未发现更具系统性的论述。本节拟在已有研究基础上,探讨"顾"如何由"看视"义动词演变为语气副词、转折连词。

(一)"顾"的本义及引申义

《说文》:"顾,环视也。"《说文解字注》:"还视者,返而视也。"可见"顾"的本义是"回首;回视",其运行模式如图3-4所示，在动作发生过程中并没有实际路径，仅仅是方向发生变化。在本义的基础上，"顾"又引申出"反省""看视""考虑""探望""返回""眷念""照顾"等义，"顾"的本义和引申义的关系如图 3-11 所示：

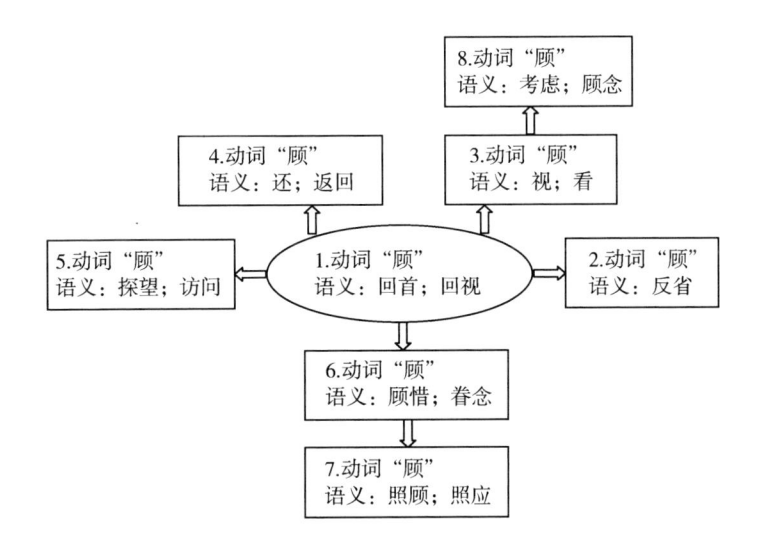

图 3-11　"顾"的本义和引申义的关系

（二）"反而"义语气副词"顾"的产生

1. "顾"的句法语义发展

源词"顾"在现代汉语中要说成"回头看"，这说明在古汉语中"顾"这个词是一种综合形式，也就是说源词"顾"一个词承担了两个义素——[+回头][+看]。一般来说，动作性较强的动词很难直接发生虚化，如果这个假设成立，那么源词"顾"语法化的第一步必然是部分义素的弱化或消失。义素消失或弱化的条件往往是有其他词承担了这一语义，使得"顾"的词义由综合走向分析①，这便需要"顾"所在的句法结构有所变化，当"顾"与"看视"义动词结合后，

---

① 沈家煊：《分析和综合》，《语言文字应用》2005 年第 3 期。

其中义素［+看］往往便会消失。如：

(1) 顾瞻周道，中心怛兮。(《诗经·桧风·匪风》)
(2) 侍于君子，不顾望而对，非礼也。(《礼记·曲礼下》)
(3) 顾见孔子，还乡而立。(《庄子·渔父》)

这3例中的"顾"均与"看视"义动词（"瞻""望""见"）连用，构成连动结构，这样V2（"瞻""望""见"）便承担了源词"顾"的义素之一——［+看］，相应的源词的这个义素便消失或淡化，只表示"回头或转身"义，在句中作方式状语。"顾"的语义变化如图3-12所示：

源动词"顾" ----------→ "顾" + "看视"义动词
[+回头] [+看]　　　　　[+回头]　　[+看]

图 3-12　"顾"的语义变化

2. 语气副词"顾"的产生

表"反而"义的语气副词"顾"产生得比较早，先秦已见，但用例尚不多见。如：

(4) 民者固服於势，诚易以服人，故仲尼反为臣，而哀公顾为君。(《韩非子·五蠹第四十九》)
(5) 白之顾益黑、求之愈不得者，其此义邪！(《吕氏春秋·审分》)

秦汉时期，用例已经非常普遍。

(6) 今三川、周室，天下之市朝也，而王不争焉，顾争于戎

狄，去王业远矣。(《战国策·秦策一》)

(7) 自有下度，非圣哲之书不好也；非其意，虽富贵不事也。顾尝好辞赋。师古曰："顾，反也。"(《汉书·扬雄传》)

从语义上看，"顾"的语义虚化后，仅保留了"回头"义，"回头"这一动作有"路径反转"的含义，具有［＋相反］这一语义特征，在语义特征上与转折是一致的，当其位于动词前，并用于适宜的语境中时，就很容易虚化为语气副词，表转折关联。

从早期"顾"的使用来看，我们认为其在虚化过程中受"反"的影响较大，主要表现在两个方面：一是经常与"反"连用；二是经常与"反"对举。

(8) 曾子之妻之市，其子随之而泣，其母曰："女还，顾反为女杀彘。"(《韩非子·外储说左上第三十二》)

(9) 去善之言，为善之事，事成而顾反无名。(《管子·白心第三十八》)

(10) 门者出之，顾反取其出之者，以戈推之，攘袪薄腋。(《淮南子·人间训》)

(11) 执弹而招鸟，挥棁而呼狗，欲致之，顾反走。(《淮南子·说山训》)

(12) 夫韩、魏之兵未弊，而我救之，我代韩而受魏之兵，顾反听命於韩也。(《战国策·齐策一》)

(13) 建信君贵於赵。公子魏牟过赵，赵王迎之，顾反至坐，前有尺帛，且令工以为冠。(《战国策·赵策三》)

以上例句中，例(8)为并列结构，"顾"与"反"都是运行动词，可释义为"返回""回到"；例(9)、例(10)则两可理解，既可释义为"返回反而",也可释义为"反而";例(11)至例(13)则为并列结构,表达前后分句所述事件有相反或相对关系,"顾"已变为"反而、却"义的副词。

"顾"与"反"对举的用例在汉代也较为常见。

(14)足反居上,首顾居下。(《汉书·贾谊传》)

另外,在"顾"语法化的过程中,前后句语义关系的发展也是重要因素。

(15)生于穷巷之中,长于蓬茨之下,无有游观广览之知,顾有至愚极陋之累,师古曰:"顾犹反也。"不足以塞厚望,应明指。(《汉书·王褒传》)

(16)上独枕一宦者卧,哙等见上,流涕曰:"始陛下与臣等起丰沛,定天下,何其壮也!今天下已定,又何惫也!且陛下病甚,大臣震恐,不见臣等计事,顾独与一宦者绝乎?师古曰:'顾,犹反也。'且陛下独不见赵高之事乎?"师古曰:"谓始皇崩,赵高矫为诏命,杀扶苏而立胡亥。"高帝笑而起。(《汉书·樊郦滕灌傅靳周传》)

以上2例中,"顾"连接的上下句均分别为否定句和肯定句,语义上构成相悖关系,这种句间关系便赋予位于后句句首的"顾"以转折语义。

总之,"反而、却"义副词"顾"的直接来源是看视义动词"顾"。在发展中,首先是义素[+看]的消失,其次是义素[+回头]的变化。表语义转折的副词"顾"的产生,主要是类推规律在起作用,即同义词在发展中相互带动。"顾"与"反"在先秦文献中可以对举,两者走上相同的发展道路。

3. "只是、但是、不过"义连词"顾"的产生

"顾"还可以用于转折关系句的后一分句句首，表轻微的转折，可释义为"只是、但是"。"顾"的这种用法在汉魏时期已经成熟。如：

（17）如姬之欲为公子死，无所辞，顾未有路耳。（《史记·魏公子列传》）

（18）然凡人行，皆以寿尽为期，顾有善恶尽耳。（《太平经》卷四十《努力为善法第五十二》）

（19）良久谓玄曰："处虚，非不悦子之言，顾吾不能行，如何！"（《后汉书·张玄列传》）

以上3例中的"顾"所引导的分句均与前句构成不一致关系，只能释义为"只是""不过"。

那么，"顾"的轻转连词用法又是如何产生的呢？我们认为这与"顾"的"顾念、考虑"这一引申义有关。在词义上，"顾"首先由看视义动词引申出"顾念、考虑"义心理动词，继而由"顾念、考虑"义进一步虚化，在适宜的语境中获得转折关联用法。

1）词义引申：看视动词 > 心理动词

看视义动词和心理动词往往可以相通。看视义动词"顾"引申出"顾念、顾虑、考虑"义在先秦文献中已经出现。如：

（20）凡人之患，偏伤之也：见其可欲也，则不虑其可恶也者；见其可利也，则不顾其可害也者。是以动则必陷，为则必辱，是偏伤之患也。（《荀子·不苟第三》）

（21）酒酣，章进饮歌舞。已而曰："请为太后言耕田歌。"高后儿子畜之，笑曰："顾而父知田耳。若生而为王子，安知田乎？"［索隐］曰："顾，犹念也。"（《史记·齐悼惠王世家》）

从以上 2 例均可以看出"顾"与心理动词之间的联系。例（20）中，"顾"与"虑"对举，处于结构相同且句义相近的句子中，可见，二者语义也是相同或相近的。另外，从唐代司马贞的注释中也可看出其与心理动词之间的联系，例（21）中"顾"所在的句子应该理解为"想来倒是你父亲晓得耕田的事"。

单纯从词义联系的角度看，"顾"的两个义素（[＋回头][＋看]）也都与"眷念；考虑"相关，因此词义的引申较容易发生。

事实上，"看视"义动词引申发展为心理动词的情况在汉语史上也并非仅仅发生在"顾"身上，又比如"看""见""望"等。如：

（22）朕看古来帝王，以仁义为治者，国祚延长。（《贞观政要·论仁义》）

（23）今使六子者易事，而明弗能见者何？（《淮南子·修务训》）

（24）曩者辱赐书，教以慎于接物，推贤进士为务，意气勤勤恳恳，若望仆不相师用，师古曰："望，怨也。"而流俗人之言。仆非敢如是也。（《汉书·司马迁列传》）

以上 3 例中，例（22）中"看"的宾语"古来帝王"在现阶段已经没有现实的实体存在，这样"看"便由"看视"义引申为"观察；估量"义，进入心理动词范畴。例（23）中的"见"，高诱注："见，犹知也。"可见，应解为"知道"义。例（24）中的"望"则应理解为"埋怨、责怪"义，可见，"看视动词 > 心理动词"这一引申路径具有一定的普遍性。

2）词义虚化：心理动词 > 转折连词

我们认为，表轻微转折的连词"顾"来源于"考虑，顾念"义心理动词"顾"。语法化的发生通常是句法、语义、语境三方面共同作用的结果。

句法方面，心理动词"顾"通常位于句首，后接小句。如：

（25）赵卒笑曰："君未知两人所欲也。夫武臣、张耳、陈余，杖马箠下赵数十城，亦各欲南面而王。夫臣之与主，岂可同日道哉！顾其势初定，且以长少先立武臣，以持赵心。今赵地已服，两人亦欲分赵而王，时未可耳。今君囚赵王，念此两人名为求王，实欲燕杀之，此两人分赵而王。夫以一赵尚易燕，况以两贤王左提右挈，而责杀王之罪，灭燕易矣。"（《汉书·张耳陈余传》）

（26）广曰："吾岂老悖不念子孙哉？顾自有旧田庐，令子孙勤力其中，足以共衣食，与凡人齐。今复增益之以为赢余，但教子孙怠堕耳。贤而多财，则损其志；愚而多财，则益其过。且夫富者，众人之怨也；吾既亡以教化子孙，不欲益其过而生怨。又此金者，圣主所以惠养老臣也，故乐与乡党宗族共飨其赐，以尽吾余日，不亦可乎！"（《汉书·隽疏于薛平彭传》）

以上 2 例中的"顾"，唐人颜师古均注为"思念"，从唐人注释中可看出均为心理动词，且均位于句首，后接小句，可理解为"考虑到"义。

语义方面，"考虑到，顾念"义很容易在具体语句中被理解为"只是，不过"义。如：

（27）上曰："君薄淮阳邪？吾今召君矣。顾淮阳吏民不相得，吾徒得君之重，卧而治之。"（《史记·汲郑列传》）

（28）虽罢驽，亦尝侧闻长者遗风矣。顾自以为身残处秽，动而见尤，欲益反损，是以抑郁而无谁语。（《汉书·司马迁列传》）

(29) 长史关靖说瓒曰:"今将军将士,皆已土崩瓦解,其所以能相守持者,顾恋其居处老小,以将军为主耳。将军坐守旷日,袁绍要当自退,自退之后,四方之众必复可合也。若将军今舍之而去,军无镇重,易京之危,可立待也。将军失本,孤在草野,何所成邪!"(《三国志·魏书·二公孙陶四张传》)

以上3例中的"顾"均呈现两可的理解,虽可仍旧理解为"考虑到"义,但很明显地,在整个句法环境中已经衍生出"只是"义,但这里的"顾"仍然不是转折用法,就句间语义关系来讲,还应归属于解说关系。

"顾"表转折还依赖于语境的变化,这里的语境指的是上下句的语义关系,表现为由解说关系向转折关系发展。如:

(30) 樊将军仰天太息流涕曰:"吾每念,常痛於骨髓,顾计不知所出耳。"(《战国策·燕策三》)

(31) 帝复笑曰:"卿非刺客,顾说客耳。"(《后汉书·马援列传》)

(32) "……冒顿杀父代立,妻群母,以力为威,未可以仁义说也。独可以计久远子孙为臣耳,然恐陛下不能为。"上曰:"诚可,何为不能!顾为奈何?"(《汉书·郦陆朱刘叔孙传》)

(33) 天下皆言王勇,顾但负贵,师古曰:"顾,念也。负,恃也。安,焉也。"安能勇?如尊,乃勇耳。(《汉书·王尊传》)

以上4例中,"顾"所引导的小句均非顺承前一句的语义继续叙述,这样,前后句语义便构成了不一致关系。其中例(33)中的"顾"与"但"连用,从颜师古的注释中可以看出,他仍将"顾"理解为"考虑、顾念"义,但中国社会科学院语言所古汉语室编著的《古代汉语虚词词典》却将其看作近义词"顾"和"但"的复合，并将其视为"可是，但是"义的转折关联词①。这种分歧从侧面也说明了"考虑、顾念"与转折之间的关系紧密。"顾"便在这种前后不一致的语义环境中被赋予转折关联用法。

4. 本节小结

总之，"顾"在汉语史上出现一词兼有重转和轻转两种转折功能，但二者的来源不同，重转功能的直接来源是看视动词"顾"。"顾"在使用过程中义素发生脱落，仅保留"回头，转身或返回"义素，相对于源词来讲，这在一定程度上发生了非范畴化，由于"回头，转身或返回"与转折在语义特征上具有一致性，因此很容易向转折义发展。值得注意的是，"顾"表重转在很大程度上受同义词"反"的影响，可能是类推规律在起作用。

而表轻度转折的"顾"的发展历程则要曲折得多，根据我们对文献资料的考察，"顾"在使用过程中经常与心理动词相通，因此"顾"虚化的第一步是从看视义动词范畴进入心理动词范畴。在句法、语义、语境的综合作用下，心理动词"顾"再继续语法化，产生转折关联功能。因此，"顾"的语法化历程可标示为："看视动词＞心理动词＞转折连词"。

这样，我们便可以将上文"顾"的词义引申图（如图3－11所示）进一步扩充，进而绘制动词"顾"的词义引申虚化图（如图3－13所示）。

---

① 中国社会科学院语言所古汉语室：《古代汉语虚词词典》，商务印书馆1999年版，第185页。

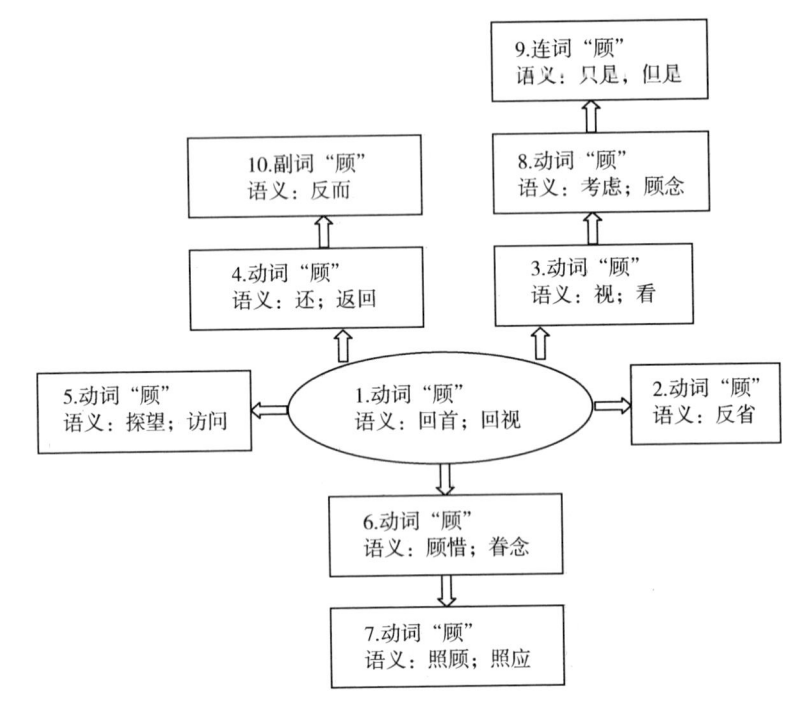

```
                              9.连词"顾"
                              语义：只是，但是
                                    ↑
  10.副词"顾"              8.动词"顾"
  语义：反而                语义：考虑；顾念
      ↑                          ↑
  4.动词"顾"               3.动词"顾"
  语义：还；返回             语义：视；看
      ↑                          ↑
5.动词"顾"          1.动词"顾"          2.动词"顾"
语义：探望；访问  ←  语义：回首；回视  →  语义：反省
                          ↓
                    6.动词"顾"
                    语义：顾惜；眷念
                          ↓
                    7.动词"顾"
                    语义：照顾；照应
```

图 3–13 动词"顾"的词义引申虚化图

第三节 范畴转移过程中的共相与殊相

"返""复""还""回""归""转""旋""却""退"虽然最初在本义上有差别，但在汉语史上均曾进入"返回"义动词范畴。"返回"义动词的历时发展轨迹呈现共性与差异性并存的局面，其中，"返""还""转""却"等均发展出转折关联副词用法，众多的例证可以证明汉语史上的确存在"返回义动词 > 转折关联副词"的语义发展模式，但我们如何解释"复""回""归""旋""退"等在历时发展过程中并没有发展出转折用法这一现象？造成同类词演变差异的原因是什么？从认知上讲，返回义动词［＋运动方向变化/相反］这一语义特征与转折之间存在相似的地方，这种相似性能否成为演化过程中的认知基础？这些都是本小节拟探讨的问题。我们根据这9个词在本义上的相似程度将其分为4组：

1）"复""还1"与"返"

2）"回"与"归"

3）"转""旋"与"还2"

4）"却"与"退"

另外，"返回"义动词与"翻转"义动词严格来说语义并不完全一致，但差异只是路径有无的不同，而在运行过程中改变了方向则是两者存在的相似性，其成员"却"与"倒"虽然本义存在差别，但在演变过程中却呈现高度的一致性。我们认为造成这一结果的根本原因还是在于二者在语义上具有相似性，在二者的发展演变过程中凸显了[+方向相反]这一语义特征。因此，我们把这两个词也分为一组。

5）"却"与"倒"

一 "复""还1"与"返"

"复""还"与"返"3个词在表"返回"这个义项上经常互训。如：

1）无往不复。《易·泰》高亨注："复，返也。"

2）还，复也。《说文》

3）返，还也。《说文》

4）还，归也。《广雅·释诂二》

互训是古人注释词义的常用方法，可见三者词义的相似性。其中"还""返"均发展出转折功能，但"复"并没有发生这一演变。在汉语史上，同类词经常会在演变过程中呈现相同或相似的演变轨迹，那么是什么原因造成"复"与"还""返"之间在演变路径上的差异呢？

（一）"复"

我们首先从"复"的词义本身及其在文献中的具体使用情况着手。

《说文》："复，行故道也。"段注："疑彳部之復乃后增也。"

《说文》:"復,往来也。"如果将"复"的词义进行分解,应该包括运动的"去"与"回"两个过程,其意象图式是典型的路径图示(如图3-2所示),那么在具体的使用过程中,"复"的词义又呈现怎样的特征呢?我们对《论语》《孟子》、"春秋三传"、《孙子兵法》中"复"的使用情况进行了考察。

返回义动词"复"在6部文献中的用例并不多。如:

(1) 南容三复白圭,孔子以其兄之子妻之。(《论语·先进第十一》)

(2) 公孙敖如京师,不至而复;丙戌,奔莒。(《公羊传·文公八年》)

(3) 夏,六月,公子遂如齐,至黄乃复。(《谷梁传·宣公八年》)

相比较而言,意义泛化产生的"恢复、还原"义用法更加普遍。如:

(4) 有子曰:"信近于义,言可复也;恭近于礼,远耻辱也;因不失其亲,亦可宗也。"(《论语·学而第一》)

(5) 惠伯成之,使仲舍之,公孙敖反之,复为兄弟如初。(《左传·文公七年》)

(6) 怒可以复喜,愠可以复说,亡国不可以复存,死者不可以复生。故明主慎之,良将警之。(《孙子兵法·火攻第十二》)

虚词"复"的功能比较单一,仅出现过频率副词("又、再"义)用法。我们认为,"复"的频率副词用法虽然是由"返回"义动词虚化而来的,但其直接来源是语义泛化后的"恢复"义动词,从例(1)

至例（3）可以看出，"返回"义动词"复"在使用过程中所表达的并非往返路程，仅表达"返回"的路程，其语义重心在于回到起点，而非方向改变，这样，在语义引申过程中便很容易产生"恢复、还原"义，并且我们在文献中发现大量此类用例，如例（4）至例（6）。

从语义特征的角度看，在"复"众多的语义特征里面，使用过程中凸显的并非［+方向改变］这一特征，而是回到起点的结果。我们同时发现了下列用例：

（7）兄长之，母覆之，众归之，六体不易，合而能固，安而能杀，公侯之卦也。公侯之子孙，必复其始。（《左传·闵公元年》）

（8）终而复始，日月是也。死而更生，四时是也。（《孙子兵法·兵势第五》）

以上2例，尤其是例（8）中连接"终"与"始"的"复"，一方面与"复"的本义密切相关，另一方面在词义上更加抽象化①，日月的"终"与"始"是多次重复的过程，可见，"恢复、还原"义在一定的语境中与"重复"义相通，这样，在语义上便呈现出"返回原点—恢复原本状态—重复"这样一条演变路径。

句法位置往往是虚词演变的另一关键因素。我们在上述文献中还发现大量"复归"用例。兹举数例如下：

（9）郑世子忽复归于郑。（《左传·桓公十五年》）

（10）六月，卫侯郑自楚复归于卫。（《公羊传·僖公二十八年》）

（11）卫元咺自晋复归于卫。（《公羊传·僖公二十八年》）

---

① 抽象化也是语义泛化的一种类型。

"复""归"是同义词,"归"的出现重复了"复"的语义,给"复"的语义变化提供了基础,这里的"复"与频率副词和返回义动词的联系都十分紧密,可以看作临界点的用例。

当"复+V2"结构中的"V2"不再由同类的"归"充当时,"复"便进入虚词范畴。

(12) 子曰:"甚矣,吾衰也!久矣吾不复梦见周公。"(《论语·述而第七》)

(13) 孟子道性善,言必称尧舜。世子自楚反,复见孟子。(《孟子·滕文公章句上》)

(14) 还年,楚子伐邓。十六年,楚复伐邓,灭之。(《左传·庄公六年》)

(15) 此皆毁庙也,其言灾何?复立也。曷为不言其复立?《春秋》见者不复见也。何以不言及?敌也。何以书?记灾也。(《公羊传·哀公三年》)

先秦文献中"复+V2"结构非常普遍,其中的"复"大多已经发展为频率副词,可见"复"的虚化较早,且功能单一。据我们现阶段调查的材料来看,"复"没有进入转折范畴,而进入频率副词范畴,造成这一结果的直接原因在于语义的特点。动词"复"在使用过程中凸显的是完整的"重复"过程,而非方向的改变。蒋绍愚先生(2011)在讨论句法与语义谁促动谁的过程中,提出语义的决定作用,[①] 我们对"复"的研究也可以支持该论点。

我们再通过对其他"返回"义动词进入转折范畴和其他相关范畴

[①] 见蒋绍愚 2011 年 7 月在北京大学举办的"第九届全国语言学暑期高级讲习班"上的讲稿《语义与句法》。

在语义和句法上的特点进行考察，寻找同类词在演变过程中的共相和殊相。

（二）"还1"①

鉴于学者对副词"还"的研究已经比较透彻，我们下面仅简单介绍表转折的"还"的萌生情况，及其"重复"义产生的语义基础。

《说文》："还，复也。"《尔雅·释言》："还，复，返也。"《广雅·释诂二》："还，归也。"可见，众多辞书认为"还"的本义是"返回"。

在上古文献中，"还"的主要用法是表"返回"。如：

（1）与齐师遇，石子欲还。孙子曰："不可，以师伐人，遇其师而还，将谓君何？若知不能，则如无出，今既遇矣，不如战也。"（《左传·成公二年》）

（2）齐攻宋，宋王使人候齐寇之所至。使者还，曰："齐寇近矣，国人恐矣。"（《吕氏春秋·壅塞》）

结构仍然是虚词形成过程中的重要条件，"还"演变为副词首先必须进入 V1V2 结构②。

（3）主人出迎于外门外，见马首不哭，还入门右，北面，及众主人袒。（《仪礼·士丧礼》）

（4）冯谖诫孟尝君曰："愿请先王之祭器，立宗庙于薛。"庙成，还报孟尝君曰："三窟已就，君姑高枕为乐矣。"（《战国策·齐策四》）

---

① 根据《广韵》的注音，"还"有两个读音：一是户关切（平声删韵，匣母），今读"huán"或"hái"；二是似宣切（平声仙韵，邪母），今读"xuán"，这里的"还"是指前者，记作还1。
② 本文将双动词结构中的前一个动词记作 V1，后面的动词记作 V2，下同。理论上讲，一个句子应该只有一个为主的动词。

以上2例中的"还+V2"结构均为连动结构,其中"还"可以理解为"转身"或"返回"。连动结构的典型特征是两个动作都比较实在,且在时间上往往有先后关系。当V1与V2之间不再有时间上的联系后,核心动词原则①促使其中一个动词逐渐成为附庸成分,"还+V2"结构有从连动结构演变为偏正结构的可能。汉代,表转折的"还"便出现了,除了结构上位于动词前构成"还+V2"结构外,另一个至关重要的因素是语境的影响。

（5）夫人神乃生内,返游于外,游不以时,还为身害,即能追之以还,自治不败也。（《太平经》卷十八至三十四《以乐却灾法》）

（6）穷武极诈,士民不附,卒隶之徒,还为敌仇,焱起云合,果共轧之。（《汉书·刑法志》）

（7）俗士以辩惠之能,据官爵之尊,望显盛之宠,遂专为贤之名。贤者还在闾巷之间,贫贱终老,被无验之谤。若此,何时可知乎?然而必欲知之,观善心也。（《论衡·定贤篇》）

（8）难之曰：使日月自行,不系於天,日行一度,月行十三度,当日月出时,当进而东旋,何还始西转?系於天,随天四时转行也。（《论衡·谈天篇》）

以上4例中的"还"均位于复句的第二分句,这个位置是关联词语萌生的温床,另外,"还"所连接的小句均表示与上句正常预期或逻辑结果相反的结果,可以说,"还"的转折关联用法来源于对语境中转折义的吸收。如例（7）,上下句中的"俗士"与"贤者"形成对比关系,"还"便在这种比较中获得转折义。

副词"还"的转折功能在其众多功能中始终没有占据主要地位,

---

① 核心动词原则：理论上讲,一个句子应该只有一个为主的动词。

汉语史上的用例并不多见，其主要功能是发展出重复义。"返回＞重复"这条发展路径发生在"还"身上的原因与"复"相似，同样与"还"的本义相关，"还"的本义之一是"绕了一圈回到原点"，这个意义本身与循环、延续相关，因此很容易发展出重复义。

"返"的演变情况见上文第二节。

(三) 总结比较

就源词语义而言，三者均属"返回"义动词，语义基本一致；就句法结构而言，三者均进入了"V1V2"结构，但在语义功能发展过程中却既存在相似的地方，也存在较大的差异性。就本书探讨的转折功能而言，"还"和"返"至迟在汉代均发展出此功能，但均未成为该词的主要功能，而"复"则没有发展出转折功能。

三者的演变路径如下：

复：返回＞恢复原本状态＞重复

还：返回＞重复

返回＞转折

返：返回＞转折

蒋绍愚先生（1989）认为："甲义引申为乙义，两个意义之间必须有某种联系，或者说意义有相关的部分，从义素分析的角度来说，就是甲乙两义的义素必然有共同的部分。"[①] 从"复""还""返"的演变路径来看，一方面，"复"和"还"均发展出重复义用法，"还"和"返"均发展出转折用法，这体现了同类词演变的共性，也就是说语义的相关性对词汇演化起着重要的作用；另一方面，"复"与"返"的演变路径截然不同，这体现了同类词演变的殊相，也说明词义在发展过程中会根据所处的语境等因素选择不同的演变方向，也就是说在演变过程中凸显不同的义素，如"复"在演变过程中凸显的是"〔＋回

---

① 蒋绍愚：《古汉语词汇纲要》，北京大学出版社1989年版，第71页。

到原点]",而"返"在虚化过程中凸显的是"[+方向变化]"。

二 "回"与"归"

(一)"回"

"回"的返回义出现得较晚,且在古汉语中并非"回"的主要用法。《说文》:"回,转也。从口,中象回转形,𠆢,古文。"可见"回"的本义是"旋转;回旋",这种用法《诗经》中已见。

(1) 倬彼云汉,昭回于天。(《诗经·大雅·云汉》)(毛传:"回,转也。"郑玄笺:"精光转运于天。")

词义上,"回"的词义泛化出现得比较早,可表"掉转、扭转"义,即改变原本的运行方向,这一点与"返回"义动词的语义特征是一致的。如:

(2) 回朕车以复路兮,及行迷之未远。(《楚辞·离骚》)
(3) 复有一少年,年十三四,甚了了,乘新车,车后二十人至,呼上车,云:"大人暂欲相见。"因回车而去。(《搜神记》卷四)

"回"进入"返回"义动词范畴的时间比较晚,大约在魏晋南北朝时期。如:

(4) 汉武时,苍梧贾雍为豫章太守,有神术,出界讨贼,为贼所杀,失头,上马回营中,咸走来视雍。(《搜神记》卷十一)
(5) 后将弟子回豫章,江水大急,人不得渡;猛乃以手中白羽扇画江水,横流,遂成陆路,徐行而过,过讫,水复。观者骇

异。(《搜神记》卷一)

(6) 郭璞,字景纯,行至庐江,劝太守胡孟康急回南渡。康不从,璞将促装去之,爱其婢,无由得,乃取小豆三斗,绕主人宅散之。(《搜神记》卷三)

"回"大约在东汉已经开始进入"回+V2"结构。

(7) 答太子言六十四种。己所未闻,唯持二书,以教人民。即时归命,愿赦不及。于是太子与诸官属即回还宫。(《修行本起经》卷上)

例(7),"回"与"还"连用,我们在同书中还发现下面的用例:

(8) 至年十七,妙才益显,昼夜忧思,示曾欢乐,常念出家,世间谛非常,莫惑堕冥中,当学然意灯,自练求智慧,离垢勿染污,执烛观地道,于是太子即回车还,愍伤一切。(《修行本起经》卷下)

可见,东汉佛经中的"回还"用例,应该尚属连动结构,魏晋南北朝时期用例增多。

(9) 球乃迹访其家事,先世曾伐大树,得大蛇,杀之,女便病。病后,有群鸟数千,回翔屋上,人皆怪之,不知何故,有县农行过舍边,仰视,见龙牵车,五色晃烂,其大非常,有顷遂灭。(《搜神记》卷三)

(10) 谈未竟,而部郡忽起至应背后,应乃回顾,以刀逆击,中之。(《搜神记》卷十八)

（11）裴令公有俊容姿，一旦有疾至困，惠帝使王夷甫往看。裴方向壁卧，闻王使至，强回视之。(《世说新语·容止第十四》)

（12）桓果语许云："阮家既嫁丑女与卿，故当有意，卿宜查之。"许便回入内，既见妇，即欲出。(《世说新语·贤媛第十九》)

观察以上 4 例，例（9）中的"回"应该还是本义，即"回旋，环绕"之义；例（10）、例（11）中的"回"与"看视"义动词结合，可理解为"回头"义；而例（12）中的"回"与运行动词结合，可理解为"转身"义。根据我们所见的文献语料，"返回"义动词"回"并没有进入"回+V2"结构，进入此结构的词义大多与"回"的本义直接相关，这大概与"回"的返回义出现得比较晚有关。

（二）"归"

《说文·止部》："归，女嫁也。"《广雅·释言》："归，返也。"可能由于女子出嫁以后，必然要回娘家，语义上的相关性使得其很早便引申出"返回"义。如：

（1）执讯获丑，薄言还归。(《诗经·小雅·出车》)

（2）十有一月朔巡守，至于北岳，如西礼。归，格于艺祖，用特。(《尚书·舜典》)

（3）孟明稽首曰："君之惠，不以累臣衅鼓，使归就戮于秦，寡君之以为戮，死且不朽。若从君惠而免之，三年将拜君赐。"秦伯素服郊次，乡师而哭，曰："孤违蹇叔，以辱二三子，孤之罪也。"不替孟明，曰："孤之过也，大夫何罪？且吾不以一眚掩大德。"(《左传·僖公三十三年》)

（4）王不听，遂征之，得四白狼，四白鹿以归。(《国语·周语上》)

先秦时期，"返回"义动词"归"也大量用于"归+V2"双动词结构，为何却没有发展出虚词功能呢？

（5）（荀跞）退而谓季孙："君怒未息，子姑归祭。"（《左传·昭公三十一年》）

（6）子何以不归耕乎，吾将为子游。（《吕氏春秋·赞能》）

（7）景王既杀下门子。宾孟适郊，见雄鸡自断其尾，问之，侍者曰："惮其牺也。"遽归告王，曰："吾见雄鸡自断其尾，而人曰'惮其牺也'，吾以为信畜矣。人牺实难，己牺何害？抑其恶为人用也乎，则可也。人异于是。牺者，实用人也。"（《国语·周语下》）

（8）献公田，见翟柤之氛，归寝不寐。郤叔虎朝，公语之。（《国语·晋语一》）

除以上4例外，先秦文献中还出现了"归入""归求""归见""归哭"等连动结构，其中的"归"均为"返回（回家、回国）"义，但其与后接的V2一般都存在时间上的先后关系，也就是说"归"与V2构成连动结构，并没有向偏正结构转化，即"归+V2"结构中的"归"并没有发生虚化，"归"始终未进入虚词范畴。

"回"与"归"都是典型的动词类转折范畴，但均未向关系转折范畴转化。我们通过对其本义、引申义及结构发展等方面进行考察，发现"回"的返回义出现得比较晚，因此连动结构中的"回"并非"返回"义，在句中往往作方式状语，并没有进入关系句，"归"的"返回"义出现得倒是比较早，也进入连动结构，但连动结构中的"归"并没有进一步得到发展，因此，二者在汉语史上一直以动词功能为主，未进入关系转折范畴。

三 "转""旋"与"还2①"

段玉裁《说文解字注·车部》："转，还……还者复也，复者往来也。"《玉篇·车部》："转，回也。"可见，"转"的本义是车轮转运（如图3－7所示）。

《说文·㫃部》："旋，周旋。"段注："旗有所向，必运转其杠，是曰周旋。引申之为凡转运之称。"所以"旋"的本义是"转动、旋转"。

从本义上看，"转"与"旋"具有高度的相似性，"转"在历时演变过程中发生了从运行动词范畴向转折关系范畴的转化（详见本章第二节）。这里我们仅探讨"旋"的演变情况。

从"旋"的本义我们可以分析出如下语义特征：

1）运行过程中方向改变；
2）动作重复运行；
3）动作的连贯性和短时性。

基于这样3项语义特征的"旋"在语言使用中极容易发生语义泛化，语义泛化的过程往往是因语境仅凸显部分语义特征引起的。

《广雅·释诂四》："旋，还也。"梅祖麟（1992：327－329）从声韵角度论证"还"和"环""圜""镮"为同源词，指出"还"的本义之一是"绕了一圈回到原点"。这个义项和"返回"及"旋转"义皆有相通处，故二者可能皆衍生自此义，从语源上讲，这一结论是可信的。

"旋"表"返回"义出现得比较早，《诗经》中已见。

（1）言旋言归，复我邦族。（《诗经·小雅·黄鸟》）（朱熹注："旋，回；复，反也。"）

---

① 根据《广韵》的注音，"还"有两个读音：一是户关切（平声删韵，匣母），今读"huán"或"hqi"；二是似宣切（平声仙韵，邪母），今读"xuán"，这里的"还"指的是后者。

"旋"也曾出现在"旋+V2"结构中。如：

（2）既不我嘉，不能旋反。（《诗经·鄘风·载驰》）
（3）旻之妻已私邻比，欲媾终身之好，俟旋归，将致毒谋。（《搜神记》卷三）

以上 2 例中的"旋"均与同义词"反""归"连用，其中"旋"的"返回"义明显。

汉代以前，进入连动结构的"旋"还比较少见。唐贤清（2003）认为副词"旋"产生于汉代，但仅出现时间副词用法。我们不拟对"旋"的具体发展作详细讨论，我们关注的是"旋"在发展过程中进入了返回义动词范畴，但并没有像其同义词"转""还"那样进入关系转折范畴。

四 "却"与"退"

"却"在汉语史上是个多功能词，学者的研究成果颇多（详见第一章），本节仅关注同义词"却"与"退"在历时演变中的不同。

"退"是个会意字，从彳，从日，从夊。彳（chì），小步，夊（suī），足的反写，可见其本义是"向后走，后退"。《广雅·释言》："却，退也。"《说文》："退，却也。""却"与"退"互训，可见二者语义的相似性。

"退"即相对于原运行方向的反方向运动，因此二者均引申出"返回"义。如：

（1）福往具宣圣旨，听亮所言，至别去数日，忽驰思未尽其意，遂却骑驰还见亮。（晋，陈寿《益部耆旧杂记》）
（2）退而甘食其土之有。（唐，韩愈《捕蛇者说》）

动词虚化往往在连动结构中得以虚化，同义词"却"与"退"在汉语史上均进入"V1V2"结构中，"却"在 V1 位置出现就产生了多种虚词功能①。关于"却"的转折关联用法及其产生过程，董淑慧（1996）、李宗江（2005）、刘红蕾（2007）等的研究已经较为充分，且观点趋向一致，这里不再赘述。

"退"在汉语史上也曾进入"V1V2"结构中的 V1 位置。

（3）秋，栾盈自楚适齐。晏平仲言于齐侯曰："商任之会，受命于晋。今纳栾氏，将安用之？小所以事大，信也，失信不立，君其图之。"弗听。退告陈文子曰："君人执信，臣人执共，忠信笃敬，上下同之，天之道也。君自弃也，弗能久矣。"（《左传·襄公二十二年》）

（4）春，王正月戊申朔，陨石于宋五。是月，六鹢退飞，过宋都。（《左传·僖公十六年》）

（5）大学之教也，时教必有正业，退息必有居学。（《礼记·学记》）

（6）孝子之祭也，立而不诎，固也；进而不愉，疏也；荐而不欲，不爱也；退立而不如受命，敖也。（《礼记·祭义》）

（7）颉进计曰："本奉诏诛贼，今乃退守穷城。若不为贼杀，当以法诛。进退安有生路？而王公诸将，晏然无谋，将何以报恩塞责？"（《魏书·安同列传》）

以上 5 例中的"退+V2"结构中的"退"多可理解为"返回，后

---

① 关于"却"的虚词功能，张相（1955）的《诗词曲语辞汇释》一书中列出 8 个义项；《汉语大词典》给副词"却"列出了 11 个义项：（1）还，再。（2）犹才。（3）就，便。（4）反而，倒。（5）原来。（6）只。（7）竟。（8）究竟，到底。（9）正，恰。（10）确，确实。（11）必，一定。《古代汉语虚词词典》详尽地列出"却"的 8 种用法；雷文治的《近代汉语虚词词典》详尽地列出"却"的 25 种用法。

退"义。在先秦汉语中，更为常见的是"退而+V2"结构。

（8）孝子之祭，可知也，其立之也敬以诎，其进之也敬以愉，其荐之也，敬以欲；退而立，如将受命；已彻而退，敬齐之色不绝于面。（《礼记·祭义》）

（9）梁由靡曰："夫君政刑，是以治民。不闻命而擅进退，犯政也；快意而丧君，犯刑也。郑也贼而乱国，不可失也！且战而自退，退而自杀；臣得其志，君失其刑，后不可用也。"（《国语·晋语三》）

（10）关尹子曰："未可。"退而习之三年，又请。（《吕氏春秋·审己》）

可见，进入"V1V2"结构的"退"与"V2"之间有时间上的先后关系，属连动结构，"退"始终没有进入虚词范畴。

五 "却"与"倒"

吕叔湘（1980：460）已经将现代汉语的"却"与"倒"进行了比较，指出3条差别：

1）"却"表示转折的语气较轻，有责怪意味的"倒"不能换用"却"。

你说得倒（*却）容易，你自己试试看看。

2）"倒"后多用表示积极意义的词语，"却"后不限。

这篇文章论点很新，却（*倒）站不住。

3）"却"没有"倒"的5、6、7项[①]用法。

可见，吕先生不仅注意到"却"与"倒"在现代汉语中使用过程中的语用差异，还注意到二者义项上的差异。

[①] "倒"的5、6、7项用法分别为：表示让步、舒缓语气、用于追问或催促。

就源词来讲，"返回"义动词"却"与"翻转"义动词"倒"本义存在差别，但在演变过程中却呈现高度的一致性。我们认为造成这一结果的根本原因还是在于二者在语义上具有相似性，在二者的发展演变过程中凸显了〔+方向相反〕这一语义特征。

"倒"的历时演变过程我们在本章第二节中已有详细论述。"却"在历时演变过程中也呈现相同的轨迹。这里我们简单考察一下"却"的各项功能出现的时间。

（一）与事实、情理或预期相反

"却"在唐代发展出与事实、情理或预期相反的用法。如：

(1) 索索复索索，无凭却有凭。（唐，贯休《送衲僧之江西》）

(2) 宦达翻思退，名高却不夸。（唐，刘禹锡《和令狐相公寻白阁老见留小饮因赠》）

(3) 不知玉女无期信，道与留门却闭门。（唐，曹唐《小游仙诗九十八首》）

（二）意料之外

与事实、情理或预期相反的用法很容易向表意料之外的语气副词发展。如：

(4) 经今三十余年事，却说还同昨日时。（唐，张籍《逢王建有赠》）

这一例可理解为意料之外，但也有与事实、情理相反的意味。

表意料之外的用法唐代亦见。如：

(5) 今朝却得君王顾，重入椒房拭泪痕。（唐，柳公权《应制为宫嫔咏》）

（6）当暑敞扃闶，却嫌绨绤寒。(唐，蔡希寂《登福先寺上方然公禅室》)

（7）将欲生之，却夭其命。(《旧唐书·裴耀卿传》)

（三）表转折

表转折的用法唐代亦见，只是用例不多。

（8）虽然身畅逸，却念世间人。(拾得诗)

明清以后用例较多。

（9）一连数日，施恩来了大牢里三次。却不提防被张团练家心腹人见了，回去报知。(《水浒传》第三十回)

（10）这个就是说书的一片道学心肠，却从不曾讲着道学。(《二刻拍案惊奇》卷十二)

（四）表反诘

（11）哪有此理！我托你何事？你如何不叫他推辞；却做下这等勾当？(《醒世恒言》第七卷)

（12）那妇人道："放着石叔叔在家照管，却怕怎的？"(《水浒传》第四十五回)

（13）他每日送他鲤鱼一尾，他就袖传一课，教他百下百着，若依此等算准，却不将水族尽情打了？(《西游记》第九回)

（五）表追问

元明时期，用于问句中的"却"出现表追问的用法，可释为"究竟，到底"义。

（14）此时俺主唐元帅却在那里？探子，你喘息定了，慢慢的再说一遍咱。（元，关汉卿《单鞭夺槊·第四折》）

（15）西门庆心中不足，心下转道，却是甚么？（《金瓶梅词话》第四八回）

（16）仁兄颜色不善，却是为何？（《英烈传》第一回）

（六）舒缓语气

明清时期，"却"还出现了表舒缓语气的用法。

（17）大郎道："这个却不知道，叫他出来就是。"（《二刻拍案惊奇》卷十一）

（18）这酒若翻在别个身上，却也罢了，恰恰里尽泼在阿揸身上。（《醒世恒言》第四卷）

（19）子玉向仲清道："聘兄的诗，却还不很离谱。"（清，陈森编《品花宝鉴》）

（七）表让步

（20）徐宁道："兄弟，好却好了，只可惜我这副甲陷在家里了。"（《水浒传》第五十六回）

从汉语史上"却"的功能可以看出其与"倒"的惊人相似性，但延续到现代汉语的功能却不一样。"却"在现代汉语中的主要功能是转折语气副词，其他如表反诘、追问等语气副词的功能基本不再使用；而"倒"则不同，其各项功能在现代汉语中均有使用，但从使用的频率来看，明清以后，主要以舒缓语气为主。

从语法化过程看，唐代，"却"就已经出现了与事实、情理或预期相反、意料之外、转折等功能，此后，又萌生反诘、追问、舒缓语气、让步等功能，而到了现代汉语则主要保留了转折语气副词这一功能，其他功能开始缩减；而"倒"的发展则不同，"倒"首先在魏晋南北朝时期出现少量表示与事实、情理或预期相反的用例，唐宋以后其功能进一步丰富，增加了表舒缓语气的用法，明清以后则又增加了表让步的用法，可见在"倒"的语法化过程中，其功能是逐步递增的。

我们认为，"却"与"倒"的语法化路径存在惊人的相似性，但最终分化，主要表现为功能使用的侧重不同，这应该是在语言发展的"经济"原则、"守恒"原则下相互调整的结果。

第四节　本章小结

本章首先利用语言的范畴观，将空间转折范畴定义为转折的原型范畴。通过对个案的考察，我们发现，在关系转折范畴形成的过程中，来自空间转折范畴的成员非常多，且虚化发生得比较早。在汉语史上，出现最早的转折标记有两类：一类是通过假借而来的虚词，如"而""乃""且"等，它们首先被借用作连接并列结构的关联词，在语言使用过程中逐渐获得转折关联功能，这一部分，我们放在后面讨论，这里暂不详述；另一类便是本章所讨论的来源于实词虚化的转折关联词，通过个案分析我们发现，绝大部分来源于空间转折范畴的转折关联词在先秦文献中即已出现。

在空间转折范畴向关系转折范畴发展的过程中，语义的相关性、句法的适宜性、关系句语义关系的变化是主要的动因。空间转折动词均具有［+方向相反］这一语义特征，与转折的语义特征一致，这是两者之间发生语义范畴转化的基础。"还""却""转""反""翻"

"倒"等均进入"V1V2"结构中的"V1"位置，且经常位于小句句首，这样，在句法结构上就容易向虚词演化。事实上，进入双动词结构的空间运行动词并非全部发生虚化（如"退"等），也就是说，在"空间转折范畴＞关系转折范畴"过程中，进入关系句及关系句语义关系的变化是致变因素，只有前后分句本身表达的语义不一致才能构成转折，关系词便在这种语境中进入转折范畴。

值得注意的是，语言演变往往呈现规律性，相当数量的同类词往往具有共同的行为。具有［＋方向相反］语义特征的运行动词"还""却""转""反""倒"等在汉语史上均出现向转折关联词转化的现象，这就构成语义演变规律，但规律中也有例外，我们如何看待"回""复""退"等同类词没有发生这样演变的现象？是什么原因导致的？针对这些问题，本章还讨论了同类词演变过程中的共相和殊相。

我们将同义词进行分组讨论，得出如下结论：

（1）同义词在演变过程中呈共相与殊相共存的现象，从整体上看，同类词在演变过程中存在较大程度的一致性，同类词相同或相似的演变是基于语义相似的基础之上的。

（2）同类词演变也存在差异，造成差异的主要原因有：

A. 语言系统内部调整的结果，基于语言系统的平衡性，同类词不可能都发生虚化，一部分成员还是以其本身功能为主，另一部分成员则以新功能为优势功能。如"却"与"退"语义高度相似，但发展过程迥异，这可能是语言系统内部调整的结果，使得"退"承担动词功能，而"却"则主要承担虚词功能。

B. 发展过程中凸显焦点不同，如"倒""却""反"等在演变过程中凸显的是"方向相反"，而"复"凸显的则是路径的重复，"旋"凸显的则是时间上的迅捷。因此，"倒""却""反"等均发展出转折关联功能，而"复"则演变为表重复义的副词，"旋"则发展出时间副词用法。

第四章

从心理行为范畴到转折范畴

第一节 心理行为动词及其否定形式

　　心理动词就是表达与人类心理活动或情感相关的动词，心理动词作为动词的一个次类，与典型的行为动词具有一定的差别：典型的行为动词往往能够体现在空间上，具有显明的外显形式，是具体实在的运动，而心理动词则不能够体现在空间上，是一种内心的活动。李来兴在其博士学位论文《宋元话本动词语法研究》（2010：181-198）中将心理动词分为心理状态动词（包括情绪类和情感类）和心理行为动词（包括感知类、认知类和使役类）两类，我们认为这种分类具有可操作性。

　　如果说改变原运行方向的空间运行动词是转折的原型范畴，那么感知类和认知类的心理行为动词的否定形式与其是有相似的地方的，以"想"这一认知类心理行为动词来说，在心理这一虚拟的空间内，它还是具有运行方向或目的地的，如果前加否定词"不"所构成的短语"不想"性质则发生了很大的变化，否定词的出现就强行改变了原本的心理运行方向，从这一点上讲，"不想"与转折范畴具有相通性，相对于空间转折而言，这类词或短语的转折语义更加抽象，我们称为**意念转折**。本节所讨论的意念转折结构一般由心理动词的否定形式组成，这里首先要讨论的是心理行为动词否定形式的实现。

心理行为动词的否定形式有两种表现形式：前加否定词［"不""非""没（有）"等］和前加疑问词［"孰（谁）""怎（争）""那（哪）""岂""讵"等］。

一　前加否定词

汉语史上"料""意""想"等心理行为动词都曾通过加否定词［"不""非""没（有）"等］构成否定形式"不料""不意""非意""不想""没想到"。如：

（1）轻其适正，庶子称衡，太子未定而主即世者，可亡也。大心而无悔，国乱而自多，不料境内之资而易其邻敌者，可亡也。（《韩非子·亡徵第十五》）

（2）孟子谓乐正子曰："子之从於子敖来，徒餔啜也。我不意子学古之道，而以餔啜也。"（《孟子·离娄章句上》）

（3）出空击虚，避其所守，击其不意。（汉，曹操注《孙子·虚实》："行千里而不劳者，行于无人之地也。"）

（4）吾与休仁，少小异常，唯虚心信之，初不措疑。虽尔犹虑清闲之时，非意脱有闻者。吾近向休祐推情，戒训严切，休祐更不复致疑。（《宋书·文九王列传》）

（5）想老夫幼年间做商贾，早起晚眠，积攒成这个家业。指望这孩儿久远营运。不想他成人已来，与他娶妻之后，只伴着那一伙狂朋怪友，饮酒非为，吃穿衣饭，不着家业，老夫耳闻目睹，非止一端；因而忧闷成疾，昼夜无眠；眼见的觑天远，入地近，无那活的人也。（元，秦简夫《东堂老劝破家子弟》，《全元杂剧》）

（6）老爷说："何尝不是呢！我也不是没想到这里。但是玉格此番乡试是断不能不留京的，既留下他，不能不留下太太照管他。这是相因而至的事情，可有甚么法呢！"（《儿女英雄传》第三十八回）

（7）老道也缓醒过来，说："铁佛寺乃是妖精作怪。我打算把妖精除了，没想到妖精道行大，把我喷了。我不定活得了活不了。"（《济公全传》第八十四回）

二 前加疑问词

心理行为动词"料""意""想""知/知道"等前加疑问词构成的"岂知""岂料""讵料""孰知""谁知""谁知道""怎知""哪知道"等在汉语史上均曾暗含否定义。

疑问代词"孰（谁）""那（哪）""怎（争）"及疑问副词"岂""讵"等用于反问句均含否定义，在与心理动词组合后，因所处句法环境变化等因素，失落了部分义素，仅保留否定义素，便形成了否定形式。

我们先看看疑问代词的否定语义特征是如何凸显的。

（8）世间谁似我这一种凄凉也，想那潘令河阳可也定不如。（《娇红记·第三十出》）

（9）桓玄时，仲文入，桓于庭中望见之，谓同坐曰："我家中军那得及此也！"（《世说新语·品藻第九》）

（10）暗处若教同众类，世间争得有人知？（唐，郭震《萤》）

（11）诚是，侍读怎与夺得他朝廷事！只恐别曾带得圣旨来？（沈括《乙卯入国奏请》）

以上4例中的"谁""那""争""怎"均用于无疑而问的反问句，

主观性很强,说话人心中已经有答案,如例(11),前面的"诚是"已经表明了自己的态度,后句仅为使表达效果更强而使用反问句,义为"侍读不能夺得他朝廷事"。

疑问代词能够表否定的另一个重要因素是其指称功能的不凸显。以"谁"为例,"谁"一般用于任指或虚指。如:

(12) 财物库藏,任意般将;不管与谁,进(尽)任破用。(《敦煌变文集新书·八相变》)

(13) 群臣百官,皆言不识。遂即官家出勅,颁宣天下,谁能识此二事,赐金千斤,封邑万户,官职任选。(《敦煌变文集新书·搜神记一卷》)

(14) 谁向山河转,山河转向谁。(《祖堂集·岑和尚》)

以上 3 例中的"谁"均没有具体的指称对象,"谁"是任指或虚指的,比较空泛。

关于"谁"引导的疑问句与否定相通性的问题,丁声树(1961),吕叔湘(1985),张晓涛、邹学慧(2011)均有过研究。

丁先生认为"反问还是用的问句的格式,不过并非不知而问……'谁知道'有时候是'不料'的意思"①。吕先生也认为"在反诘性的问句里,一般的说,'谁?'等于'无人','谁不'等于'人人';专门指'我'说的谁?等于我不,我没。最常见的是谁知,谁想,谁说,谁叫你,等等"②。可见,丁先生和吕先生都注意到了"谁"的否定意义。张晓涛、邹学慧(2011)通过对"谁知……""谁说……""谁叫……"和"谁+不/没"4 种构式的考察,发现了现代汉语疑问范畴和否定范

---

① 丁声树等:《现代汉语语法讲话》,商务印书馆 1999(1961)年版,第 162 页。
② 吕叔湘:《江蓝生补近代汉语指代词》,学林出版社 1985 年版,第 108—109 页。

畴的相通性。

以上3例中的"谁"并没有具体的指称对象,而代词最典型的功能是指称,相对而言,疑问代词的指称功能最弱,"谁"指称的不确定性,使得其不凸显指称功能。这样其指称特征很容易在使用过程中脱落。指称特征脱落后的"谁"便相对于源范畴(疑问代词范畴)发生非范畴化,语义上与否定范畴相通。

汉语史上"料""想""知/知道"等心理动词都曾通过与疑问代词"谁""那(哪)""争""怎"或疑问副词"岂""讵"组合构成否定形式。如:

(15)潦倒瞿昙饶口悄,拈花冤道头陀笑。鸡足山中眠未觉。谁知道,至今功业犹分剖。(宋,吕渭老《渔家傲》,《全宋词》)

(16)错认他一片尘飞驱战马,那知道三通鼓响报升堂。(元,李寿卿《说专诸伍员吹箫》,《全元杂剧》)

(17)已自六十秋楮币行,则这两三年法度沮。被无知贼子为奸蠹,私更彻镘心无愧。那想官有严刑罪必诛,咸无忌惮无忧惧。你道是成家大宝,怎想是取命官符。(元,刘时中《全元散曲》)

(18)古固有不并兮,岂知其故也?(《史记·屈原贾生列传》)(《索隐》曰:《楚词》作"莫知其何故"。)

(19)季玉乃出认道:"秋香是我命送银两钗钿与夏昌晨,令他备礼来聘我。岂料此人狠心将他打死,此必无娶我的心了。"(《包龙图判百家公案》第一卷)

(20)臣大肩自昨晚奉令协同臣慧通、臣褚彪出兵暗劫宋营,讵料宋人早有预备,逐节埋伏。(《续济公传》第一百八十一回)

以上6例中的心理动词与疑问代词或疑问副词结构后,均为否定语义。其中,例(18),司马贞的《史记索隐》将"岂知"解释为

"莫知",可见"岂"与否定词"莫"相通。可见,疑问语气与否定语义有相通之处。

第二节 "心理行为范畴的否定形式＞关系转折范畴"个案考察

本节从历时的角度,以个案的形式具体分析心理行为范畴与转折范畴的关系及范畴转化的时间、动因和机制。

一 "不"+心理动词

(一)"不料"

1. "不料"的词性问题

从收录"不料"的一些语法著作和字典辞书来看,"不料"的词性问题尚未得到统一。目前主要存在以下3种观点:

A. "动词"说

吕叔湘(1980：101)认为"不料"是无主动词,表"没想到","意念上的主语是说话人。前一小句说明原先的情况或想法,后边的小句表示转折,常用副词'却、竟、还、仍、倒'等呼应"[1]。

B. "情态副词"说

张玉金主编的《古今汉语虚词大辞典》将"不料"归入表示某种情况出乎意料之外的情态副词[2]。

C. "连词"说

太田辰夫(1987：300)将其归入转折连词,朱景松(2007)主编的《现代汉语虚词词典》也把"不料"归入连词,用在复句后一

---

[1] 吕叔湘:《现代汉语八百词》,商务印书馆1980年版,第101页。
[2] 张玉金:《古今汉语虚词大辞典》,辽宁人民出版社1996年版,第74页。

分句的开头，表示转折，常与"倒、还、竟、就、偏、却"等副词连用。

词类的争论往往源自两个方面：一是词类划分标准本身的缺陷；二是被归类的词自身语义或功能的不典型性。我们认为"不料"的词性争论就源于以上两个原因。"料"本为动词，与否定词结合后词性是否发生了变化，历时的语言发展往往可以解释某些共时的语言现象，我们通过对"不料"的历史演变做考察，以期解决或解释词性上的争论。

2. "不料"的历时演变

"不料"在上古汉语中已见，彼时的"不料"是否定词"不"和心理行为动词"料"临时组合的一个偏正短语。

（1）勾践顿首曰："孤尝不料力，而兴吴难，受困会稽，痛於骨髓，日夜焦唇干舌，徒欲与吴王接踵而死，孤之愿也，今大夫幸告以利害。"（《孔子家语·屈节》）

（2）其少智之人不量利害，不料虚实，不度人情，得亦中，亡亦中。量与不量，料与不料，度与不度，奚以异？（《列子·力命》）

（3）大心而无悔，国乱而自多，不料境内之资而易其邻敌者，可亡也。（《韩非子·亡徵第十五》）

以上3例中的"不料"均表示"不估计、不衡量"义，其主语出现（如"孤""少智之人"）或隐现，隐现的主语存在或隐含于上下文中。

这类表示"不估计、不衡量"义的短语"不料"在隋唐以前基本没发生变化。如：

（4）且夫从者聚群弱而攻至强，不料敌而轻战，国贫而数举兵，危亡之术也。（《史记·张仪列传》）

（5）若不料强弱，非明也；弃善取恶，非智也；去顺效逆，非忠也；身绝血嗣，非孝也。（《后汉书·张王种陈列传》）

心理行为动词"料"具有［+自主］［+可控］等语义特征，据我们所考察的语料，隋唐之前的"不料"均为其否定形式，并没有关联作用。

"不料"关联功能的产生与其句法组配有密切的关系，观察上文例（4）、例（5），"不料"后均接单一的具体名词或抽象名词，"料"表现出［+自主］语义特征。当"不料"后接复杂句时，"不料"的语义功能便发生了变化。这种句法组配的出现不晚于唐代。如：

（6）盖为父母恩义重，不料魔家力来强。（《敦煌变文集新书·破魔变文》）

（7）今田悦凶狂，何如承嗣名望？苟欲坐邀富贵，不料破家覆族。而况今之将校，罕有义心，因利乘便，必相倾陷。（《旧唐书·李宝臣传》）

（8）自甘逐客纫兰佩，不料平民著战衣。（五代，徐铉《避难东归，依韵和黄秀才见寄》，《全唐诗》）

（9）无才多病分龙钟，不料虚名达九重。（唐，李冶《恩命追入，留别广陵故人》，《全唐诗》）

马贝加（2009：45）认为人们对词性、词义的变化的认识是随着语言深层结构和表层结构的变化而展开的，导致语法化的最直接的机制是"扩展"，并细化了"扩展"的5种类型，其中第一种类型就是

"源词所在格式的复杂化或简单化"①,"不料"的词汇化表现为其所在句句法结构的复杂化,"'不料'+小句"形式的出现,改变了"料"原本的语义特征([+自主][+可控]),如上述例句中的"平民著战衣""虚名达九重"本身表达一个完整的意思,不是主观可控的,这样"料"失去了原本的语义支配对象,语义自然也就发生了变化,句中的"不料"已经不能再理解为"不估测、不考虑"义的偏正短语,而是已经凝固为一个词,可理解为表意料之外。这样,"不料"所在句便与前句形成相悖的语义关系,构成转折句。

"不料"由心理范畴进入转折范畴,在句法组配、意义、语义特征、主观化程度方面均表现出不同。如表4–1。

表4–1　　　　"不料"由心理范畴进入转折范畴表现出的不同

源范畴	心理范畴"不料"	转折范畴"不料"
句法组配	不料+具体/抽象名词	不料+小句
意义	不估计	没想到
语义特征	主观可控	主观不可控
主观化程度	弱	强

总之,在"不料"的词汇化过程中,心理行为动词的否定形式本身与转折范畴的语义特征[+差异性](包括[+相反])具有一致性,这是范畴转化的语义基础。致变因素是"不料"后接成分的复杂化所引发的一系列变化。"不料"由心理范畴进入转折范畴大约始于唐代,宋元用例仍不广泛,明清开始大量使用,沿用至现代汉语。

---

① 原文:"重新分析"是如何得以实现的?笔者以为,在语法发展中"重新分析"和"扩展"同时展开,"扩展"奠定了"重新分析"的基础。认识的变化是随着语言形式的变化而展开的。语法层面的"扩展"可以概括为5种类型:(1)源词所在格式的复杂化或简单化。复杂化是指修饰、限定成分的增加以及语气词、停顿等的出现;简单化是指成分的省略或隐含,如N或V2的不出现。(2)源词所在格式中NP或VP的语义类型变换(次类的扩大范围)。(3)源词或源词所在格式的句法功能的增多。(4)句子语气或句类、句式的变化。(5)语序的变化。以上5条,在不同类型的语法化过程中,起着不同的作用。"坐"语法化过程中的"扩展"主要表现为第二种类型。参见马贝加《原因介词"坐"的产生》,《语言研究》2009年第2期。

(二)"不期"

"不期"先秦已见，从语义上可分为两类：

1. 动词，"未约定"义

（1）野有蔓草，思遇时也。君之泽不下流，民穷於兵革。男女失时，思不期而会焉。(《诗经·郑风·野有蔓草》序)

（2）八年春，宋公、卫侯遇于垂，不期而会曰遇，遇者志相得也。(《穀梁传·隐公八年》)

2. 动词，"不要求，不期求，不等待"义

（3）圣人不期修古，不法常可。(《韩非子·五蠹第四十九》)

（4）其生若浮，其死苦休。不思虑，不豫谋。光矣而不燿，信矣而不期。其寝不梦，其觉无忧，其神纯粹，其魂不罢。虚无恬淡，乃合天德。(《庄子·刻意》)

（5）故曰良剑期乎断，不期乎镆邪；良马期乎千里，不期乎骥骜。(《吕氏春秋·察今》)

这两种用法的"不期"均还是副词修饰动词的偏正短语。句法位置也比较灵活，既可位于句中［如例（1）、例（3）］，又可位于句首［如例（2）、例（5）］。

先秦出现的两种"不期"通常在句中作谓语，语义关系涉及主语和宾语，且主语往往对动作具有可控性。

3. "不意、不料"义

唐代"不期"的用法有所发展，"不期"可位于复句的第2个分句句首，表意料之外（"不意，不料"义）。

（6）应是前生有宿冤，不期今世恶因缘。（唐，楚儿《贻郑昌图》，《全唐诗》）

（7）本为入来寻佛窟，不期行处踏龙宫。（唐，曹松《题昭州山寺常寂上人水阁》，《全唐诗》）

（8）大愚遂连点头曰："吾独居山舍，将谓空过一生，不期今日却得一子。"先招庆和尚举终，乃问师演侍者曰："既因他得悟，何以却将拳打他？"侍者曰："当时教化全因佛，今日威拳惣属君。"（《祖堂集·临济和尚》）

（9）昨见司天占奏状，三台八坐甚纷芸。又奏逆臣星昼现，早疑恐在百寮门。不期自己遭狼狈，将此情由何处申！（《敦煌变文集新书·捉季布传文一卷》）

以上4例中的"不期"，从句法位置上看，位于复句第2个分句句首，连接前后分句，满足向关联标记演化的句法条件。从语义上看，"不期"引导的分句"今世恶因缘""行处踏龙宫""今日却得一子""自己遭狼狈"均是主语主观上不愿意或无法把控的事情。这样，"不期"的语义特征便由［＋主观可控］走向［＋主观不可控］，可理解为"不料，没想到"。

这种用法后代一直沿用。

（10）妃问："君年几？"答："三十六，庚寅岁九月生。"妃曰："君师南真夫人，司命秉权，道高妙备，实德之宗也。闻君德音甚久，不期今日契冥运之会。"（《云笈七签·赞颂部·歌诗》）

（11）师道于是虔拜曰：凡世肉人，谬探大道，凝神注想，以朝继夕。未知要妙，若浮于海，讵识其涯。不期今日获见道君，实百生之幸也。（《云笈七签·纪传部·传十二》）

（12）想当日降唐之后，唐元帅往京师去了；不想三将军元吉

他记我打了他一鞭之仇。将我下在牢中。不期唐元帅半路回来，我今见元帅去。(元，关汉卿《尉迟恭单鞭夺槊》，《全元杂剧》)

（13）此人猾黠，能奉承人意，又能胡旋舞，圣人赐与妾为义子，出入宫掖。不期我哥哥杨国忠看出破绽，奏准天子，封他为渔阳节度使，送上边庭。(元，白朴《唐明皇秋夜梧桐雨》，《全元杂剧》)

（14）子兴道："去年岁底到家，今因还要入都，从此顺路找个敝友说一句话，承他之情，留我多住两日。我也无紧事，且盘桓两日，待月半时也就起身了。今日敝友有事，我因闲步至此，且歇歇脚，不期这样巧遇！"(《红楼梦》第二回)

(三)"不图"

1. 动词短语"不图"

"不图"先秦已见，最初是否定词"不"和心理行为动词"图"组合的一个偏正短语，有"不图谋""不考虑""不想办法"等义。如：

（1）奸大国之盟，陵虐小国。利人之难，不知其私。公室四分，民食於他。思莫在公，不图其终。为国君，难将及身，不恤其所。礼之本末，将於此乎在。而屑屑焉习仪以亟。言善於礼，不亦远乎？(《左传·昭公五年》)

（2）齐国夏伐我，阳虎御季桓子，公敛处父御孟懿子，将宵军齐师。齐师闻之，堕，伏而待之。处父曰："虎不图祸，而必死。"苦夷曰："虎陷二子於难，不待有司，余必杀女。"虎惧，乃还。(《左传·定公七年》)

（3）公子遂如齐纳币。纳币不书，此何以书？讥，何讥尔？讥丧娶也。娶在三年之外，则何讥乎丧娶？三年之内不图婚。吉禘于庄公，讥。然则曷为不於祭焉讥？三年之恩疾矣，非虚加之也。(《公羊传·文公二年》)

（4）"其身之不能定，焉能予人之邑！"鲍国曰："我信不若子，若鲍氏有衅，吾不图矣。今子图远以让邑，必常立矣。"（《国语·鲁语上》）

（5）反自稷桑，处五年，骊姬谓公曰："吾闻申生之谋愈深。日，吾固告君曰得众，众不利，焉能胜狄？今矜狄之善，其志益广。狐突不顺，故不出。吾闻之，申生甚好信而强，又失言于众矣，虽欲有退，众将责焉。言不可食，众不可弭，是以深谋。君若不图，难将至矣！"公曰："吾不忘也，抑未有以致罪焉。"（《国语·晋语二》）

（6）吴王乃听太宰嚭之言，果与粟。申胥逊遯之舍，叹曰："於乎嗟！君王不图社稷之危，而听一日之说。弗对，以斥伤大臣，而王用之。不听辅弼之臣，而信谗谀容身之徒，是命短矣！以为不信。胥愿廓目於邦门，以观吴邦之大败也。越人之入，我王亲为禽哉！"（《越绝书·越绝请籴内传第六》）

以上例句中的"不图"尚处于短语阶段，句法位置比较灵活，多数位于主语之后作谓语，也有主语省略放在小句句首的。从语义上看，主语"虎""君王"等主观上对其后的宾语"祸""社稷之危"是可以把控的或想办法做一些努力的，否定形式的"不图"就是"不想办法""不图谋""不努力"等意义，从语义特征上看，仍然是［＋主观可控］的。因此，以上诸例中的"不图"在句中作谓语。

2. 表意料之外的"不图"的产生

1）产生的时间

《汉语大词典》收录了先秦语料中一个表"不料"义的语例。转引如下：

（7）子在齐，闻《韶》，三月不知肉味，曰："不图为乐之至

于斯也。"(《论语·述而第七》)

除此例外,我们在先秦语料中未发现其他这类用法的例证。据我们考察,表意料之外的"不图"自魏晋才开始增多。

(8)操见授谓曰:"分野殊异,遂用圮绝,不图今日乃相得也"。(《后汉书·袁绍列传》)

(9)权欢悦曰:"吾久不见公礼,不图进益乃尔。"(《三国志·吴书·宗室传》)

2)产生的条件
①句法条件
"不图"位于小句句首,从形式上看,连接前后分句。

(10)玉魂从墓出,见重流涕,谓曰:"昔尔行之后,令二亲从王相求,度必克从大愿;不图别后遭命,奈何!"(《搜神记》卷十六)

(11)冢宰摄其纲,百辟辅其政,四海想中兴之美,群生怀来苏之望。不图天不悔祸,大灾荐臻,国未忘难,寇害寻兴。(《晋书·元帝纪》)

②语义条件
语义上,后接成分主观不可控。于是"不图"获得表意料之外的用法。

(12)谦参军高遵以情输于齐,遂拘留谦不遣。帝克并州,召谦劳之曰:"朕之举兵,本俟卿还;不图高遵中为叛逆,乖朕宿

心，遵之罪也。"(《隋书·王长述传》)

（13）明日复谏曰："王者立后，配天地，象日月。匹夫匹妇尚知相择，况天子乎？《诗》云：'赫赫宗周，褒姒灭之。'臣读至此，常辍卷太息，不图本朝亲见此祸。宗庙其方血食乎！"帝大怒，诏引出。(《新唐书·韩瑗传》)

以上2例，"不图"的主语分别为"朕""臣"，而连接的小句"高遵中为叛逆""本朝亲见此祸"均为主语主观上没有想到，却发生了的事件，是主语无法把控的。这时，句中的"不图"就只能理解为表意料之外的"想不到，没想到"义。

"不图"自魏晋产生之后，功能基本上没有变化，一直沿用至明清时期。兹举各个时代数例如下：

（14）贼帅翟让怒曰："尔为使人，为我所执，魏公相待至厚，曾无感戴。宁有畏乎？"慈明勃然曰："天子使我来，正欲除尔辈，不图为贼党所获。我岂从汝求活耶？欲杀但杀，何须骂詈！"(《隋书·冯慈明传》)

（15）（文宗）谓大臣曰："笙磬同音，沈吟忘味，不图为乐至于斯也。"自是臣下功高者，辄赐之。乐成，改法曲为仙韶曲。(《新唐书·礼乐志十二》)

（16）贪利之臣，何国无之，岂意夏国躬蹈覆辙！比闻金人欲自泾原径捣兴、灵，方切寒心，不图尚欲乘人之急。幕府虽士卒单寡，然类皆节制之师，左支右吾，尚堪一战。果能办此，何用多言。(《宋史·夏国传下》)

（17）因素有羸疾，自去年丧子，忧患之余，继以痁疟，历夏及秋，后虽平复，然精神气血，已非旧矣。不图今岁五月二十八日，疟疾复作，至七月初二日，蒸发旧积，腹痛如刺，下血不已。

(《新元史·吴澄传》)

（18）见三、五少年，皆顾伟，及见清，身长八尺，貌如彪虎，锦堂乃拜于地曰："不图今日得见贵人。"(《新元史·朱清传》)

（19）自从前日奉圣人命，差石守信等四将收平四国，闻知俱已平定，不久奏捷献俘。今当早朝，须索侍候者。我想五代乱离，人心汹涌，今圣人一出，群妖顿息。不图从此得见太平也。(元，罗贯中《宋太祖龙虎风云会》，《全元杂剧》)

（20）又道："卑人少历戎行，荷戈边塞，本欲少立功名，然后徐图家室。不道朝廷恩赉犷衣，得获贵人佳什，情虽怀感，忧悒奚通。初意后缘尚属虚渺，不图今世即谐连理。虽或姻缘有在，亦由天子仁德。"(《今古奇观》第十八卷)

（21）曰："以示相爱不忘。自上元相遇，凝思成病，自分化为异物；不图得见颜色，幸垂怜悯。"(《聊斋志异》卷二)

（22）女子曰："久知两个为孽，不图凶顽若此！当即除之。"(《聊斋志异》卷六)

（23）叟对贾杖郎，便令逐客。郎亦引贾自短墙出，曰："仆望君奢，不免躁进；不图情缘未断，累受扑责。从此暂别，相见行有日矣。"指示归途，拱手遂别。(《聊斋志异》卷十)

"不图"在现代汉语中已经不再使用。

(四)"不想"

1. "不想"的历时演变

"不想"最初是否定词"不"和心理动词"想"临时组合的一个短语。由于"想"是后起的心理动词，因此"不想"最早见于唐代，我们见到的最早用例来自唐代的史书《贞观政要》，共2例。

（1）贞观十五年，诏曰："朕听朝之暇，观前史，每览前贤佐时，忠臣徇国，何尝不想见其人，废书钦叹！至于近代以来，年岁非远，然其胤绪，或当见存，纵未能显加旌表，无容弃之遐裔。其周、隋二代名臣及忠节子孙，有贞观已来犯罪配流者，宜令所司具录奏闻。"(《贞观政要·忠义第十四》)

(2) 贞观二年，太宗谓房玄龄等曰："朕比见隋代遗老，咸称高颎善为相者，遂观其本传，可谓公平正直，尤识治体，隋室安危，系其存没。炀帝无道，枉见诛夷，何尝不想见此人，废书钦叹！……"(《贞观政要·公平第十六》)

唐代文献中的这2例是同一种类型，"不想"为偏正短语，均为主观意愿的否定形式。

宋代文献中"不想"出现的频次仍然很低，我们仅在《全宋词》中找到2例，且均在句中作谓语。

(3) 浮生纷过客，好天良夜，醉舞狂歌错昏晓。有谁知、一性圆满恒河，亘万古、光明不老。竞对月、论利与谈名，全不想驹阴，暗催年少。(宋，张继先《洞仙歌》)

(4) 宋家兄弟，黄家兄弟，一一烦君传语。相忘不寄一行书，元自有、不想忘处。(宋，戴复古《鹊桥仙》)

元代以前的"不想"使用频次低，还是离散的偏正短语，尚未词汇化。

元代，"不想"使用的频次大大提高，仅《全元杂剧》中就出现395次之多。使用频率的增加，为词汇功能的发展提供了可能性。此期，"不想"由短语词汇化为一个关联标记。

(5) 留我侄儿世英在后园书房中，本意要他温习经书，去应科试。不想染下一场疾病，一卧不起，服药不效。老夫欲待亲自探望孩儿去，争奈衙门中近有一件要紧公事，不得余暇。（元，吴昌龄《张天师断风花雪月》）

（6）道是梦中看见老令公，说与番兵交战，不想番兵将老令公困在两狼山虎口交牙峪，困的里无粮草，外无救军。有七郎打出阵来求救，不想被潘仁美将七郎绑在花标树上，攒箭射死。（元，朱凯《昊天塔孟良盗骨》）

例（5）中前句有标记"本意"的存在，后句所发生的事件完全是与本意不符的意料之外的情况；例（6）中"不想"所连接的后句所述事件也是主观不可控的，因此以上2例中的"不想"均已不同于偏正短语"不想"，词汇化为一个词，用以引导分句。

2. "不想"词汇化的条件

沈家煊（2003）认为汉语概念系统中存在行域、知域、言域这三个不同的概念域①，其中行域义往往是最基本的，知域义和言域义都是从这个基本义引申出来的。"想"本是心理行为动词，严格说来短语"不想"也属于行域范畴。在行域范畴内部，就"不想"结构而言，在"主体+不想+VP/NP"构式中，动作的主体对动作往往是可控的。当主体对动作不可控时，"不想"结构的性质就会相应地发生变化。举例说明如下：

（7）正蛩吟清露滋黄菊，便怎生水晶寒雪莹冰壶，暗里将流年度。怎不想个归根之处，直待临死也做工夫？（元，贾仲明《铁拐李度金童玉女》，《全元杂剧》）

（8）别的不打紧，我七钱银子买了一只肥鹅，您孩儿是孝顺

---

① 沈家煊：《复句三域"行、知、言"》，《中国语文》2003年第3期。

的心肠，着我自家宰了，退的干干净净的，煮在锅里，煮了两三个时辰。不想家里跟马的小褚儿走将来，把那锅盖一揭揭开，那鹅忒楞楞就飞的去了。（元，刘唐卿《降桑椹蔡顺奉母》，《全元杂剧》）

例（7）里的"不想"是"不考虑"的意思，是主体的一个心理行为，属于行域；而例（8）中的"不想"的后接成分"家里跟马的小褚儿走将来，把那锅盖一揭揭开，那鹅忒楞楞就飞的去了"是突发的后续事件，属意料之外的情况，"不想"在这里不再是主体发出的具体心理行为动作，而是超出主体能力之外的情况，因此属于知域。"不想"从行域向知域的转化也伴随着词汇性质的变化，即由动词短语词汇化为一个关联词，用以连接表意料之外的转折关系句。具体来说，在"不想"词汇化过程中，主体的隐现也是一个重要原因，"不想"经常位于小句句首，相对于心理动词范畴而言，主体隐现也是"不想"发生非范畴化的一种表现。语义上，由主体可控到不可控，主观化程度增强的过程具有渐进性。这些句法和语义上的因素共同作用，促成了"不想"结构的凝固化。本章提到的"不料""不期""不图""不意"词汇化的条件均是如此。

（五）"不意"

"不意"出现得比较早，先秦已经出现。从语义上可分为两类：

1. "不在意，不放在心上；忽略，无防备"义

"意"本为心理行为动词，有"思念、放在心上""意料、猜测"等义。早期的"不意"结构一般是否定词修饰心理动词的偏正结构。如：

（1）终踰绝险，曾是不意。（《诗经·小雅·正月》）

（2）道不可量，德不可数也。不可量，则众强不能图。不可数，则伪轴不敢向。两者备施，则动静有功。径乎不知，发乎不

意。径乎不知，故莫之能御也。发乎不意，故莫之能应也，故全胜而无害。因便而教，准利而行。(《管子·兵法第十七》)

（3）武王曰："敌知我情，通我谋，为之奈何？"太公曰："兵胜之术，密察敌人之机而速乘其利，复疾击其不意。"(《六韬·武韬》)

以上3例中的"不意"均位于小句的句尾，句法结构的适宜性是词汇语法化或词汇化的关键，一般来讲，处于句尾位置的词很难产生关联作用。

2．"想不到"义

先秦文献中同样存在位于句中和句首的"不意"结构。

（4）孟子谓乐正子曰："子之从於子敖来，徒餔啜也。我不意子学古之道，而以餔啜也。"(《孟子·离娄章句上》)

例（4）中的"不意"应理解为"没想到"义。

句首位置是关联词产生的温床。当"不意"位于复句或句群的至少第二个分句句首时，在句法上就满足了向关联词转化的条件。

（5）其弟曰："为王视齐寇，不意其近，而国人恐如此也。今又私患乡之先视齐寇者，皆以寇之近也报而死。今也报其情，死；不报其情，又恐死；将若何？"(《吕氏春秋·壅塞》)

另外，在转折范畴形成的过程中，前后句语义相悖是语义上的必备条件。处于分句句首位置的"不意"所在句语义关系的变化也是其词汇化的重要因素。"不意"所在小句主要有以下两种语义类型：

A. 与自身观点或心理预期相悖

（6）张华见褚陶，语陆平原曰："君兄弟龙跃云津，顾彦先凤鸣朝阳。谓东南之宝已尽，不意复见诸生。"陆曰："公未睹不鸣不跃者耳！"（《世说新语·赏誉第八》）

（7）屡申明诏，款笃殷勤，君臣之分定矣，骨肉之恩深矣。不意将军惑于邪说，翻然异计，寄所以疾首痛心，泣尽继之以血，万全之策，窃为将军惜之。（《南史·虞荔传》）

例（6），说话人主观上认定"东南之宝已尽"，而"复见诸生"与主观观点相悖；而例（7）中"不意"引导的"将军惑于邪说……"是与说话人的心理预期相反的。转折句形成的条件之一就是前后句语义不一致，这样，上述例句中的"不意"便在这种前后语义相悖的语境中获得转折义，表意料之外。

B. 本来打算做某事，突发意外事件

（8）公孙圣曰："愚哉！女子之言也。吾受道十年，隐身避害，欲绍寿命，不意卒得急召，中世自弃，故悲与子相离耳。"遂去，诣姑胥台。（《吴越春秋·夫差内传第五》）

（9）儒慌赶入园中劝解，不意误撞恩相。（《三国演义》第九回）

以上2例，"不意"所在小句均为突发的意外事件，这种意外与前句形成对比，从而构成转折。

"不意"在现代汉语中已经不再使用，但其自秦汉产生以后，基本没有什么变化，一直沿用至明清时期。

（10）向令陛下即纳臣言，不致此祸。天赞圣意，三公献谋，庶人赐死，罪人斯得，太子以明，臣恨其晚，无所复及。诏书慈悼，迎丧反葬，复其礼秩，诚副众望，不意吕、霍之变复生于今日！（《晋书·阎缵传》）

（11）先是，丹阳陶弘景隐于华阳山，博学多识，尝为诗曰："夷甫任散诞，平叔坐谈空，不意昭阳殿，化作单于宫。"大同末，人士竞谈玄理，不习武事；至是，景果居昭阳殿。（《梁书·侯景传》）

（12）地里鬼诺诺连声，说道："既承重用，敢不尽心。"元帅又叫军政司款待酒食。王明陪饮，兄弟交欢，地里鬼欢喜不尽，说道："不意今日拨开云雾而见青天。"这一段都是二位元帅曲尽人情，招来远人的机括。（《三宝太监西洋记》第八十三回）

二 疑问代词+心理动词

（一）"谁知道"

"孰"和"谁"是先秦已经出现的问人的疑问代词。大约在魏晋南北朝之后，随着"谁"使用范围的扩大，逐渐取代了"孰"。"谁"与"知"结合得比较早，关于"谁知"，胡德明（2011）在《话语标记"谁知"的共时与历时考察》一文中已经探讨得十分详细，本书不再赘述。

由于"知道"是后起的双音节词，相应地话语标记"谁知道"出现得也比较晚。关于"谁知道"，董秀芳（2007）曾考察了其词汇化和话语标记功能的产生，文章主要是从共时平面展开的，历时平面的验证比较简略。本小节拟从历时平面对"谁知道"话语标记的产生进行考察，同时探讨"谁X"话语标记的历时演变过程及其话语标记功能产生的动因和机制。

1. "谁知道"形成的时代

董秀芳（2007：54）认为"大约在明代，'谁知道'也发展出了话语标记的功能"。并举了《金瓶梅》中的一个例句，转引如下：

（1）何况他孝服不满，你不好娶他的。谁知道人在背地里，把圈套做的成成的，每日行茶过水，只瞒我一个儿，把我合在缸底下。（《金瓶梅》第二十回）

根据我们对文献资料的考察，"谁知道"最迟在宋元时期已经发展出了话语标记的功能。如：

（2）腾宝篆，辉银烛。东君将到处，祇隔邮亭宿。谁知道，此时诞个人如玉。（宋，无名氏《千秋岁》）

（3）当初养你防家计，谁知道今日有灾危！（元，徐畖《杀狗记》，《全元南戏》）

（4）今日奴家去请粮，谁知道里正作弊，仓中没了。（《琵琶记》第十七出）

2. "谁知道"的历时演变

"谁知道"初见于唐代文献，但我们仅在《全唐诗》中发现5例[①]，处于3种语法结构中。

A. "NP+谁知道"结构，表反问，2例。

（5）跨凤飚，同赴蓬莱岛。此个家风谁知道，得也无衰老。（唐，

[①] 《全唐诗》中的5例中有3例来自吕岩的作品，据考，吕岩诗作相传有百余阙，但大多是后人托名之作，因此大都是伪作，并不可靠，但由于唐代文献仅仅出现这5例，本文全部收录并分类。

吕岩《步步高》）

（6）看来今往古，物是人非，天地里，惟有江山不老。雨衣风帽，四海谁知道。（唐，吕岩《洞仙歌》）

B."谁知道+NP"结构，表反问，1例。

（7）立产如广费，匡君怀长策。但苦山北寒，谁知道南宅。（唐，李白《赠友人其三》）

C."谁知道+小句/复杂VP"，表反问，2例。

（8）垂老无端用意乖，谁知道侣厌清斋。（唐，杨玢《遣歌妓》）
（9）物外蓬瀛，壶中方寸，论此宗风汉贾酬。谁知道，无为愉乐，不羡王侯。（唐，吕岩《沁园春》）

唐代用例较少，"谁知道"在句中均表说话人自己已经认定答案，不期待回答的反问用法，表"没人知道"义。

宋代，"谁知道"的使用频次开始增多，但也仅见于《全宋词》中，共出现39例。在句法结构上也有所发展。

A."NP/VP+谁知道"结构，表反问，共5例。

（10）身世两悠悠，岁月闲中老。极目烟波万顷愁，此意谁知道。（宋，吴潜《卜算子》）
（11）尊俎全稀，风情终较。安仁老也谁知道。碧云无信失秦楼，旧时明月犹相照。（宋，毛滂《踏莎行》）

B."有/是+谁知道"，表反问，其中"有+谁知道"2例，"是+

谁知道"1例。

（12）记当年、曾共花前笑。念玉雪襟期，有谁知道。（宋，赵以夫《孤鸾》）

（13）拟欲问东君，妙语难寻，搜索尽、池塘春草。想不是、诗人赏幽姿，纵竹外横斜，是谁知道。（宋，无名氏《洞仙歌》）

以上2种类型的"谁知道"均表反问，但作者心中已经认定答案，无须回答。

C. "谁知道+小句/复杂VP"，表反问或意料之外，共31例。

（14）翛然只欲住山林，肯容易、结根城市。叶儿又与冬青比。算何止、香闻七里。不因山谷品题来句，谁知道、是水仙兄弟。（宋，章耐轩《步蟾宫》）

这一例仍表反问，再看下面3例。

（15）旧信江南好景，一万里、轻觅莼鲈。谁知道，吴侬未识，蜀客已情孤。（宋，程垓《满庭芳》）

（16）薰风飘散荷花露。梦觉已非帝所，忘归路。谁知道、人间别有神仙侣。身游枢府。（宋，葛长庚《摸鱼儿》）

（17）腾宝篆，辉银烛。东君将到处，祇隔邮亭宿。谁知道，此时诞个人如玉。（宋，无名氏《千秋岁》）

这3例中的"谁知道"已经有表意料之外的含义，可以看作话语标记。

从语料的检索统计来看，"谁知道"在唐代用例还比较罕见，宋代开始增多，但均出自诗句中，这是否与诗词的韵律有关呢？还需要进一步的探讨。可以肯定的是，"谁知道"产生以后，大量使用于无疑而问的反问句中，表"没有人知道"，这也是其发展为有关联作用的话语标记的语义基础。

元代，"谁知道"完成词汇化，表意料之外的用例增多。如：

（18）天那，枉看这书，行不得济什么事？你看那书中那一句不说着孝义，当初俺父母教我读诗书，知孝义，谁知道反被诗书误了我，还看他怎的？（《琵琶记》第三十七出）

（19）生同衾忱死同穴，谁肯早抛撇。（旦）念妾得蒙提挈，只指望同谐欢悦。谁知道全家病灭，不由人不扑簌簌雨泪如血。（元，柯丹邱《荆钗记》，《全元南戏》）

3. "谁知道"形成的句法语义条件

从上文的分析可以看出，"谁知道"在唐宋时期已经开始使用，存在两种句法位置——句首和句末。只有位于句首的"谁知道"才有可能向关联标记发展，而位于句首的"谁知道"后接成分的变化也起着重要的作用，后接简单名词的"谁知道"也不可能发生虚化，只有位于小句或复杂 VP 前的"谁知道"才有进一步发展的可能。

句法位置和句法组配适宜性是"谁知道"发生词汇化的关键因素，位于小句前的"谁知道"发生词汇化的致变条件还在于句子语义的演变。

A. 反问与否定的相通性

"谁知道"作为转折关联标记的一种，是通过反预期来实现转折关联的，而反预期显然是与否定有关系的。"谁知道"的否定义是如何实现的呢？

"谁"是疑问代词，往往被视为特指疑问句的标记词。就疑问句而言，大致可以分为三种情况：一是有疑而问，也叫真性疑问句，这是典型的疑问句；二是半信半疑，也叫测度句，提问的目的是期望对方予以证实；三是无疑而问，又叫反问或反诘问句，其特点是问者对某一问题已经有了确定的见解，只是用疑问语气或疑问方式表达出来，目的是增加表达效果，并不期望听话人回答。从原型理论的角度看，疑问句的典型成员或者说疑问程度最高的应该是特指问句，其次是测度句，最边缘、疑问程度最低的则是反问句，可以说反问句作为疑问句的成员之一，已经在很大程度上发生了非范畴化。举例说明如下：

(20) 我如今把这银子放在水缸里，谁知道水缸里有银子？（元，刘君锡《庞居士误放来生债》，《全元杂剧》）

这是一个"谁"引导的反问句，说话人在主观上已经认定"把这银子放在水缸里，不会有人知道水缸里有银子"，反问在这里起到的仅仅是强调作用，这里的"谁知道"可理解为"无人知道"，这样，"谁知道"与否定便有了关联。"谁知道"在唐、宋、元代的文献中多表反问，用于询问义非常少，这一点同"谁知"[①]。关联标记"谁知道"源于其表反问的用法。

B. "谁"所指对象的变化

胡德明(2011)在论述"谁知"演变的条件时指出："'谁'不再指任何人，其指人的疑问代词的语义逐渐淡出，其指称经历了虚无化的过程。"[②] "谁知道"在词汇化过程中同样经历了"谁"指称功能悬空直至消失的过程。

"谁知道"用于反问句时，"谁"通常表示无所指的集体名词。如：

[①] 胡德明(2011)认为上古汉语中，"谁知"罕用于询问，仅见一例："谁知者，以私问之。"(《史记·张耳陈余列传》)

[②] 胡德明：《话语标记"谁知"的共时与历时考察》，《语言教学与研究》2011年第3期。

(21) 铜壶花漏长如线，金铺碎、香暖檐牙。谁知道、东园五亩，神成国艳天葩。（宋，赵彦端《五彩结同心》，《全宋词》）

(22) 你、你、你，敢昧神天，将平人招罪愆。还待要摆袖揎拳，假泼佯颠，一昧胡缠。谁知道到咱案前，有神通怎施展。（元，孙仲章《河南府张鼎勘头巾》，《全元杂剧》）

以上2例均为"谁知道"引导的反问句，"谁"的指称对象是虚无的集体名词，表"没有人"，类似于古汉语的"莫"。如果采用义素分析法来分析的话，包含三个义素：（1）人；（2）全部；（3）没有、无。词汇从A范畴进入B范畴的过程往往就包含自身部分义素的消失或变化，"谁知道"在词汇化过程中就经历了义素（1）和义素（2）的失落。

我们在元代文献中发现了这样的用例：

(23) 我如今做官人，享富贵，如何可把父母撇了？呀！枉看这书，行不得，济甚事？你看文书里那一句不说着孝义？当原俺爹娘只要俺学些孝义，教我读文书来，谁知道到被文书误？（元，高明《琵琶记》，《全元南戏》）

(24) 当初是我不仔细，谁知道事成差池？痛念深闺幼女多娇媚，怎跋涉万余里？天那，我嫡亲更有谁，怎忍分离？罢罢，不教爱女担烦恼，也被傍人讲是非。（《琵琶记》第三十九出）

(25) 今日奴家去请粮，谁知道里正作弊，仓中没了。若不得相公督并，里正赔偿，奴家如何得这些谷回家救济二亲？正是饥时得一口，强似饱时得一斗。（《琵琶记》第十七出）

观察以上3例，"谁知道"所在句的上文中都出现了单数代词（"我/奴家"）。例（21）、例（22）中"谁知道"仍然用于疑问句，尚未完全词汇化,但"谁知道"句显然是承接上文而说的,从语义上讲,表意料之外的意味很浓,而例(23)表达的意思就是"我未曾料到反倒被文书误了我",代词"我"的出现使得上下文中有明确的指称对象,"谁"不再指称集体名词,仅仅限定为说话人,指称功能便被悬空了,义素(1)("人")和义素(2)("全部")消失。

当"谁知道"的句类分布发生变化,即由疑问句进入陈述句后,如例(24)、例(25),便彻底完成了词汇化。

(26)今朝一日笑声喧,又得才郎叙旧缘,相逢诉不尽心中怨。那时节意惨然,自别来动是经年。我只怕恩情断,盼归期天样远,谁知道今日团圆。(元,白朴《董秀英花月东墙记》,《全元杂剧》)

(27)他前面引只,我背后把他跟随。我将这田地儿踏,窝蛇儿来记,呀!谁知道一步步走入那棘针根底。(元,高文秀《黑旋风双献功》,《全元杂剧》)

以上2例中"谁知道"的后接成分"今日团圆"和"一步步走入那棘针根底"均是表陈述的短语,"谁知道"的反问功能完全消失,这样,相对于原来的疑问范畴而言,"谁知道"已经完全非范畴化了,在后接成分与前小句语义关系的影响下,发展出话语连接的功能,应该说,"谁知道"连接功能的产生与其所在句语境的改变也是密不可分的,正如董秀芳(2007)所说:"当'谁知道'后面的句子是确已发生的事实时,'谁知道'就在情态功能之外,又产生出了话语连接功能。"[①]

C."知道"的[-可控性]语义特征

马庆株(1992)将现代汉语动词分为自主动词和非自主动词,"自

[①] 董秀芳:《词汇化与话语标记的形成》,《世界汉语教学》2007年第1期。

主动词从语义上说是能表示有意识的或有心的动作行为的；非自主动词表示无意识、无心的动作行为，即动作行为发出者不能自由支配的动作行为，也表示变化和属性，质言之，是表示变化和属性的，因为无心的动作行为也可以看作变化或属性"[1]。"知道"一般表达人们对外界事物感知理解的心理过程，是外界事物特性在人们头脑中的反应，属于"非自主动词"，因此具有［－可控性］的语义特征。董秀芳（2002）认为在主谓短语词汇化的语义限制中，"非可控"是谓语成分语义限制的表现之一[2]。从上文我们讨论的几组"不 X"结构（"不料、不想、不图"等）词汇化的过程来看，"X"的［－可控性］是必不可少的条件之一，可见，只有具有［－可控性］语义特征的动词与否定词（如"不"）或具有否定语义特征的词（如：反问句中的"谁"）结合才能词汇化为表意料之外的转折关联标记，这一规律在汉语史上具有普遍性。

（二）"怎想"

"怎想"由疑问代词"怎"与心理动词"想"组合而成，不晚于元代产生，且一经产生就用于转折句，明清时期沿用，但用例很少。鉴于"怎想"的历时演变过程不甚清晰，因此，本节拟就元、明、清文献中出现的"怎想"用例进行分析，重在探讨"怎想"形成的句法和语义条件。

1. "怎"和"想"的语义特征

"怎"是唐宋以后才出现的疑问代词，可用于询问句，也可用于反问句。分别举例如下：

（1）怎见得山高？巍巍侵碧汉，望望入青天。(《张协状元》)

---

[1] 马庆株：《汉语动词和动词性结构》，北京语言学院出版社1992年版，第13、22页。
[2] 董秀芳：《词汇化：汉语双音节词的衍生和发展》，四川民族出版社2002年版，第207页。

（2）争奈我受大官人好处，怎好变心的？（《金瓶梅》第七十六回）

我们在讨论话语标记"谁知道"产生的过程中已经对"反问与否定的相通性"问题进行了讨论。就以上两句而言，例（1）中的"怎"表询问，有"怎么、如何"义，要求被问者给出答案；而例（2）中表反问的"怎"则可理解为"不"义，因上文已经给出理由，下句"怎好变心的"实际上也就是"不好变心"的意思。

"怎"在反问句中的否定性语义特征是其与心理动词"想"结合成为转折关联词的重要条件之一。

"想"是典型的心理行为动词，是主观可控的，从上文所述的"不X"类转折关联词来看，心理动词"X"的［－可控性］语义特征的产生是必备的条件之一，那么，"怎想"结构中的"想"是如何实现［－可控性］语义特征的呢？我们认为其［－可控性］语义特征的实现跟其句类分布及所在句的语义关系变化存在密切关系。

2. 句类分布

A. 疑问句

（3）那白大的妻子一路哭向白大道："你在家也懒于这营生，怎想这天鹅肉吃？害了这命！"那白大只是流泪，也说不出一句话儿。（《今古奇观》第十九卷）

（4）往常恐东风吹与外人知，怎想这里泄漏天机？（元，王伯成《太白贬夜郎》，《全元杂剧》）

（5）自相别存亡不知，怎想你成人长立？（元，无名氏《小尉迟将斗将认父归朝》，《全元杂剧》）

B. 感叹句

（6）驿亭一别，契阔至今，既辱远来，又劳佳设。则愧张某才轻德薄，怎想有今日也呵！（元，高文秀《须贾大夫谇范叔》，《全元杂剧》）

（7）苏轼今日得再入朝，如死而复生。太守大人怎想有今日也呵！（元，费唐臣《苏子瞻风雪贬黄州》，《全元杂剧》）

（8）王庆那敢则声，抱头鼠窜，奔出庙门来。一口唾，叫声道："啐！我直恁这般呆！癞虾蟆怎想天鹅肉！"当晚忍气吞声，惭愧回家。（《水浒传》第一百一回）

C. 陈述句

（9）家万里梦蝴蝶，月三更闻杜宇。则兀那墙头马上引起欢娱，怎想有这场苦、苦。（元，白朴《裴少俊墙头马上》，《全元杂剧》）

（10）怎想他抛家失业被病缠缚，只因他半世虚飘。不争你便危然客死在荒郊，却将俺断送了根苗，闪下你白头爷死去了。定奴儿痛哭号咷，受春儿不住把魂招，哎！黑娄娄那一门涎潮。（元，无名氏《罗李郎大闹相国寺》，《全元杂剧》）

（11）（陶谷云）如今你丈夫那里去了？（正旦唱）怎想他半路里情绝，他从那二年前身丧。（元，戴善甫《陶学士醉写风光好》，《全元杂剧》）

"怎想"由疑问句进入感叹句乃至陈述句的过程，也是"想"逐渐非自主化的过程。

3. 前后句语义关系类型

A. 与主观认可或预期相反

（12）你道是成家大宝，怎想是取命官符。（元，刘时中《耍孩儿十二煞》，《全元散曲》）

（13）那监生道："辩白固然是老师的大恩，只是门生初来收管时，心中疑惑：不知老师怎样处置，门斗怎样要钱，把门生关到甚么地方受罪？怎想老师把门生待作上客！门生不是来收管，竟是来享了两日的福。这个恩典，叫门生怎么感激的尽！"（《儒林外史》第三十六回）

例（12）"怎想"后所接的客观结果（是取命官符）与主观叙述的（是成家大宝）不同；例（13）前句所述的是门生心中的疑惑与担忧，而"怎想"后接小句则是出乎门生心理预期的一种情况，且"老师把门生待作上客"是典型的陈述句，"怎想"后接成分的变化使得其疑问特征完全消失，这样，前后分句之间便形成语义相悖关系，"怎想"便在这种语境中获得转折义，可被理解为"不料"义。

B. 与客观情理相反

（14）自古道无忧愁无是无非，怎想这金风未动蝉先觉，暗送无常死不知，准备着拷打凌迟。（元，郑廷玉《包待制智勘后庭花》，《全元杂剧》）

（15）常言道隔层肚皮隔垛墙，怎想他知疼着痒！（元，无名氏《都孔目风雨还牢末》，《全元杂剧》）

以上2例的前句均为客观情理下应该出现的某种情况，而"怎想"所引导的后小句恰恰是与这种客观情理相反的一种情况，"怎想"作为关联标记被赋予"意料之外"的语义。

（三）"那（哪）晓得"

1. "那晓得"的历时演变

"那"是后起的疑问代词，大约产生于南北朝时期，沿用至清代，"五四"以后，"那"和"哪"才开始有明确的分工，常见于反问句。如：

（1）今虽作贼，那可入其乡邪？（《三国志·魏书·王昶传》，裴松之注引《别传》）

（2）事有权宜，临时若不信听，便当劫将去耳。那得不从？（《三国志·魏书·夏侯玄》，裴松之注引《魏书》）

（3）东亭问法冈道人曰："弟子都未解，阿弥那得已解？所得云何？"（《世说新语·文学第四》）

（4）十娘应声答曰："少府头中有水，那不出莲花？"（《游仙窟》）

（5）如子之辈，车载斗量，朝廷多少，立须相代，那得久旷天官，待子自作！（《朝野佥载》）

（6）不服辟寒金，那得帝王心？不服辟寒钿，那得帝王邻？（《酉阳杂俎》）

"晓得"也是后起的心理动词，产生不晚于宋代。如：

（7）大而天地事物之理，以至古今治乱兴亡事变，圣贤之典策，一事一物之理，皆晓得所以然，谓之道。（《朱子语类》卷八十六《礼三》）

（8）当时许多刑名度数，是人人晓得，不消说出，故只说乐之理如此其妙。（《朱子语类》卷八十七《礼四》）

（9）向来此等无人晓得，说出来也好。今说得多了，都是好

笑，不成模样！(《朱子语类》卷一百一十七《朱子十四》)

"那晓得"出现得比较晚，我们见到的最早用例出自元代文献，但仅发现如下2例：

(10)（丑）一日皇帝也不曾做，怎么就反了。（末）盔反戴了。（丑）你那晓得？那是个没面目的大王，却要垂帘听政哩。(元，施惠《幽闺记》，《全元南戏》)

(11) 只晓得门内三尺土，那晓得门外三尺土。(元，徐㮚《杀狗记》，《全元南戏》)

以上2例中的"那晓得"尚未虚化为连接转折句的话语标记。例(10)中的"那晓得"还用于反问句，例(11)中的"那晓得"句表述虽已陈述化，但前后语义是相对的，因此可理解为"不晓得"。

明代，"那晓得"连接的转折句非常普遍。如：

(12) 他父子商议，只道神鬼不知，那晓得却被爱大儿瞧见，料然必说此事，悄悄走来覆在壁上窥听。(《醒世恒言》第三十四卷)

(13) 话说西京有个饱学生员，姓孙名彻，生来绝世聪明，又且苦志读书，经史无所不精，文章立地而就，吟诗答对，无所不通，人人道他是个才子。科场中有这样人，就中他头名状元也不为过。那晓得近来考试，文章全做不得准，多有一字不通的，试官反取了他；三场精通的，试官反不取他。(《包龙图判百家公案》第八卷)

清代沿用。

（14）朕为妃子百般思想，那晓得却在驿中。你二人快随朕前去，连夜迎回便了。(《长生殿》第四十五出)

（15）即如去年他平了土匪回来，随折呢，本来不敢妄想，只求他大案里头带个名字，就算我至亲沾他这点光，也在情理之内。那晓得弄到后来竟是一场空，倒是些不三不四的一齐保举了出来。(《官场现形记》第四十八回)

2. "那晓得"词汇化的句法语义条件

在句法上，"那晓得"一般是位于所在句句首的，句首是关联词萌生的极佳位置，因此，在句法上，"那晓得"天生就具备向关联词转化的条件。本小节主要讨论"那晓得"词汇化的语义条件。

A. 反问与否定的相通性

"那"经常用于反问句中，与心理动词"晓得"结合的较早用例亦用于反问句中，如上文例（10）、例（11）。其中，例（11）中的"那晓得"与前句"只晓得"形成对照，所在句表述已经陈述化，因此，其中的"那晓得"可理解为"不晓得"，这可以说明，"那晓得"在一定语境中可与否定相通，这是其连接转折句的关键因素之一。

关于反问与疑问的相通性问题，张晓涛（2009）做了专门的研究，他认为："部分'哪+动'虽然有疑问的形式，但却不发挥命题疑问的功能，一般也无需听话人做具体回答。于是，'哪'作为疑问焦点的功能渐趋弱化，而否定的语用功能却越发凸显。"[①] 举例说明如下：

（16）丫鬟道："我是偿债的，来得四五日，那晓得他出没所在？"(《禅真逸史》第三十回)

---

① 张晓涛：《现代汉语疑问范畴和否定范畴的相通性及构式整合》，博士学位论文，吉林大学，2009年，第45页。

（17）婆子又道："大凡走江湖的人，把客当家，把家当客。比如我第四个女婿朱八朝奉，有了小女，朝欢暮乐，那里想家？或三年四年，才回一遍。住不上一两个月，又来了。家中大娘子替他担孤受寡，那晓得他外边之事？"（《喻世明言》第一卷）

（18）那杜子春倚藉着父祖资业，那晓得稼穑艰难。且又生性豪侠，要学那石太尉的奢华，孟尝君的气概。（《醒世恒言》第三十七卷）

以上 3 例中的"那晓得"均用于反问句，根据上文所透露的信息，其中的"那晓得"均可以理解为"不知道"义。

B．"晓得"的［-可控］语义特征

"晓得"同上文所述的"知道"，均属于感知类的心理动词，这类动词的典型语义特征是［+述人］和［-可控］[①]。与"料""想"等认知类心理动词相比，这类心理动词，主体并没有主动权，是主体在一种无意识状态下进行的动作行为，是外界事物在主体心理上的映射。因此，对于主体而言可控度很低或者说没有，而由否定词或疑问词与心理动词结合的话语标记一般连接的是表意料之外的转折关系句，意料之外就是主体对事件的发生失去主动的控制权，心理动词的［-可控］语义特征也是其与否定词或疑问词组合，进而向转折范畴转化的一个必备语义条件。

C．前后句语义关系的发展

a．顺承关系

（19）段二本是个村卤汉，那晓得什么兵机。今日听了左谋这段话，便依了他。（《水浒传》第一百六回）

[①]　［新］李来兴：《宋元话本动词语法研究》，博士学位论文，复旦大学，2010 年，第 190 页。

（20）总由于弟少年浮浪没主意的多，有主意的少；娼家习惯风尘，有圈套的多，没圈套的少。至于那雏儿们，一发随波逐浪，那晓得叶落归根？所以百十个妹妹里头，讨不出几个要立妇名、从良到底的。（《初刻拍案惊奇》卷二十五）

（21）若如今世上，小时凭着父母蛮做，动不动许在空门，那晓得起头易，到底难。到得大来，得知了这些情欲滋味，就是强制得来，原非他本心所愿。为此就有那不守分的，污秽了禅堂佛殿，正叫做"作福不如避罪"。奉劝世人再休把自己儿女送上这条路来。（《初刻拍案惊奇》卷三十四）

以上3例，前句叙述一种情况，"那晓得"句承上文所说，因此，前后句构成顺承关系，其中的"那晓得"尚未完成词汇化，且疑问意味还比较浓，但由于表述的陈述化，其中的"那晓得"均可理解为"不知道"义。

b. 转折关系

明清时期，大量存在"那晓得"连接的前后语义关系不一致的转折句，我们根据其"不一致"关系形成的原因细分为如下几类：

a）真相与表相不符

（22）县里人只见杨公没甚行李，那晓得都是薛宣尉预先送在船里停当了，杨公只像个没东西的一般。（《喻世明言》第十九卷）

（23）来往的人尽多赞叹他高义出人，今时罕有。那晓得他自有一副肚肠藏在里头，不与人知道的。正是："周公恐惧流言日，王莽谦恭下士时。假若当时身便死，一生真伪有谁知？"（《二刻拍案惊奇》卷七）

以上2例，前句表达的是表面呈现的现象，"那晓得"句表达真实的情况，两者的不一致关系形成转折。

b）事实情况与普遍预期不符

（24）人人都说，赵伯仁倚了宗亲横行无状，阳间虽没奈何他，阴司必有冥报。那晓得姚家积善倒养出不肖子孙，家私、门户，弄得一个如汤泼雪；赵家行恶倒养出绝好子孙，科第不绝，家声大振。（《包龙图判百家公案》第七卷）

（25）大众以为折已拜发，无可挽回，落得卖他几文。那晓得他稿子到手，立刻送到抚台跟前。（《官场现形记》第四十八回）

这种类型的转折句是因"那晓得"引导的句子所表达的事实情况与前句的大众普遍预期不一致而形成的。

c）事实情况与主观预期不符

（26）他营中只说朱军与阵上军马相杀，那晓得这般神算，慌促之中，俞通海等杀入正东营内，朱亮祖杀入正西营内，汤和率了中军，径杀入紫微垣。惊得张豹上马不及，汤和便一刀砍折了马脚，张豹只得从军中逃窜。（《英烈传》第五十七回）

（27）这个杨元礼，便真正是神清气清，第一品的人物。更兼他文才天纵，学问夙成；开着古书簿叶，一双手不住的翻，吸力豁刺，不够吃一杯茶时候，便看完一部。人只道他查点篇数，那晓得经他一展，逐行逐句，都稀烂的熟在肚子里头。一遇作文时节，铺着纸，研着墨，蘸着笔尖，飕飕声，簌簌声，直挥到底，好像猛雨般洒满一纸，句句是锦绣文章。真个是：笔落惊风雨，书成泣鬼神。终非池沼物，堪作庙堂珍。（《醒世恒言》第二十一卷）

（28）当原日下海之时，只说去得难，转来却容易。那晓得转

来还有这许多难。(《三宝太监西洋记》第九十七回)

(29) 一位元帅心上就有些不宽快,说道:"我只道杀了三太子,死了哈里虎,这个金眼国可唾手而得,那晓得又出下这等一班道士来!这一班道士不至紧,一定又有些跷蹊术法,古怪机谋。前面空费了许多心事,这如今又来从头儿厮杀起。这等一个国,征服他这等样儿难,如之奈何!如之奈何!"(《三宝太监西洋记》第六十八回)

(30) 席间,众人议论风生,都是说着西国政治艺学。雯青在旁默听,茫无把握,暗暗惭愧,想道:"我虽中个状元,自以为名满天下,那晓得到了此地,听着许多海外学问,真是梦想没有到哩!从今看来,那科名鼎甲是靠不住的,总要学些西法,识些洋务,派入总理衙门当一个差,才能够有出息哩!"(《孽海花》第三回)

以上例句,前句叙述主观认为一种情况,而"那晓得"句所述的客观现实显然是超出前句预期的,这种类型前句主体主观上往往低估了后句的客观现实。

d) 事实情况与主观期待不符

(31) 百夫人正在怒发冲冠,势如破竹,走发了性子,撒开马就是两只金莲,步路而走,还指望照旧是这等其快如飞。那晓得走不过三五丈之远,也是一榖碌一根倒栽葱,跌翻在地上,一声梆子响,两边游击将军,一片的钩耙绳索,一会儿解到中军帐上,一会儿砍下一个头来。(《三宝太监西洋记》第八十二回)

这种类型的转折句,前句往往表达一种主观期待,而"那晓得"句表达的客观现实却未能与主观期待一致,不一致关系形成转折。

e）意料之外

（32）因有女儿在旁，不好说出意欲要他为婿这一段情来。那晓得秀娥听了，便怀着爱慕之念。(《醒世恒言》第二十八卷)

（33）我想大事化为小事，出两个钱算不得什么，便自认晦气，问他们毁了件什么衣服，等我看好了赔还他们。那晓得老爷竟一口帮定他们说："衣服不用看。你拿五十块钱，我替你们了事，不然，先把人押起来再说。"(《官场现形记》第五十回)

这种类型，前句叙述一种现实的情况，如果不看后句，本身已经构成一个完整的意义表达，而后面的"那晓得"句是一种突发的意外情况，是前句主体始料未及的，属典型的表达意外的转折句。

第三节 本章小结

本章讨论了来源于心理行为范畴的转折范畴，具体讨论了"不料""不期""不图""不想""不意""谁知道""怎想""那（哪）晓得"8个个案从心理行为范畴向转折范畴转化的历史过程和句法语义条件。众多的个案表明汉语史上，从心理行为范畴到转折范畴的转移是语言演变的一种模式，在汉语中具有普遍性。

以原型范畴观来看汉语的转折范畴，如果我们把来源于空间转折范畴的转折范畴视为典型成员的话，那么来源于心理行为动词范畴的转折范畴应该是次典型的成员，原因在于，心理动词仅仅是在动作特征上更加抽象，没有具体的行为路径，但其虚拟的运行路径同样是向前发展的，典型的转折就是运行路径的改变，而具有否定意义或与否定相通的否定副词"不"或疑问代词"谁""怎""那（哪）"一与心理行为动词结合便满足了这一条件。

另外，心理行为范畴之所以能够向转折语义范畴转化，[-可控]的语义特征也是必不可少的条件之一，来源于心理行为范畴的转折范畴一般连接的大都为表意料之外的转折句，意料之外就是超出主观预期，也就是说对主体而言，失去对动作的可控性或者说主动权。因此，心理行为范畴在向转折范畴转化的过程中必定要失去其[+可控]语义特征，如"料""期""图""想""意"在与否定词或疑问词结合后，均从自主动词变为非自主动词，而"知道""晓得"本身就是具有[-可控]语义特征的心理动词。

第五章

从限定范畴到转折范畴

第一节 概述

　　从原型理论的角度出发，如果说来源于空间运行动词的转折是转折范畴的原型，那么来源于限定范围副词的转折作为相对边缘的范畴成员，跟它的区别在于就关联词而言词汇本身并不一定有转折语义，如典型的转折范畴成员"反"，处于转折关系句中自不必说，即便是单个的转折副词"反"出现，我们仍然认为它的词汇意义具有转折语义，而来源于限定范围的副词"但""第"等同样可以用来标示转折关系句，但就其本身而言，并没有转折语义。

　　汉语史上有很大一批限定范围副词同时也有转折关联词的用法，这不是偶然现象。一方面，部分限定范围副词本身具有转折关联功能，如"独、唯、第、特"等；另一方面，基于内涵逻辑的象似性，部分限定范围副词发生语法化，进入更虚的转折连词范畴，如"但（但是）、只是、不过、就是"等。它们在语法化过程中呈现相同或相似的语法化轨迹，都发展成转折关联标记，这主要是因为同义词往往有着相同的语义基础，且大多可以进入相同的句法结构，语言发展的规律之一是同类现象在发展中互相带动，即"类推"，正是类推规律的作用使得同一次类的词语向同一方向发展。对于这类词学者也给予较多关注，但主要集中于对单个词演变的研究上，缺乏系统性。本章将对研究比较充分的成员进行总结，并对研究还比较薄弱的个案进行深入探讨，同时在整个系统中考察这类转折关联标记的历时演变情况。

第二节 限定范围副词的转折关联功能

马建忠的《马氏文通》（1898）提到："'第、但、独、特、惟'五字，皆转语辞。五字意虽各别，而前文不论，惟举一事一理轻轻掉转者则皆同。虽然，经史中以为状字者居多。……统观五字，皆承上文，不相批驳，只从言下单抽一端轻轻掉转。犹云别无可说，只有一件如此云云。而所引五字，皆冒句首，此所以为连字也。非然，其不为状字者鲜矣。"

马建忠先生将"第、但、独、特、惟"称为转掠连字，并指出其特点：与上文意思不完全相悖，仅仅是指出一种例外的情况，也就是我们今天所说的"轻转"。在句法位置上，马先生指出它们是位于句首的，所以称为连词。我们认为，处于转折句中"第、但、独、特、惟"等并不一定都演变为连词，限定范围副词本身具有转折关联功能。下面我们通过"唯"这一个案考察来说明这一现象。

"唯"也作"惟"，表唯一，是上古、中古汉语中使用频率很高的一个限定范围副词。在《周易》（10例）、《诗经》（1例）中已经出现。

（1）知进退存亡而不失其正者，其唯圣人乎。（《周易·第一卦乾》）

（2）无非无仪，唯酒食是议，无父母诒罹。（《诗经·小雅·斯干》）

一 句中的位置

"唯"在句中的位置比较灵活,既可位于主语后,也可位于小句句首。

(一) 主语后

(3) 有天地,然后万物生焉。盈天地之间者唯万物,故受之以《屯》。(《周易·系词下》)

(4) 时至,有从布衣而为天子者,有从千乘而得天下者,有从卑贱而佐三王者,有从匹夫而报万乘者,故圣人之所贵唯时也。(《吕氏春秋·首时》)

先秦时期的限定范围副词"唯"后面一般接名词性结构,语义指向也是其限定的体词,这种结构中的"唯"是不可能有关联功能的。

(二) 小句句首

1. 唯 + N + VP

"唯"后面也有接小句的情况,句法结构复杂化。如:

(5) 郑伯败楚师于柳棼。国人皆喜,唯子良忧。曰:"是国之灾也,吾死无日矣。"(《左传·宣公九年》)

(6) 大夫多笑之,唯晏子信之。(《左传·昭公二年》)

(7) 越王再拜曰:"孤少失前人,内不自量与吴人战,军败身辱,遁逃上栖会稽,下守海滨,唯鱼鳖见矣。今大夫辱吊而身见之,又发玉声以教孤,孤赖天之赐也,敢不承教?"(《吴越春秋·夫差内传第五》)

(8) 七八年,父母为超娶妇之後,分日而燕,分夕而寝,夜来晨去,倏忽若飞,唯超见之,他人不见。虽居暗室,辄闻人声,

常见踪迹，然不睹其形。(《搜神记》卷一)

句法结构的复杂化对词类的发展往往起推动作用，"唯"后接成分的复杂化为其进一步发展提供了可能，但初期的"唯+小句"中的"唯"在语义指向上仍然很明晰，指向小句的主语，但从上述例句可以看出，这种类型的"唯"字句经常会出现在对比的语境中，如例(5)、例(6)、例(8)中的"国人皆喜"与"唯子良忧""大夫多笑之"与"唯晏子信之""唯超见之"与"他人不见"均构成对比性差异关系，并且这种对比一般是个体与整体的对比。

2. 唯 + VP1 + VP2

(9) 三折肱知为良医，唯伐君为不可，民弗与也。(《左传·定公十三年》)

(10) 人主胡可以不务哀士？士其难知，唯博之为可，博则无所遁矣。(《吕氏春秋·报更》)

在这种结构中，"唯"仍然位于小句前面，只是这里小句的主语由一个谓词性结构充当，这里"唯"的语义便是指向"伐君""博之"，VP1（"伐君""博之"）虽是谓词性结构，但句法功能却同于体词，作小句主语。

3. 唯 + V + VP/NP

伴随句法结构变化而产生的语义指向变化是"唯"虚化的关键一步。

(11) 子路有闻，未之能行，唯恐有闻。(《论语·公冶长第五》)

(12) 百姓开门而待之，淅米而储之，唯恐其不来也。(《淮

南子·兵训》)

（13）王丞相云："顷下论以我比安期、千里。亦推此二人；唯共推太尉，此君特秀。"（《世说新语·品藻第九》）

以上3例中的"唯"句首化，且后接动词性结构。体词的消失使得"唯"的语义指向模糊化，这样，"唯"关涉的是后接的短语或整个句子，于是便有了向关联词转化的可能。

总之，从句法上讲，典型的限定范围副词限定的是具体的体词性成分，当"唯"所在句子的句法结构复杂化以后，"唯"的语义不再指向具体的体词单位，语义指向变得模糊，甚至可以指向其后的整个句子，这是"唯"转折关联功能获得的句法因素。

二 前后句语义关系的变化

（一）解说

（14）乱国之君，乱家之人，此其诚心，莫不求正而以自为也。妒缪於道，而人诱其所迨也。私其所积，唯恐闻其恶也。倚其所私，以观异术，唯恐闻其美也。（《荀子·解蔽篇第二十一》）

（15）《诗》云："靡不有初，鲜克有终。"故先王之所重者，唯始与终。（《战国策·秦策五》）

以上2例中的"唯"均位于第二个分句的句首，但前后句的语义关系是解说关系，这里的"唯"还是限定范围副词，没有转折关联功能。

（二）指出例外

张谊生（2002）在讨论"就是"转折功能的产生时，提出："为了对前项P进行说明，可以使用'就是X'进行列举论证和说明，当列举的对象是否定性极端时，'就是X也Y'就会以让步的方式对P加以肯定和强调。然而，当列举的对象是某种例外时，说话人指出例外的目的显然不再是肯定 P，而是为了进一步补充和修正 P；这样'就是 X'和 P 之间就会衍生出转折关系。"① "唯"引导转折句同样是从指出例外开始的。看下面的例句：

（16）王子敬病笃，道家上章应首过，问子敬："由来有何异同得失？"子敬云："不觉有余事，惟忆与郗家离婚。"（《世说新语·德行第一》）

（17）殷中军被废，徙东阳，大读佛经，皆精解。唯至事数处不解。遇见一道人，问所谶，便释然。（《世说新语·文学第四》）

（18）刘既出，人问王公云何，刘曰："未见他异，唯闻作吴语耳。"（《世说新语·排调第二十五》）

（19）求之不得，唯羊子玄有一白牛，不肯借。（《搜神记》卷三）

（20）屋忽然而坏，压死者三十余人，唯农夫妻获免。（《搜神记》卷十一）

（21）积年无他病，唯患头重。（《搜神记》卷十七）

（22）因兵马入云居山，众僧总走，唯有师端然不动。（《祖堂集·云居和尚》）

限定一般是与"小量"相关的，就整体而言，限定小量就是否定全量，这是限定范围副词在语义特征上与转折的原型语义特征相一致的地方。

纵观古汉语的"唯"，在词性上并未发生变化，转折句中的"唯"是限定范围副词关联功能的一种具体实现。

---

① 张谊生：《"就是"的篇章衔接功能及其语法化历程》，《世界汉语教学》2002 年第 3 期。

第三节 "限定范围＞转折范畴"个案考察

从限定到转折的演变路径具有普遍性①，本节以个案的形式讨论汉语中来源于限定范围副词的转折范畴。

一 "但"

"但"是现代汉语中十分常用的转折关联词，关于其来源及发展演变，学者们已经做了一定的研究。关于转折关联词"但"，自《马氏文通》起，学者们一致认为是从限制性范围副词发展而来的，只是其具体产生的时代还没有得到统一的意见，大致存在5种看法："汉代说"（马建忠）②、"魏晋说"（梁欢）③、"唐代说"（金颖、张春秀）④、"明末说"（王磊）⑤、"清代说"（王力、邓云华、石毓智等）⑥。关于转折关联词"但"形成的时间问题尚未得到统一的意见，一方面是因为限制与转折之间内在联系紧密，另一方面也说明判断的标准没有建立起来，这也是本书需要深入探讨的地方。

（一）"但"的初始语义及延伸

《说文》："但，裼也。"本义为裼露。金春梅（2005）考察了"但"

---

① 邓云华、石毓智：《从限止到转折的历程》，《语言教学与研究》2006年第3期；吴福祥：《语法化演变的共相与殊相》，《语法化与语法研究》（二），商务印书馆2005年版。

② 马建忠列举的是汉代的例子：百官以下，但事冯子都、玉子方等，视丞相亡如也。（《汉书·霍光传》）

③ 梁欢（2007）认为"但"的转折连词用法出现于中古，并统计出《世说新语》作转折连词中"但"一共10例。

④ 金颖、张春秀专门讨论了《敦煌变文集》（2007）中的"但"，认为其中的"但"有转折连词用法。

⑤ 王磊（2003）具体讨论了"但"的词性演变史及其机制，认为"但"从副词转变为连词的过程从魏晋开始，直到明末才完成。

⑥ 王力先生在《汉语语法史》（1989）一书中认为马建忠所举例句中的"但"仍是副词，不是连词，理由是它不能从语法上代替"然而"。并认为直到《红楼梦》时代，才有连词"但"的出现。邓云华、石毓智（2006）也认为"但"的转折用法出现得很晚，是在元明之后。

的词义发展情况，在大量实例证明的前提下，提出"'但'字的演变轨迹是动词—形容词、副词—连词"，她认为"'但'字的虚词用法来自其实词义的虚化，虚化的关键是从'袒露'义引申出'空'义"。"空"义进一步引申，产生"只、仅"义。我们重点考察"只、仅"义限定范围副词"但"产生以后的语义功能发展。

(二)"但"的历时演变

1. 上古时期的"但"

我们对《诗经》《论语》《左传》《吕氏春秋》《荀子》《国语》《礼记》《庄子》等先秦文献进行了考察，均未见用例，仅在西汉初期的《战国策》中发现1例：

(1) 今又走荟萃卯，入北地，此非但攻梁也，且劫王以多割也，王必勿听也。(《战国策·魏策三》)

汉代文献中"但"的用例开始增多。我们在《吴越春秋》中发现9例，均为限定范围副词。如：

(2) 伍胥之谏伐楚者，非为吴也，但欲自复私仇耳。王无用之。(《吴越春秋·王僚使公子光传第三》)

(3) 臣所以在朝而晏罢，若身疾作者，但为吴耳。今已灭之，王何忧乎？(《吴越春秋·勾践伐吴外传第十》)

据回敬娴(2007)考察，限定范围副词"但"在《论衡》中共出现11例，且"修饰的动词比较固定，其中'但+言'4例，'但+知'3例，其语义全部指向动词后面的宾语"，现转引2例如下：

(4) 夫《春秋经》但言"鼓"，岂言"攻"哉？(《顺鼓篇》)

(5) 但知不可，不能知其不可之意。(《四讳篇》)

通过对上古汉语中"但"的使用情况考察，我们发现：此期"但"的用法不多且有很大的局限性，仅能跟在动词前，限定动词所支配的宾语的范围，结构上均处于"但+V+N"结构中。

2. 中古时期的"但"

中古时期"但"的使用频率大幅增加，功能也开始多样化。梁欢（2007）统计了《世说新语》中"但"共出现46次，其中作转折连词用的有10例。据我们的考察：《世说新语》中的"但"与上古汉语中的"但"比较，的确可以用于转折关系句，"但"初步表现出转折关联功能，共13例，但此时的"但"并未与限定范围副词有明确界限。我们认为限定范围副词同样具有转折关联作用，并在发展过程中向转折连词发展。限定范围副词无论从语义还是句法上都具有向转折连词转化的可能性。

语义或功能的改变往往与句法结构的改变关系密切，我们首先对《世说新语》中用于转折句的"但"从结构上进行分析。

A. "但+V+NP+耳/尔/而已"结构，共2例。

(6) 陆机诣王武子，武子前置数斛羊酪，指以示陆曰："卿江东何以敌此？"陆云："有千里莼羹，但未下盐豉耳。"(《世说新语·言语第二》)

(7) 王东亭与孝伯语，后渐异。孝伯谓东亭曰："卿便不可复测！"答曰："王陵廷争，陈平从默，但问克终云何耳。"(《世说新语·仇隙第三十六》)

B. "但+N+VP+耳/尔/而已"结构，共2例。

(8) 潘阳仲见王敦小时，谓曰："君蜂目已露，但豺声未振耳。

必能食人，亦当为人所食。"（《世说新语·识鉴第七》）

（9）王令诣谢公，值习凿齿已在坐，当与并榻。王徙倚不坐，公引之与对榻。去后，语胡儿曰："子敬实自清立，但人为尔，多衿咳，殊足损其自然。"（《世说新语·忿狷第三十一》）

以上 A、B 两种结构中前后分句语义表达不一致，均可理解为转折关系句，但这类结构中的"但"与限定范围副词关系密切，在句法结构上也还保留限定范围副词的特点，句末的语气标记"耳/尔/而已"表将事件往小里说、往少里说。

C. "但 + V + NP"结构，共 1 例。

（10）何晏注老子未毕，见王弼自说注老子旨，何意多所短，不复得作声，但应诺诺，遂不复注，因作道德论。（《世说新语·文学第四》）

这种类型，句末不再带有语气词，但上例"但"引导的分句所表达的语义仍然是对上句"不复得作声"的补充修正，表达轻微的转折。就单句"但应诺诺"而言，这里的"但"与限定范围副词没有区别，仍然是限定"应"所支配的宾语"诺诺"，难怪王力先生（1989：146－147）认为：表轻度转折可翻译为"只是"的"但"并不是真正的连词，因为它在语法上不能代替"然而"。他认为直到《红楼梦》时代（18 世纪），才有连词"但"字出现。王力先生认为表"然而"义的"但"是连词，而与限定范围副词关系密切的"但"仍是副词。王先生的观点无可非议，但就范畴而言，我们认为其边界是模糊的，限定范围副词"但"一旦进入关系句，传达了与前一分句不一致的语义关系，便构成转折关系。副词与连词的分界一直是学术界比较棘手的问题，其中的一个原因是两者均具有关联作用，我们不打算就两者的辨析展开讨论，但是两者的关系恰恰可以说明表转折关联的"但"源于限定范围副词,转化的机制是关系句语义关系的变化,表现是句法结构的多样化。

D. "但 + N + VP"结构,共2例。

(11)汉元帝宫人既多,乃令画工图之,欲有呼者,辄披图召之。其中常者,皆行货赂。王明君姿容甚丽,志不苟求,工遂毁为其状。后匈奴来和,求美女于汉帝,帝以明君充行。既召,见而惜之,但名字已去,不欲中改,于是遂行。(《世说新语·贤媛第十九》)

(12)王文度弟阿智,恶乃不翅,当年长而无人与婚。孙兴公有一女,亦僻错,又无嫁娶理。因诣文度,求见阿智。既见,便阳言:"此定可,殊不如人所传,那得至今未有婚处?我有一女,乃不恶,但吾寒士,不宜与卿计,欲令阿智娶之。"(《世说新语·假谲第二十七》)

我们认为"但"与范围关系的完全断裂肇始于此类结构。我们仍然将"但"所在分句单独提取出来进行分析,在"但名字已去""但吾寒士"[①]中,"名字已去""吾寒士"可看作小句,对于这种陈述类型的小句,如果不在具体的语境中,不存在被限定范围的可能性。另外,在例(11)关系句中,前一分句"见而惜之"与"名字已去"不属于同一个议题,也就是说话题转换了,话题转换在例(12)中表现得更为明显,上句"我有一女,乃不恶",下句"吾寒士,不宜与卿计",上下句形成了对照,但并非同一范围,没有可比性,因此这里的"但"与范围副词的距离渐远了,可以说已经是表达转折关系的关联词,只是彼时用例尚不多见。

郑丽(2009:185)也指出,"在中古中前期,副词'但'已经频繁地出现于转折的语境中",转引其例句如下:

[①] "寒士"是体词,在句中作谓语,因此我们将其归入"但 + N + VP"结构。

（13）吾诚愿与蜀和亲，但主幼国小，虑不自存。（晋，常璩《华阳国志》卷七）

可见，"但"表转折应该在中古就已经产生了，只是用例还不甚广泛。

3. 近代汉语中的"但"

"但"在近代汉语中，功能得到进一步的发展，其中最重要的是从以轻转功能为主向以重转功能为主转化。

这一时期"但"在句法结构上没有大的发展，只是使用频率更高了。金颖、张春秀对《敦煌变文集》（2007）中出现的"但"字做了穷尽式考察，发现"'但'是一个活跃的虚词，使用频率比较高，在《敦煌变文集》中共出现149次之多，其中'但'独用129次，有副词和连词两种用法"。并针对其各种语法意义和功能进行了统计分析，指出表转折的共24例。

据王磊（2003）统计，直到明代，"但"的限定范围副词用法均占优势地位，文章通过对明代文献《西游记》的考察，发现此期转折连词"然"开始退出历史舞台，"但"取代"然"成为主要的转折连词。清代，"但"的副词性减弱，表重度转折的用法占据主要地位。

关于"但"的演变历史，学者们的研究已经比较充分，这里不再赘述。我们补充一点，即"虽（然）……但……"构式的产生情况。如果说我们确定转折句中的"但"究竟表补充修正型的转折，还是表重度转折主要是根据句子语义进行判定的话，那么单纯从结构上是否也能够判定？在"但"的发展过程中，最明显的变化就是进入"虽（然）……但……"构式。①

"虽（然）……但……"构式最早出现在隋唐时期，但用例较

---

① "虽（然）……但……"构式是典型的让步转折的一种形式，让转本不在本文的研究范围内，但就"但"所在小句而言，也是一种转折，因此在此处加以讨论。

少。如：

（14）虽有才辩但默然。(《佛本行集经》卷三十八)

（15）三十日内能自捕得罪人，获半以上；虽不得半，但所获者最重：皆除其罪。虽一人捕得，余人亦同。(《故唐律疏议》卷第二十八)

（16）来书所谓浮艳声病之文，耻不为者，虽诚可耻，但虑足下方今不尔，且不能自信其言也。(《唐摭言》卷五)

在肯定了"虽（然）……但……"构式的价值后，我们可以尝试将前面例句用这一构式进行检验，不难发现，表重转关系的转折句均可以使用此构式。

（三）本节小结

从"但"的发展历史可以看出，"但"由本义引申出限定范围副词用法后，这一功能便成为"但"的主要用法。中古时期，"但"的使用频率及所在的句法结构有所发展，功能也有所发展，开始应用于转折关系句，最初表轻微的转折（对前述内容进行修正或补充）。表轻转的功能与源词（限定范围副词）关系密切，当句法结构发生变化，"但"与"V"距离变远以后，就有了变化的可能，产生重转关联用法，但此期尚未成为"但"的主要功能。明清以后，随着重转关联词"然"使用的减少，重转成为"但"的主要功能。

二 "不过"

本节主要探讨转折连词"不过"的产生及发展。

(一) 前期研究综述

1. 关于转折连词"不过"产生的时代

"不过"是现代汉语中一个非常常用的转折关联词语。关于转折连词"不过"的产生及发展问题，学者们已经做了相当深入的研究，并一致认为转折连词"不过"直接来源于表限定的范围副词，关于转折连词"不过"产生的时代，还存在一定的争议。

A."清代"说

太田辰夫举的是《红楼梦》（1987：299）中的例子，转引如下：

（1）我何曾说要去？不过拿来预备着。（《红楼梦》第八回）

（2）什么福气，不过我屋里干净些，经卷也多，都可以念念，定定心神。（《红楼梦》第九十五回）

沈家煊（2004）也认为连词"不过"最早出现在清代的小说中。如：

（3）我也没有长策。不过这种事情，其势已迫，不能计出万全的。（《老残游记》第十六回）

（4）隔壁这位傅子平虽然姓傅，何尝是浙江巡抚傅理堂的侄儿！不过说是傅某人的侄儿，人家格外相信些。（《官场现形记》第二十八回）

B."明代"说

向熹（1993：445）认为转折连词"不过"产生于明代以后，如：

（5）前两回虽赢，不过是一猛之性。（《西游记》第五十三回）

蒋冀骋、吴福祥（1997：515）认为下例可以看作较早的用例。

（6）臣于陛下无功，不过在先朝有议论丝发之劳。（《邵氏见

闻录》卷九）

但同时提出这里的"不过",也许还可以视为用来限定范围的副词。他们也认为"不过"作为连词的典型用例要晚于宋元以后,所举用例同例（5）。

C."宋代"说

王霞（2003）认为转折连词"不过"出现在宋代,并在《朱子语类》中发现不少转折连词的用例。如：

（7）缘他见圣人用处,皆能随事精察力行。不过但见圣人之用不同,而不知实皆此理流行之妙。(《朱子语类》卷二十七《论语九》)

张莹（2010）也认为转折连词"不过"出现在宋代,但她认为例（7）中的"不过"尚处于过渡阶段,她举了另外一例。

（8）当时史书掌於史官,想人不得见,及孔子取而笔削之,而其义大明。孔子亦何尝有意说用某字,使人知劝;用某字,使人知惧;用某字,有甚微词奥义,使人晓不得,足以褒贬荣辱人来？不过如今之史书直书其事,善者恶者了然在目,观之者知所惩劝,故乱臣贼子有所畏惧而不犯耳。(《朱子语类》卷五十五《孟子五》)

2. 关于转折连词"不过"产生的过程

关于转折连词"不过"的产生,王霞（2003）、沈家煊（2004）、王岩（2008）、张莹（2010）等都做了探讨。王霞（2003）指出"不过"的语法化链:偏正式的动词短语（"不超过"）—复音副词（"仅仅、只"）—转折连词（"但、但是、只是"）。文章还对限定副词"不过"和转折连词"不过"出现的理据做了一定的探讨,认为转折连词"不过"的出现与推理引起的语义关系变化有很大关系,并且限定副词发展成为转折连词在汉语史上是一条普遍的发展路径。

沈家煊(2004)对"不过"的4种功能及之间的来源关系进行了深入探讨,认为转折连词"不过"的演变路径同样是:不过1(词组"不超过")—不过2(副词"仅仅,只")—不过4(连词"转折和补充")。"不过4"是从表"仅仅、只"的"不过2"演变而来的,也是"不过量准则"作用的结果,具体涉及两种推导,"元语"推导和"不对称并列"推导。

王岩(2008)主要是从共时角度对"不过"的5种用法,分别做了详尽的描写和解释。论文第五章从历时的角度对"不过"的语法化进行了探讨。汉语史上"不过"经历了"动词短语—范围副词—转折连词"的语法化过程。

张莹(2010)通过对"不过"连词化过程的探讨,指出:限定副词"不过"所在句子结构的复杂化,所系联的限定对象和所限范围两者的隐而不现,以及前后句子(或分句)之间语义上由前后一贯到相反相对的变化,都对"不过"的连词化有着深刻的影响。

关于"不过"的历时发展过程,已有的研究已经比较充分,"不过"在汉语史上经历了"动词短语—限定范围副词—转折连词"这样一条演变路径,这一点已经达成共识。尚存的问题是,转折连词"不过"究竟产生于何时,判定标准是什么?"不过"从动词短语发展为限定范围副词,继而从限定范围副词发展为转折连词的动因和机制是什么?本书将在这两方面做进一步的研究。

(二)"不过"的历时演变

1. 先秦时期:动词短语 > 范围副词

刘利(1997、2004)对先秦汉语里的"不过"做了较为详尽的考察,认为先秦时期已经有一部分"不过"作为双音节词使用了,"不

"过"的词汇化过程在上古已经完成。刘文根据谓语（P）的构成情况将先秦汉语中的"不过"句分为3种类型：

一类：P1类不过句，P1为动词性短语。

（9）先君庄王为匏居之台，高不过望国氛，大不过容晏豆……今君为此台也，国民罢焉，财用尽焉，年谷败焉，百官烦焉，举国留之，数年乃成。（《国语·楚语上》）

二类：P2类不过句，P2由"约数+名词"（称"约数短语"）构成，表示时间、空间或事物的大约数量。

（10）文公伐原，令以三日之粮。三日而原不降，公令疏军而去之。谍出曰："原不过一二日矣！"（《国语·晋语四》）

三类：P3类不过句，P3为名词、代词或名词短语。

（11）不过夫妇贽不过枣、栗，以告虔也；男则玉帛禽鸟，以章物也。今妇执币，是男女无别也。（《国语·鲁语上》）

刘先生认为这3类"不过"句的共同特点是：P直接与S构成陈述关系，其中的"不过"都是P的修饰成分，是句子的状语。从语义上说，"不过"都表示限止，就是把事情往小处说、往轻处说。刘先生同时认为一部分"不过"由动词性结构虚化为复音副词，"不过"的虚化是在与确数或确数短语的结合中萌生的，在同一结合的重复中发展，在跟约数短语的结合中宣告完成。然后逐渐扩大到名词性成分作谓语的判断句中，最后才用在动词性谓语之前。虚化的语义基础是[－数量大]的语义特征。

刘先生对已经词汇化的"不过"句进行分类,并给出它们成词的理由,结果是可信的,但刘先生尚未对"不过"词汇化的过程和动因作具体的研究。沈家煊(2004)则解决了为什么"不过1"不成词和"不过2"成词两个问题。他认为表"不超过"的"不过1"不成词,是"足量准则"起作用的结果,而表示"仅仅,只是"的"不过2"成词,是"足量准则"和"不过量准则"同时起作用的结果。

关于"不过"的词汇化问题,两位先生的探讨已经比较充分,我们在这里不再赘述,下文仅补充两点:

第一,"过"原为运行动词,与否定词"不"结合后,隐喻是新的词义获得的机制。

第二,除了组合关系的变化,主观化程度的发展也是"不过"凝固成词的重要因素之一。

A. "过""不过"的认知图式

《说文》:"过,度也。"本义是"经过",是个空间运行动词。在人脑中形成的是一个典型的路径图式。在运行动词"过"的认知模型中,必然要有一个参照点。如图 5-1 所示:

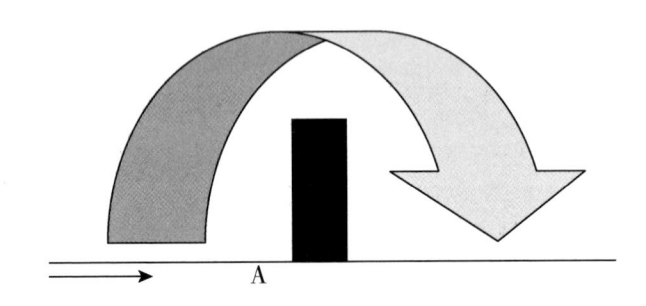

图 5-1 "过"的认知模型(图式)

我们假设 A 是参照点,那么动词"过"的语义表示的应该是动作的发出者顺着箭头的方向运行,并且要通过参照点 A,这是"过"的初始语义模型。

同时，我们也可以把参照点 A 看成是运动过程中的障碍物，吴云（2004）认为"表空间上越过某一障碍的'过'，可以用于抽象的认知域，表主体通过某一'难关'"。因此，就"过"本身的语义所包括的空间内涵来讲，有三种可能：第一，在参照点前，将来能够越过参照点，到达参照点后面的空间；第二，在参照点前，将来无法越过参照点；第三，已经到达参照点后面的空间。

"不过"是否定词与"过"的结合，将"过"的语义进一步明确化，短语"不过"就是无法通过障碍物（参照点），在空间上，将域缩小到障碍物的前半段。如图 5-2 所示：

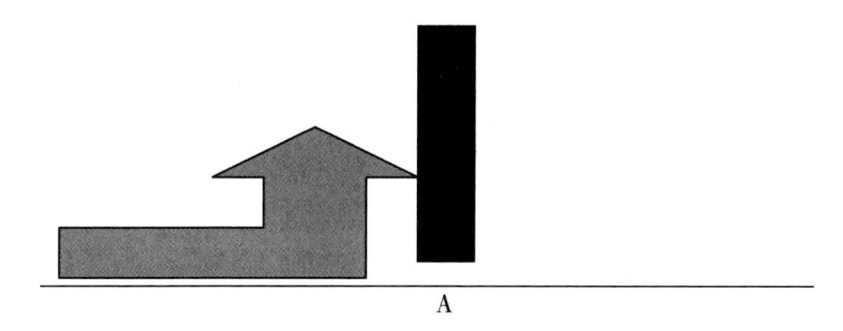

图 5-2　"不过"的认知模型（图式）

认知语言学的哲学基础是体验哲学，在运行这一动作过程中，有运动的出发点和目的地，理想化情况下运动的主体是能够顺利达到目的地的，但"不过"表达的恰恰是相反的情况，运动过程受阻，运行的轨迹发生了变化，与人的主观愿望背道而驰。词义相应地容易发生变化。具体地说，运行受阻后，运行的范围被限制在障碍物（参照点）以前的部分，即上文所说的第二种可能——在参照点前，将来无法越过参照点。这样，从空间上讲，"不过"就被限定了区间，逻辑上也就与限定范围具有了一致性，这是隐喻发生的关键。语义特征上的相似性或相关性在词义发展过程中往往起着决定性的作用。

B. "不过"的主观化

人类的思维过程往往是从具体到抽象的过程，语法化过程往往也伴随着主观化过程。"不过"最初一般用于确切的数字前面。如：

（12）先王之制，大都不过参国之一，中五之一，小九之一。（《左传·隐公元年》）

（13）制：三公一命卷，若有加则赐也，不过九命；次国之君，不过七命；小国之君，不过五命。（《礼记·王制》）

以上2例，"不过"后接的均是确切的数字，语义还比较实在，均为"不超过"义。当"不过"后接成分不再是具体的数字，而是代词指代的或抽象的事件时，"不过"的语义主观化程度便随着增强了。如：

（14）若告我以人事者，不过此矣，皆吾所闻知也。（《庄子·盗跖》）

（15）大国不过欲兼畜人，小国不过欲入事人。（《老子》）

例（14），"不过"后接的是代词"此"，代词指代的是主观已经知晓的某一范围内的事件；例（15），"不过"后接的也是事件"兼畜人""入事人"，相对于例（12）和例（13），"不过"的后接成分更抽象，抽象本身也是主观化的一种表现。如果说例（12）和例（13）中的"不过"还是"否定词+过"构成的短语的话，那么例（14）中的"不过"我们便既可以理解为"不超过"，也可以理解为"仅仅"，而例（15）的"不过"如果继续看作短语的话则很牵强。从语用推理的角度说，"不超过"和"仅仅"在语义上是相通的，正如之前所述"不过"的认知模型（见图5-2），"不超过"本身就是限定了范围，在适宜的语用环境中,很容易被理解为"仅仅"义限定范围副词。

2. 汉—宋元:转折义的萌生

限定范围表达的是一种主观小量,副词"不过"一般指明范围,把事情往小里或往轻里说,发展出转折义也是一种主观衍推的结果,因此由限定范围副词发展来的转折连词一般表达的转折语义都比较弱。《现代汉语八百词》将连词"不过"的用法分为两类:

1) 补充、修正上文的意思;只是。

他性子一向很急,不过现在好多了。

这人很面熟,不过我一时想不起来是谁。

2) 补充同上文相对立的意思。

试验失败了,不过他并不灰心。

对于各种意见都要听,不过听了要作分析。

现代汉语中"不过"的这两种用法分别产生于何时呢?学者对转折词"不过"产生的时间未能达成共识,一方面说明转折与限定范围之间的密切关系,另一方面也是因为转折是一种附属范畴。它本身是一种关系表达,没有实际指代的事物或事件,必须在其他载体的作用下才能显现,转折关系的体现一般是在语用过程中,人们经过推理而产生的,因此,本身词义的判定就必须依据其所在的上下文语境,可变性非常强,词义理解的主观性也非常强。

通过对历史文献的考察,我们发现,宋元以前,"不过"并没有发展成为成熟的转折连词,但"不过"的转折义已经萌生了。

适宜的句法位置是虚词形成的决定因素,词汇化后的副词"不过"主要有两种句法位置——位于谓词前和位于谓词后,位于谓词后的"不过"发展出具有程度义,我们另文讨论。这里我们主要讨论位于谓词前的"不过"。如:

(16) 且陛下所以欲见我者,不过欲一见吾面貌耳。(《史记·

田儋列传列传》)

(17) 世祖御座赋诗，敬则执纸曰："臣几落此奴度内。"世祖问："此何言？"敬则曰："臣若知书，不过作尚书都令史耳，那得今日？"敬则虽不大识书，而性甚警黠，临州郡，令省事读辞，下教判决，皆不失理。(《南齐书·王敬则传》)

(18) 我策若行，则为不世之福；若不从命，不过如战失一队耳。(《南齐书·孔稚珪传》)

(19) 若要见暮归处所，不过携手问东风。(唐，陆龟蒙《阊阎城北有卖花翁，讨春之士往往造焉，因招》，《全唐诗》)

以上4例，前3例中的"不过"均处于"不过……耳"结构中，这是典型的限定范围副词所在的结构形式，将所述事件尽量往小里说、往轻里说。另外，从形式上看，以上4例中的"不过"均位于关系句的后一分句的开头，这是转折关联词萌生的句法位置，但从语义上讲，转折关联词是在转折语境中产生的，而上述关系句表达的均为顺承的解说关系，而非转折关系。据我们所见的语言材料，宋以前，"不过"所连接的关系句均为顺承关系。也就是说，自汉代直到宋以前，"不过"并没有完成从范围副词到转折连词的转化。

王霞（2003）、张莹（2010）认为转折连词"不过"产生于宋代，她们讨论的主要语料是这一时期代表文献《朱子语类》中的"不过"用例。我们对其征引用例重新进行分析（我们将"不过"所在的上下文补全）。先看两位研究者列举的过渡阶段的用例：

(20) 先生问坐间学者云："'吾道一以贯之'，如何是'曾子但未知体之一处'？"或云："正如万象森然者，是曾子随事精察力行处。至於一元之气所以为造化之妙者，是曾子未知体之一处。"曰："何故曾子既能随事精察，却不晓所以一处？"答云："曾子但能行其粗而未造其精。"曰："不然。圣人所以发用流行处，皆此一理，岂有精粗。政如水相似，田中也是此水，池中也是此水，海中也是此水。不成说海水是精，他处水是粗，岂有此理！缘他见圣人用处，皆能随事精察力行。不过但见圣人之用不同，而不知实皆此理流行之妙。且如事君忠是此理，事亲孝也是此理，交朋友也是此理，以至精粗小大之事，皆此一理贯通之。"（《朱子语类》卷二十七《论语九》）（王霞：2003、张莹：2010）

（21）且如读书，便今日看得一二段，来日看三五段，殊未有紧要。须是磨以岁月，读得多，自然有用处。且约而言之：论孟固当读，六经亦当读，史书又不可不读。讲究得多，便自然熟。但始初须大段着力穷究，理会教道理通彻。不过一二番稍难，向后也只是以此理推去，更不艰辛，可以触类而长。（《朱子语类》卷一百一十八《朱子十五》）（张莹：2010）

张莹（2010）认为上述2例的"'不过'出现在句首，其所限范围是前句句意的复现形式，分句间句意前后相反相对，'不过'从限制副词向转折连词过渡"。我们认为这种分析是可取的，从句意上讲前后分句之间的确存在相反或相对关系，但"不过"的语义仍未脱离限定范围副词的语义特征，与"但""只是"等限定范围副词共现，整个句子的语义所含往轻里说、往小里说的意味还很浓。

再看她们列举的转折语例：

（22）问："孔子作春秋，空言无补，乱臣贼子何缘便惧？且何足为春秋之一治？"曰："非说当时便一治，只是存得个治法，使这道理光明灿烂，有能举而行之，为治不难。当时史书掌于史官，想人不得见，及孔子取而笔削之，而其义大明。孔子亦何尝有意说用某字，使人知劝；用某字，使人知惧；用某字，有甚微词奥义，使人晓不得，足以褒贬荣辱人来？不过如今之史书直书其事，善者恶者了然在目，观之者知所惩劝，故乱臣贼子有所畏惧而不犯耳。近世说春秋者太巧，皆失圣人之意。又立为凡例，加某字，其例为如何；去某字，其例为如何，尽是胡说！"（《朱子语类》卷五十五《孟子五》）（王霞：2003、张莹：2010）

（23）若做个说话，乍看似好，但学易工夫，不是如此。不过熟读精思，自首至尾，章章推究，字字玩索，以求圣人作易之意，庶几其可。（《朱子语类》卷第六十七《易三》）（王霞：2003）

其中例（22）中的"不过"是两位研究者一致认为的转折连词。这种类型的"不过"后接成分在结构上比较复杂，"不过"的语义指向比较模糊，功能上有演变的可能性。从整个语段来看，"不过"连接的前后分句讲述的是不同时期史书的陈述特点，可以说前后分句之间构成了对比关系，但这里的"不过"仍然处于"不过……耳"构式中，这是限定范围副词所在的典型构式，因此我们认为在此例的"不过"尚未完全脱离限定范围副词范畴，仍可看作是限定范围副词到转折关联词的过渡用例。

再看例（23），这里"不过"连接的前句讲述的"学易工夫，不是如此"，后句便讲述的是"应当如何（熟读精思，自首至尾，章章推究，字字玩索）"，虽然前后分句从语义上讲是对立的，但从整个语义关系上讲，"熟读精思，自首至尾，章章推究，字字玩索"与"以求圣人作易之意，庶几其可"的语义关系更近，后句"庶几其可"带有明显的"往小处说"的痕迹，因此，此例的"不过"仍然是理解为限定范围副词更容易接受。

综上分析，我们认为宋代并没有出现成熟的转折关联词"不过"，但彼时的"不过"在句法位置和语义上已经具备向转折关联词转折的条件，只是与限定范围副词的联系还比较紧密。因此，我们把这一阶段看成是"不过"转折义的萌生阶段。

3. 明清时期：转折连词"不过"成熟

向熹（1993），蒋冀骋、吴福祥（1997）认为转折连词"不过"产生于明代以后，所举用例均为：

（24）孙大圣掣了铁棒，近门高叫："开门，开门！"那守门的看见，急入里通报道："师父，那孙悟空又来了也。"那先生心中大怒道："这泼猴老大无状！一向闻他有些手段，果然今日方知，他那条棒真是难敌。"道人道："师父，他的手段虽高，你亦不亚与他，正是个对手。"先生道："前面两回，被他赢了。"道人道："前两回虽赢，不过是一猛之性；后面两次打水之时，被师父钩他两跌，却不是相比肩也？先既无奈而去，今又复来，必然是三藏胎成身重，埋怨得紧，不得已而来也，决有慢他师之心。管取我师决胜无疑。"（《西游记》第五十三回）

我们认为"不过"在这里仍然不能看作是成熟的转折连词，这个句子在原文中处于对话语境中，主观性相对较高，说话人实际上是对孙悟空前两回赢的一种不屑，因此，"不过"还不是严格意义的转折，仍可以看作限定范围副词。但此句的"不过"处于"虽……，不过……"构式中，这是一种典型的转折构式，这也许是上述学者将其看作转折连词的原因之一。

我们在明代的文献中还发现下列用例：

（25）法轮见了公人来到，晓得别无他事，不过宝镜一桩前件未妥。吩咐行者真空道："提点衙门来拿我，我别无词讼干连，料没甚事。他无非生端，诈取宝镜，我只索去见一见，看他怎么说话，我也讲个明白。他住了手，也不见得。前日宋提控送了这些

去，想是嫌少，拚得再添上两倍，量也有数。你须把那话藏好些，发露形不得了！"（《二刻拍案惊奇》卷二十八）

（26）据弟愚见，你我如今虽奉敕协同守关，不过强逆天心民意，岂是人民之所愿者也！（《封神演义》第八十五回）

（27）美女说："这首诗好是好，不过短篇诗章，未免有些冷落，不足以尽兴，我们还是用'落花'作为题目，共同联它一首长篇怎么样？"田沫回答："那就遵命了。"（《剪灯余话》卷二）

（28）玉支道："也算不得甚么法力，不过拨开你们的尘迷，现出本真，于尔等亦无大益。若果能于此一明之后，日日加功刮磨，方有进益。若今日稍明，明日又蔽，依旧于道日远。然此等功夫，必须死心塌地，先要把脚跟立定了，生死不顾才可。若有一点疑惑，终成画饼。"（《明珠缘》第二十五回）

以上例句中的"不过"连接的前后分句语义相悖，这是转折关系词产生的适宜语境，这里的"不过"我们可以看作转折关联词，表弱转折，语义上补充同上文相对立的意思。

同时，我们也发现了补充、修正上文意思的用例。如：

（29）燕王也有些晓得他不凡，果然面奏太祖，讨了他去。后来赞成靖难之功，出师胜败，无不未卜先知。燕兵初起时，燕王问道："利钝如何？"他说："事毕竟成，不过废得两日工夫。"后来败于东昌，方晓得"两日"是个"昌"字。他说道："此后再无阻了。"果然屡战屡胜，燕王直正大位，改原永乐。（《二刻拍案惊奇》卷三十三）

因此，我们的观点是转折关系词"不过"产生并成熟于明代，但彼时用例尚不广泛，直到清代才广泛使用。

（30）那人道："比市面价钱已经低了一两多了。"子安道："我也明知道。不过我们买来又不是自己用，依然是要卖出去的，是个生意经，自然想多赚几文。"（《二十年目睹之怪现状》第八十五回）

（31）徐都老爷道："论起来呢，同乡是同乡，不过没有什么大交情，怎么好写信；就是写了去，只怕也不灵。"（《官场现形记》第三回）

（32）老爷叹息了一声，说："这却也难怪你，父子天性，你岂有漠然不动的理。不过，来也无济于事。我已经打发梁材进京去了，算这日期，你自然是在他到的以前就动身的……"（《儿女英雄传》第十二回）

转折关联词"不过"沿用至现代汉语，并成为高频使用词。在方言中也有使用，在牟平、绩溪、崇明、上海（《现代汉语方言大词典》：505）等地均有使用。

（33）钱是挣得不少，不过不能随便儿花｜好是挺好的，不过是么，个儿矮点儿。（牟平）

（34）个天冻是冻，不过风不大。（绩溪）

（35）营生省力杀个，不过钞票少一眼，活儿很轻，只是钱少一点。（崇明）

（36）天气冷是冷，不过风比较小。（上海）

(三) 结语

"不过"是先秦即已出现的短语组合，否定词"不"与运行动词"过"在结合中改变了"过"原本的运行轨迹，形成新的意象图式，并在使用过程中伴随着主观化的增强逐渐进入限定范围副词范畴。限定范围副词无论从语义还是句法位置上都与转折连词有着天然的联系。进入"S，不过P"构式是"不过"转折关联功能形成的关键一步，当构式中S与P构成相悖的语义关系时，便与转折的原型语义特征〔（+差异性）〕相吻合。"不过"在汉代已经开始用于"S，不过P"构式，但彼时S与P尚未构成相悖的语义关系，直到宋代，这种相悖的语义关系才开始萌芽，但"不过"还未完全脱离限定范围副词的语义特征，明代是转折连词"不过"产生并成熟的时期，直到清代才广泛使用，现代汉语成为高频词。

三 "就是"

（一）引言

关于"就是"表转折的功能，吕叔湘《现代汉语八百词》（1980）并没有列出此项功能，他把"这孩子挺聪明，就是有点淘气"这样的例子归入"确定范围，排除其他"义副词"就是"的用法，但吕先生却认为"只是"有表示轻微转折的连词用法，并举了一个例子："小赵各方面都很好，只是身体差一些。"我们认为吕先生所举的这两个例子，应该是属于同一类型的，并且其中的"就是""只是"可以互换，句义上确实都有转折的意味。因此，如果说"只是"有转折用法，那么"就是"是否也应该具备这一功能？在现有的字典辞书中，《现代汉语大词典》（罗竹风主编）、《现代汉语常用虚词词典》（武克忠主编）、《现代汉虚词词典》（张斌主编）均提到"就是"的转折用法。

张谊生（2002、2004）从共时和历时相结合的角度全面考察不同类别的"就是"的篇章衔接功能和连贯方式，认为现代汉语中，"就是"单用或者与其他关联词语合用，在不同的层次上、不同的语境中，大致可以表示六种不同的语义关系：让步、解说、递进、条件、选择、转折。文章还探溯了"就是"的演化历史和虚化机制，分析"就是"各种用法之间的内在联系及其演变过程，并且揭示了"就是"的历时演变与共时变异的对应关系。张先生的文章从共时的语言现象出发，全面探讨了"就是"的语义功能，还从历时的层面对"就是"各种语义功能之间的内在联系和发展脉络做了充分的探讨，是共时与历时结合的典范，对我们的研究工作很有启发。关于表转折的"就是"，张先生认为是"从表指出意外"义发展来的，比较典型的转折连词用法，大致要到了清代中叶以后才批量出现。并且时至今日，表转折仍不是"就是"衔接功能的主流。关于表转折的"就是"的虚化动因和机制，张先生只是从整体上做了说明："就是"从一个表判断的谓词性短语到表衔接的连词，是一个不断虚化发展的过程；在这一语法化的进程中，导致虚化的主要动因就是语用表达的需要；此外，在不同的虚化阶段，其他各种虚化机制，譬如语境吸收、分界消失、词语融合、重新分析、隐喻类推等都起过不同的作用。

本书将在张先生的研究基础上，仅选择表转折的"就是"为研究对象，对"就是"转折义的来源及历史演变过程，及转折义"就是"虚化的动因和机制做了更具体的研究，同时，结合同类词组合"即是""便是"的演变，考察"就是"转折义来源的具体语境。

（二）限定与转折之间的句法语义接口

在探讨"就是"如何获得转折语义之前，有必要对转折的原型语义特征进行分析，这将有助于发现限定范围副词"就是"与转折之间的句法语义接口。

关于"转折"，吕叔湘《中国文法要略》（1982）提到："凡是上下两事不谐和的，即所谓句意背戾的，都属于转折句。所说不谐和或背戾，多半是因为甲事在我们心中引起一种预期，而乙事却轶出这个预期。因此由甲事到乙事不是一贯的，其间有一转折。"吕先生对转折的理解主要是从语义上进行的，认为只要上下两事不谐和，都属于转折句。吕先生的定义可以涵盖所有的转折句，但不免太宽泛。比如：究竟是什么原因导致了这种不谐和呢？吕先生尚未予以指示。

我们认为因比较造成的差异性是转折产生的条件之一，差异性凸显不和谐。首先，不谐和本身就代表了不一致性，这种不一致性可以是客观事实与逻辑结果的不一致性，也可以是事件客观发展与主观预期的不一致性；同时，不一致的程度也有层级，不一致扩展到最大程度就变为对立，表现在语言层面即是对一致性的否定。

在认知活动中，不一致往往是通过比较产生的，比较关涉的至少是两个事物或事件，比较的结果有三大类：一是完全一致，二是完全相反或相对，三是不完全一致。比较的本质是为了造成同一性、对立性或差异性的关联，其中对立性也是差异性的一种，而差异性与转折在语义上可以相通。因此，转折的原型语义特征应该是因比较而造成的［＋差异性］，即后两种结果。

我们通过一组现代汉语的例子来验证这两种不同的差异性。

（1）他饭量小，但力气很大。
他哪儿都好，就是脾气暴躁。

我们分别用2个图示来展示这两个句子如图5-3、图5-4所示。

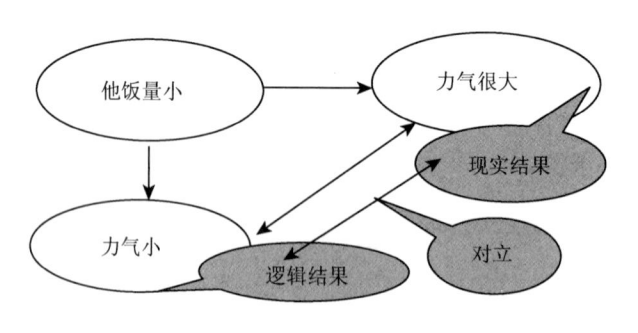

图5-3

句中，前一小句"饭量小"的逻辑结果（常规蕴含结果）应该是"力气小"，而句子表达的现实结果却是"力气很大"，这样，逻辑结果与现实结果之间便构成对立关系,这种对立是转折产生的直接动因。

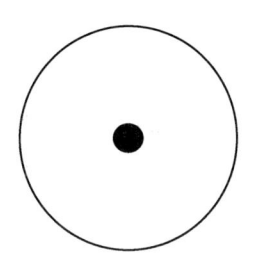

图 5-4　"整体—排除"图式

在图 5-4 中,大的圆圈代表整体,即例句中"哪都好",小圆圈代表例外,是典型的整体与部分的比较,凸显不和谐。

张谊生(2002)认为,"就是"表转折的功能是由"指出例外"衍生而来的,"为了对前项 P 进行说明,可以使用'就是 X'进行列举论证和说明,当列举的对象是某种例外时,说话人指出例外的目的显然不再是肯定 P,而是为了进一步补充和修正 P;这样'就是 X'和 P 之间就会衍生出转折关系"。张先生的观点是可信的,"指出例外"是"就是"获得转折义的一种情况,我们来分析一下张先生所举的例句。

(2) 他的身体已经基本康复了,就是偶尔还有一点咳嗽。(朱佳《人生》)

基本康复,言外之意是还没有完全康复,这里的"就是"起到补充说明的作用,还不是严格意义上的转折。

再看以下两个例句:

(3) 你要我干什么都行,就是不能卷入任何是非;我惹不起,躲得起。(李国文《情敌》)

(4) 什么都成,就是不能这么悄悄地运走祖先给我们的遗赠。

(余秋雨《道士塔》)

以上这两个例句中的"就是"所连接的前后项之间的关系可以通过上文的图5-4来表示，大的圆圈代表言语行为总的范围，即例句中"干什么都行""什么都成"的范围，而图示中的小黑点则代表的是言语行为限定（禁止）的范围，如果说这里的"就是"表转折，那么我们认为将其理解为表强调的副词也并无不可，限定范围在言语行为中本身也可能是强调的重要形式，强调跟限定范围是相通的。

同时，我们认为"就是"的转折语义也不完全来源于"指出例外"，如：

(5) 甲：你会画山水画吗？
　　乙：会，就是画不好。

这个对话中的"就是"表转折，但是不是指出例外呢？我们认为这里不是例外，而是事件发展过程中的一种可能出现的情况，就"画山水画"这一事件而言，首先可以一分为二地分为"会画"和"不会画"，现在乙的回答是肯定的答案，第一层次的回答从语义上讲是和谐性质的肯定回答，但是在"会画"这个范围里，还有画得好坏的区分或级别（即事件执行的力度/程度的区别）。逻辑上，"会画"是肯定的回答，而"画不好"则是否定的回答，这样两者就构成了语义上的相悖，前面我们已经提到转折的原型语义特征是因比较而产生的［＋差异性］，而［＋差异性］包括［＋否定］，句中"会"与"画不好"之间的否定语义关系便是"就是"获得转折功能的关键。"就是"由范围副词向转折连词演变的关键就在于句子内部蕴含的逻辑语义关系的促进。

在厘清了转折的特征和产生根源之后，我们通过历时的语言材料具体来考察转折关联词"就是"的产生。

(三)"就是"转折义的来源及历时演变过程

1. "就"与"就是"的词义演变

"就"与"是"本是副词修饰判断词的关系,"就"的功能非常繁杂,它的演变路径之一是"确认＞强调＞限定范围",而"就"的词义演变与表转折的"就是"的产生有着十分密切的关系。

A. 表肯定的副词"就₁"的产生

表示确认或强调的副词"就"都属于肯定副词,肯定副词的来源是时间副词"就"或承接副词"就"。观察下例"就"的功能:

(6)自云就欲谢官去,乌纱白发西台卿。(宋,欧阳修《送京西提点刑狱张驾部》)

(7)我嫂嫂执不相容,我兄就应变随机。(元,柯丹邱《荆钗记》,《全元南戏》)

例(6)的"就"可能被分析为时间副词或承接副词,也蕴含着演变为肯定副词的可能性。例(7)的"就"可分析为承接副词,句子蕴含肯定意义,"就"也有可能被分析为肯定副词。两句的分析说明表肯定的副词"就"与表时间或表承接的副词"就"可能存在来源关系。

表示确认的副词"就₁₁",元代已存在。其表示确认的功能是在判断句中得以凸显并确定的。如:

(8)迤逦行来,此间就是。(元,柯丹邱《荆钗记》,《全元南戏》)

(9)兀那就是一所店房。(元,白朴《董秀英花月东墙记》,《全元杂剧》)

(10)某再三苦谏,说:"岂可重女色,失两国之好?"汉主

倒要杀我。某因此带了这美人图献与大王。可遣使按图索要，必然得了也。这就是图样。（元，马致远《汉宫秋》第二折）

（11）官人，这画像就是你爹妈的真容。（元，高明《琵琶记》第三十七出）

例（8）至例（11）中的"就是"还是副词"就"和判断词"是"的组合，尚未凝固成词。

表强调的副词"就$_{12}$"来自"就$_{11}$"的功能继续扩展。下面一组例句显示两者的联系：

（12）哎哟！你那里是我兄弟，就是我老子！（元，秦简夫《东堂老劝破家子弟》，《全元杂剧》）

（13）若还施礼，我就是蛤蟆养的。（元，秦简夫《东堂老劝破家子弟》，《全元杂剧》）

（14）您儿女就是咱儿女。（元，无名氏《罗李郎大闹相国寺》，《全元杂剧》）

由例句（12）至例（14）可知：在判断句中，"就＋是＋NP"构式若表达非现实意义的判断，说话人带有夸张意味，"就"变为表示强调的副词，念重音。

B. 表限定的副词"就$_2$"的产生

表示限定的"就$_2$"来自肯定副词"就$_1$"，如果说话人在表示肯定的同时，兼表"有限"意义，"就"可作"只、唯"理解。表示限定的副词"就$_2$"便产生了。如：

（15）你只坚心好善，就这些也享用不尽了。（《二刻拍案惊奇》第三十六回）

（16）这些人得了性命，喘过一口气来，想一想，一家人都没有了，就剩了自己，没有一个不是号啕痛哭。(《老残游记》第十四回)

（17）我就学这个好，别的全不学。(《济公全传》第八回)

例句（15）至例（17）显示单音节的"就"至迟在明清时期也获得限定的功能。我们认为表限定范围的副词"就是"的形成与单音节的限定范围副词"就"有密切关系。

C. 表限定范围的副词"就是"的产生

"就"在判断句中先后获得确认、强调功能，判断句"A是B"本身表达的是判断、确认语义，一旦系词前有副词"就"的修饰，主观化程度就会加强。对比下面两个句子：

（18）这里是蔡相公庐墓所在。(自编)

（19）风霜已满鬓，玉勒雕鞍，走遍红尘。今日到此喜欣欣，重相见，解愁闷。这里就是蔡相公庐墓所在，请相公驻节。(《琵琶记》第四十二出)

例（19）的主观化程度显然是强于例（18）的。当句子的主观化程度继续增强后，"就是"便获得了强调功能。

（20）我若成其大事，这左丞相位儿就是你坐。(元，无名氏《锦云堂暗定连环计》，《全元杂剧》)

（21）行修见是个老人，不要他行礼，就把想念亡妻，有卫秘书指引来求他的话，说了一遍，便道："不知老翁果有奇术，能使亡魂相见否？"老人道："十一郎要见亡夫人，就是今夜罢了。"(《初刻拍案惊奇》卷二十三)

(22) 八戒道:"我老实,不晓得,不曾见。"清风道:"笑的就是他,笑的就是他!"(《西游记》第二十五回)

以上3例的主观性均较强,其中的"就是"都具有强调功能,同时我们发现,"就是"后接名词或代词,所指对象就限定为后接的"你""今夜""他"等。这种现象恰恰说明了确认、强调、限定这三种功能之间的紧密联系。事实上,确认也就是强调,只是主观性强弱之分,而强调往往有强调的焦点,说话人的注意力会聚集在焦点上,就整个所指的事物而言,本身就是一种限定。但例(20)至例(22)中的"就是"后接体词,"是"的判断功能尚存,"就是"尚未凝固成词。

"就是"成为表示"有限"意义的双音词至迟在清代已经出现。如:

(23) 那里知道半天里一个雷,说不唱了。我大太爷!那真啃死小人了!足足赔了一百二十四吊,就是剩了条裤子没有进当!(《官场现形记》第四回)

(24) 这一回再要撞上,我可就玩命啦。没有别的,我就是剩了一招啦。(《三侠剑》第一回)

以上2例中的"就是"后接动词"剩",这样"是"不再是句子的主要成分之一,"就"本身具有限定功能,"是"的功能弱化,"就是"完成词汇化,成为表限定范围的副词。

综上,"就是"的语义演变经历了"确认>强调>限定范围>转折"的发展历程。在肯定副词阶段"就是"还是副词"就"修饰判断动词"是"的短语结构,并未成词。当"就是"后接成分由体词性成分变为谓词性成分后,"是"的判断功能弱化,"就是"凝固成表限定范围的双音节副词。但限定并不一定能构成转折,从范围到转折是逻辑推衍的过程。在句法语义方面还有一定的限定条件。

2. 转折义"就是"产生的句法语义条件

转折是前后语言单位之间的一种关联意义，因此，"就是"产生转折语义必然要经历两个步骤：

第一步，必须进入"S，就是P"构式。

第二步，S与P的语义关系发生变化，"就是"在语境中经过逻辑推衍逐渐获得转折意义。

A. 进入"S，就是P"构式

转折是"就是"的连接义，这种连接义最终还是来源于构式义的赋予，因此进入"S，就是P"构式是"就是"向转折关联词演变的首要条件。

（25）（生）夫妻才称得浑家，你怎么也叫浑家？（丑）官儿，我闻古人云："人之父母，就是我之父母。"（元，施惠《幽闺记》，《全元南戏》）

（26）吴用大喜道："此乃天赐其便，这些粮船上，定要立功。便请先锋传令，就是你两个弟兄为头，带将炮手凌振，并杜迁、李云、石勇、邹渊、邹润、李立、白胜、穆春、汤隆、王英、扈三娘、孙新、顾大嫂、张青、孙二娘三对夫妻，扮作艄公、艄婆，都不要言语，混杂在艄后，一搅进得城去，便放连珠炮为号，我这里自调兵来策应。"（《水浒传》第一百十五回）

（27）徐能指着河里道："这山东王尚书府中水牌在上的，就是小人的船，新修整得好，又坚固又干净。惯走浙直水路，水手又都是得力的。今晚若下船时，明早祭了神福，等一阵顺风，不几日就吹到了。"（《警世通言》第十一卷）

（28）今日请两位贤弟来，就是要看看这山上土色，不知可用得？（《儒林外史》第四十五回）

例（25）至例（28）中的"就是"均已进入"S，就是P"构式，但"就是"连接的S与P之间是一种顺延的解说关系。这里的"就是"依然可以理解为表肯定的副词。因此，"S，就是P"构式中S与P的语义关系的发展也是"就是"功能演变不可或缺的条件之一。

B. S与P的语义关系发展

在限定与转折概念共容的前提下，当"S，就是P"构式中S与P的语义发生相悖，"就是"便可能获得了转折语义。关于表转折的"就是"，张谊生先生（2002）认为明代已经出现。现转引其所举的例句如下：

（29）把西门庆拉着说道："哥，你可成个人！有这等事，就挂口不对兄弟们说声儿？就是花大有些话说，哥只分付俺们一声，等俺们和他说，不怕他不依。他若敢道个不字，俺们就与他结下个大疙瘩。端的不知哥这亲事成了不曾？哥一一告诉俺们。比来相交朋友做甚么？哥若有使令去处，兄弟情愿火里火去，水里水去。弟兄们这等待你，哥还只瞒着不说。"（《金瓶梅》第十六回）

（30）你想被掳的人，那一个不思想还乡的？一闻此事，不论富家贫家，都畜信到家乡来了。就是各人家属，十分没法处置的，只得罢了；若还有亲有眷，挪移补凑得米，那一家不想借贷去取赎？（《喻世明言》第八卷）

张先生对以上2例的分析是："花大有些话说"和"没法处置家属的"都是与一种一般情形相左的例外情况，说话人的目的本来仅仅是指出例外，但是由于例外同整体在语义上正好相反相对，所以在整个篇章语境中就可以衍推（entail）出转折义。

我们认为这种分析值得商榷，对于"就是花大有些话说，哥只分付俺们一声，等俺们和他说，不怕他不依"，这里的"就是"应该还是表让步的关联词，并没有指出例外的意思，句子讲的是即便出现"花大有些话说"这样最糟糕的情况。我们考察了《金瓶梅》中的全部"就是"，发现其中没有指出例外的情况，只有让步连词（相当于"就算"义）用法。而"就是各人家属，十分没法处置的，只得罢了"这个例子，的确有指出例外的意思，指出例外实际上就是限定范围，这里的"就是"也可理解为限定范围副词"只有、只是"，因前后所述非同一主体（前面说的是被掳的人都寄信到家，后面说的是收到信的家属的一部分），转折语义尚不明显。

据我们所掌握的材料，明代表示转折的"就是"确实已经出现，但用例较少，如：

（31）姚乙道："举止外像一些不差，就是神色里边，有些微不象处。除是至亲骨肉终日在面前的，用意体察才看得出来，也算是十分象的了。若非是声音各别，连我方才也要认错起来。"（《初刻拍案惊奇》卷二）

清代文献中表转折的"就是"才稍广泛，我们在《儿女英雄传》里发现了2例。列举如下：

（32）那太太便在旁说道："老爷，玉格这话狠是，我也是这个意思。这些话我心里也有，就是不能像他说的这么文诌诌的。老爷竟是依他的话，打起高兴来。管他呢，中了，好极了；就算是不中，再白辛苦这一荡也不要紧，也是尝过的滋味儿罢咧！"（《儿女英雄传》第一回）

（33）傻狗说："好可是好，就是咱们驮着往回里这一走，碰见个不对眼的瞧出来呢，那不是活饥荒吗？"（《儿女英雄传》第四回）

例（32）中，"就是"连接的 S（这些话我心里也有）与 P（不像他说的这么文诌诌的）之间构成比较关系，有比较往往就会有差异，这种差异赋予了连接词"就是"转折义。例（33）中，"就是"连接的 S（好可是好）与 P（咱们驮着往回里这一走，碰见个不对眼的瞧出来呢）之间构成否定（前定后否）的关系，"就是"可看作转折关联词。

观察例（32）、例（33），我们发现两个特点：一是"就是"后接成分句法结构的复杂化，由名词或名词结构发展为句子或动宾结构；二是前项 S 首先肯定一种情况，后项 P 补充说明一些例外情况，从而形成 S 与 P 之间的差异性特征。

C. S 与 P 的语义条件限制

语义上，S 与 P 形成的差异性特征是"就是"获得转折语义的关键因素，但我们发现一部分此类句子中的"就是"并没有转折语义。如：

（34）那和尚陪着笑向安公子道："施主，僧人这里是个苦地方，没甚么好吃的，就是一盅素酒，倒是咱们庙里自己淋的。"（《儿女英雄传》第五回）

（35）高翰林道："今日并无外客，就是侍御施老先生同敝亲家秦中翰，还有此处两位学中朋友，一位姓武，一位姓迟。现有时厅上坐着哩。"（《儒林外史》第四十九回）

例（34）中，"就是"连接的 S（没甚么好吃的）与 P（一盅素酒，倒是咱们庙里自己淋的）之间构成前否后定的关系，这里的"就是"主要表强调和补充，依据张谊生先生的说法，是指出例外，这里的"就是"后接的是数量短语，理解为限定义的"只有"更为恰当，整个句子的转折义不明显，例（35）也存在类似的情况，其中的"就是"理解为"只有"更为恰当。因此，"指出例外"并不一定是转折的来源。那么，是否还有其他限制条件呢？

我们看到，例（33）和例（34）中的"就是"连接的 S 与 P 都构成否定关系，为何例（34）中的"就是"没有转折义，而例（33）中的"就是"却可以看作转折关联词呢？又如《红楼梦》中的类似语例：

（36）凤姐儿方坐下，问道："家里没有什么事？"平儿方端了茶来来，递了过去，说道："没有什么事。就是那三百两银子的利钱，旺儿媳妇送进来，我收了。再还有瑞大爷使人来打听奶奶在家没有，他要来请安说话。"（《红楼梦》第十一回）

（37）凤姐因见张材家的在旁，因问："你有什么事？"张材家的忙取帖儿回说："（没什么事），就是方才车轿围作成，领取裁缝工银若干两。"（《红楼梦》第十四回）

（38）黛玉听了这个话，不觉将昨晚的事都忘在九霄云外了，便说道："你既这么说，昨儿为什么我去了，你不叫丫头开门？"宝玉诧异道："这话从那里说起？我要是这么样，立刻就死了！"林黛玉啐道："大清早起死呀活的，也不忌讳。你说有呢就有，没有就没有，起什么誓呢。"宝玉道："实在没有见你去。就是宝姐姐坐了一坐，就出来了。"（《红楼梦》第二十八回）

以上 3 例〔我们在例（37）前面加上"没什么事"，构成"S，就是 P"构式〕，"就是"连接的 S 与 P 之间均属于前否后定的关系，同样，其中的"就是"是对前面的否定回答的一个补充，同时也是对初始问题的肯定回答，这样在逻辑上，S 与 P 是构成转折关系的，但是，这些例句中的"就是"并没有获得转折义，更倾向于表限定的"只有"，与强调的关系也相当密切。这一现象一方面说明强调、限定、转折之间的密切关系，另一方面也可以看出在"S，就是 P"构式中，"就是"转折语义的获得必须满足两个条件：一是 S 与 P 语义上构成否定关系；二是必须是肯定在前，否定在后。在这一点上，王岩（2007）

在比较表转折关系的"不过"和"就是"过程中也发现:"'就是'连接分句时在意义上有特殊要求,即只能用于从积极意义到消极意义的转折关系。"在语言表达中,通常积极意义表现为肯定表达,而消极意义则表现为否定表达。

我们再看如下例句:

（39）宝钗一旁笑道:"姨娘不知道,他穿衣裳还更爱穿别人的衣裳,可记得旧年三四月里,他在这里住着,把宝兄弟的袍子穿上,靴子也穿上,额子也勒上,猛一瞧倒象是宝兄弟的,就是多两个坠子。"（《红楼梦》第三十一回）

（40）贾母道:"眼睛牙齿都还好?"刘姥姥道:"还都好,就是今年左边的糟牙活动了。"（《红楼梦》第三十九回）

例（39）中,前项"把宝兄弟的袍子穿上,靴子也穿上,额子也勒上"这些行为都是与宝玉像的方面,是肯定的表述,后项"多两个坠子"的因比较产生的差异之处,二者因比较产生差异,从而构成转折。例（40）中,前面是肯定的"（牙齿）还都好",与后面的"今年左边的糟牙活动了"之间构成前肯定后否定的关系,"就是"也可以看作转折关联词。

我们认为造成这种现象的原因与"就是"转折句形成的意象图式相关,通常的情况是先确定一个范围（S）,大范围中出现少量的不一致情形（P）,从而形成"S"肯定,"P"否定的转折句。而"S"否定,"P"肯定的情况,就改变了原来的意象图式,整个句子的语义自然会不同。可见,转折关联词"就是"是在语义和句法因素共同作用下的产物。

（四）同类的"即是""便是"

李宗江（1997）认为"即""便""就"存在历时替换关系,其中用于判断谓语前，表示强调也是三者共有的功能之一。也就是说"即是""便是""就是"是具有历时替换关系的同类短语或词，"就是"在历时演变过程中获得转折功能，那么同类的"即是""便是"情况如何呢？

三者中，"即"演变为副词的时间是最早的，但在先秦文献《诗经》《左传》《论语》《礼记》《孟子》《荀子》《国语》等中均未发现"即是"结构，我们发现的较早用例出现在汉代。

（41）承者，发言举事，拾遗充足，制断宣扬，即是宰也。疑者，向思未得，启发成明，即是傅也。弼者，必定犹预，即是保也。扶君顺师，周匝入道，即是相也。（《太平经》卷一至十七）

（42）师古曰："如说是也。雍，右扶风之县也。太宰即是具食之官，不当复置饔人也。"（《汉书·表上》）

以上2例中的"即是"是副词修饰系词的短语组合，尚未凝固成词，我们考察了中古、近代的"即是"用例，在功能上基本没有发生变化，并且随着近代汉语副词"便"的蓬勃发展，"便是"组合逐渐取代了"即是"组合。

据王建军（2006）考察，"便""是"在唐宋之际已基本黏合为一体了。现转引其用例如下：

（43）童子欲来沽，狗咬便是走。（《寒山诗一一七首》）

（44）才著个要静底意思，便是添了多少思虑？（《朱子语类》卷一百一十八《朱子十五》）

王先生认为以上例子中的"便是"已经凝固定型，构成一个新的语言单位。我们认为这种看法是可信的，"便是"是随着主观化程度的加强而凝固成词的，以上例句中的"便是"均处于主观评议句中，主观化较强，正如王先生（2010）所说："'便是'由两个临时组配的非直接连用成分整合为一个双音词，显然属于词汇化和语法化的产物。"而"便是"的词汇化和语法化也是伴随着主观化而产生的。

宋以后具有相同功能和意义的副词"便"逐渐取代"即"，并成为高频使用词。"便是"用例也大大增加，但主要的功能仍然是表"确认、强调"。如：

（45）前面说底是一般，后面说底是一般。如"口之于味，耳之于声，性之"，这便是人心。然不成无后也要怎地！（《朱子语类》卷六十一《孟子十一》）

（46）当日铺设甚是齐整，上面挂的是昊天金阙玉皇上帝，两边列着的紫府星官，侧首挂着便是马、赵、温、关四大元帅。（《金瓶梅》第一回）

我们在近代汉语文献中找到下面两个用例。

（47）……伯爵道："哥，休说此话，你心间疼不过，便是这等说，恐一时冷淡了别的嫂子们心。"（《金瓶梅》第六十五回）

（48）阿嫂道："你倒说得好，便是没捉处。"（《水浒传》第十七回）

依照整个句子的句义，可以将上述两个例句理解为转折句，"便是"作为连接词便被赋予了转折功能。表确认的"便是"在使用过程中，主观化程度的加强使得其具有强调功能，至于其连接功能则完全来自所在语境，如例（48）中前后分句"说得好"与"没捉处"之间构成语义相悖关系，"便是"便在这种转折语境中被赋予转折功能。表转折的"便是"在历史文献中非常罕见，因此主要的字典辞书均未收录其转折用法。

（五）本节结语

具有转折功能的"就是"的演变路径可以概括为：判断、确认＞强调＞限定范围＞转折关联。与众多关联词不同的是"就是"在汉语史上先后出现的这四种功能之间的界限并不十分明显，这不仅佐证了四者之间的来源关系，同时也说明转折关联词"就是"产生的特殊性。在语义方面转折义来源于限定义在特殊语境中的逻辑推衍义，也就是说我们甚至可以将转折句中的"就是"看成限定范围副词所具有的关联功能，这或许也是吕叔湘先生（1980）将转折句"这孩子挺聪明，就是有点淘气"中"就是"归入"确定范围，排除其他"义副词的原因。除语义上的相关性外，进入"S，就是 P"构式也是关键的一步，当构式中 S 与 P 构成相悖的语义关系时，便与转折的原型语义特征（［＋差异性］）相吻合。值得注意的是，"就是"连接的"S"与"P"往往通过肯定与否定的关系形成差异，只有当"S"肯定，"P"否定的情况下，"就是"才具有转折功能，这可能跟"就是"转折句形成的意象图式相关，通常的情况是先确定一个范围（S），大范围中出现少量的不一致情形（P），而在"S"肯定，"P"否定的句子中，就改变了原来的意象图式，整个句子的语义自然会不同。可见，转折关联词"就是"是在语义和句法因素共同作用下的产物。

在汉语史上，"即""便""就"在众多功能上具有一致性，三者之间存在历时替换关系，同类结构"即是""便是"也均出现判断、确认功能，但"即是"较早地被"便是"取代，在功能上未能得到进一步的扩展，而"便是"在近代汉语中倒是个高频词，但进入"S，便是 P"构式的中的"便是"表转折的很罕见，原因在于"S"与"P"未能构成相悖的语义关系。明末，随着"就"对"便"的替代，"便"不再是高频词，"便是"便丧失了继续发展的可能，而"就是"便是在"就"替代"便"以后得以迅速发展，在多种因素的促动下获得转折功能，并一直沿用至今。

第四节 本章小结

本章讨论了来源于限定范围副词的转折范畴，从汉语的实际情况来看，一部分限定范围副词本身可连接转折句，如"第""唯""独""特"等，可见，限定范畴与转折范畴从内涵逻辑上来讲具有相似性，基于这种相似性，"限定范畴＞转折范畴"这条演变路径在汉语以及世界其他语言中均普遍存在。它体现了同类词在历时演变过程中基于词义的相似性或同一性，在演变过程中也向同一方向发展的规律。我们选取具有代表性的"但""不过""就是"等几个个案进行考察，重点讨论了它们跨范畴转变的过程，限定范围副词与转折范畴的句法语义接口（其中包括二者句法位置的一致性、限定范围副词逻辑否定意义衍生等方面）等问题。

值得一提的是，限定范围副词在演变过程中并没有全部发展成为转折关联词，这可能跟它们的语义指向有关系，如"徒、仅"语义指向主语或宾语，就没有发展出转折用法，而"但、唯、特"等语义可以指向谓语就发展出转折用法。这一现象说明在限定范畴演变的过程中也呈现共相与殊相并存的局面。

第六章

从主观确认到转折关联

第一节 概述

前面的第三章至第五章，我们从源词本身与转折相似的程度进行分类，讨论了空间转折范畴、心理转折范畴、限定范畴向转折范畴转化的相关问题。转折是一种关联表达，具有转折关联功能的词并非都直接与转折语义相关，从我们对汉语史上转折范畴的考察（详见第二章）可以看出，部分表确认的词同样具有转折关联功能，如"其实""实""实际上""事实上"等。本章以"其实"为个案，谈谈确认词转折功能获得的过程、机制和动因。

第二节 "主观确认＞转折关联"个案考察：以"其实"为例

本节主要探讨副词"其实"转折关联功能的形成及理据。

一 前期研究综述

（一）关于"其实"的归属问题

关于副词"其实"，目前学术界的研究在诸多方面还存在分歧，主要表现在以下几个方面：

1. 词类归属不一

学界对"其实"词类的归属尚未统一，主要有"连词说"和"副词说"两种意见。

太田辰夫（1987：299—300）把"其实、不想、不料"都归入转折连词。黎锦熙（1959）在《新著国语文法》中，认为表示等立复句关系的轻转连词有"其实、实际上"。

蒋冀骋、吴福祥（1997：442）将"其实"归入语气副词；张谊生（2000）将其视为评注性副词；史金生（2002）认为"其实"是证实类语气副词；杨伯峻、何乐士（2001：348）将"其实"归入推度副词。此外，《现代汉语虚词词典》①和《现代汉语八百词》②均将其归入副词。

副词与连词之辨一直是学界十分棘手的问题，到目前为止尚未有统一的辨别标准，可以肯定的是从词义的虚实程度来讲，连词是比副词更虚的类，而"其实"的语义还比较实在，因此我们倾向将其列入副词范畴。当然，词类辨析并不是本书讨论的重点，我们关注的是其转折关联功能实现的方式。

2. "其实"是否是转折词

由于"其实"所在的句子中，前后小句有时具有转折关系，因此部分学者认为"其实"是转折词。可以肯定的是，"其实"可以连接具有转折语义的关系句，这也是太田辰夫先生和黎锦熙先生将其归入转折连词的原因，而且我们知道部分副词也确实具有关联功能。撇开词类划分不谈，还有一个疑问是：转折关系句中的"其实"本身具有转折义吗？陆俭明先生（1985）曾提出："在把握虚词的意义时，还要注意防止这样一点：把本来不属于某个虚词的语法意义硬加到这个虚

---

① 侯学超主编：《现代汉语虚词词典》，北京大学出版社1998年版。
② 吕叔湘：《现代汉语八百词（增订本）》，商务印书馆1999年版，第437页。

词的身上去。"① 具体到"其实"一词,部分学者是否有这种倾向呢?"其实"本属于表确认的词,而连接转折关系句的"其实"在句中意义是否发生了改变?"其实"成为转折标记的理据是什么?

(二)关于副词"其实"的产生及关联功能问题

除了部分语法史专著和字典辞书中对"其实"用法的简要描述和释义外,时贤对"其实"的专门研究也出现不少成果。主要表现在3个方面:

1. 对副词"其实"产生过程和机制的研究

关于副词"其实"的产生,解惠全(1987、1997)②、董秀芳(2002)③均有过讨论,但两位学者对其虚化过程的描写比较简略。朱冠明(2002)的《副词"其实"的形成》是目前从历时角度对"其实"研究最全面深入的一篇文章,朱先生认为副词"其实"来源于古汉语中位于主语位置的偏正词组"其实",并详细考察了位于主语位置的偏正词组"其实",根据上下文的对应关系,将"其实"分为7种类型④。通过对这

---

① 陆俭明、马真:《现代汉语虚词散论》,语文出版社1985年版,第13页。
② 解惠全:《谈实词的虚化》,南开大学中文系《语言研究论丛》编委会《语言研究论丛》第4辑,南开大学出版社1987年版,第208—227页。
解惠全:《关于虚词复音化的一些问题》,《语言研究论丛》第七辑,语文出版社1997年版,第194—210页。
③ 董秀芳:《词汇化:汉语双音节词的衍生和发展》,四川民族出版社2002年版,第227—230页。
④ 我们摘录朱冠明先生总结的七种类型的"其实"句,如下:
A. 上下文有单音词"实"或偏正结构"其N"与"其实"对应:其实中其声者谓之端,实不中其声者谓之欺。(《史记·太史公自序》)
B. 上下文有"名""号""形"等名词成分或"言""号""谓""传"等动词成分与"其实"对应:其交未亲,其下未附,名为亡秦,其实利之也。(《史记·秦始皇本纪》)
C. "其实"前另有表转折的连词"而":昔汉氏失御,九州殊隔,三国乘间,鼎跱数世,干戈日寻,流血百载,虽各有偏平,而其实乱也。(《全晋文·卷一百三十四》)
D. 上文并列多项现象或事物:其在闾巷少年,攻剽椎埋,劫人作奸,掘冢铸币,任侠并兼,借交报仇,篡逐幽隐,不避法禁,走死地如骛者,其实皆为财用耳。(《史记·货殖列传》)
E. 上文有"似类""象"等表类似的动词与"其实"对应:今五色之鸟,一角之兽,或时似类凤皇麒麟,其实非真。(《论衡·讲瑞篇》)
F. 上文有表让步的连词"虽"与"其实"对应:绍御军宽缓,法令不立,士卒虽众,其实难用。(《三国志·荀彧荀攸贾诩传》)
G. 上下文没有明确的对应成分:然而众劳卒罢,其实难用。(《史记·淮阴侯列传》)

7种类型中"其实"的分析,发现单纯从意义上,很难判定哪个是词,哪个是词组。继而,朱先生探讨了"其实"虚化的形式标志,即虚化为副词的"其实"在形式上有两个标志:①上下文中存在排斥"其"的指代功能的语言成分;②上下文中存在取消"其实"的主语资格的语言成分。参照这两个标准,朱先生认为,偏正词组"其实"虚化为副词完成的时间大致在晋以后,但用例十分罕见,唐代副词"其实"渐趋成熟,直到宋代副词"其实"才完全成熟。关于"其实"虚化的机制,朱先生认为主要是语义的抽象化和泛化。关于为何处于主语位置的"其实"会虚化,朱先生从句法位置、语用等方面给予了可信的解释①。

2. 对副词"其实"主观性和主观化的研究

崔蕊(2008)专门针对"其实"的主观性和主观化问题进行了研究,崔文认为"其实"的主观化经历了"客观对比—主观对比—主观认识—话语标记,'其实'出现的语境由最初的对比性语境发展到非对比性语境,最后发展出话语标记的功能"②,文章还进一步从历时的角度考察了"其实"的语法化和主观化过程。崔先生从主观化和主观性的角度,通过共时的分析和历时的验证,证明了"其实"从偏正短语到句内副词再到关联副词的过程是一个主观化程度不断增强的过程,研究触及"其实"关联功能获得的句法、语义等条件,对我们的研究很有启发性。

---

① 朱冠明先生主要从三个方面解释了主语位置的"其实"虚化的原因:

其一,长期处于后一分句主语位置,导致了"其"指代功能的弱化丧失。

其二,因为它处于主语位置(绝大多数是分句的主语),表面上与状语位置重合,一旦要发生虚化,无须另外要求形式上的句法位置的改变。

其三,虚化与否,从语用上来说,对传达说话人的意图差别并不大——偏正词组作主语(话题),后面谓语部分是要陈述说话人对某件事物的真实情况的看法;副词作状语,也是表示说话人认为整个陈述部分是真实情况。只不过作主语时说话人的主观意味略弱一点,作状语时主观意味略强一点而已。这样,一旦出现实际的交际需要,即"其实"所在的语句需要另有主语时,虚化便成为一件自然而然的事。

② 崔蕊:《"其实"的主观性和主观化》,《语言科学》2008年第5期。

3. 对副词"其实"的篇章连接功能的研究

关于副词"其实"的篇章连接功能，廖秋忠（1986）已经提出"其实"是"表逻辑关系的连接成分，逆接，表实情"[①]。

王江的硕士学位论文《篇章关联副词"其实"的多角度分析》（2003）主要是从共时角度对"其实"句式的语义和语用特征、"其实"的句法特征、"其实"的篇章功能等几个方面进行了探讨。关于"其实"的篇章功能，王文认为"其实"在篇章中的位置比较自由，移位可产生功能的差别，具体来讲，"'其实'由句中移到句首，其主观性增强、辖域扩大、其自身语义随之加强、句法焦点变得分散、其篇章衔接力增强"[②]。

已有的研究是进一步深入探讨的基础，我们关注"其实"引导转折关系句的历史衍生过程及强调词引导转折句的原因。

二 "其实"转折句的历时演变过程

（一）偏正短语"其实"及其泛化

"其实"最初是代词"其"和"实"（果实）组合的偏正短语，义为"它的果实"。这种用法早在先秦汉语中已经出现，一般在句中可以作主语或宾语。分别举例如下：

（1）橘生淮南则为橘，生于淮北则为枳，叶徒相似，其实味不同，所以然者何？水土异也。（《晏子春秋·内篇杂下》）

（2）车班外内，顺以训之，泉源以资之，土厚而乐其实。（《国语·晋语四》）

[①] 廖秋忠：《现代汉语篇章中的连接成分》，《中国语文》1986 年第 6 期。
[②] 王江：《篇章关联副词"其实"的多角度分析》，硕士学位论文，延边大学，2003 年，第 67 页。

"实"是古汉语中的一个常用词，本义是"果实"，很早就引申出诸多语义，如"财富、财物""实际、事实、实质、实在内容"等，如：

(3) 女承筐无实，士刲羊无血。(《易·归妹》)

(4) 君子尊仁畏义，耻费轻实。(《礼记·表记》)(郑玄注："实，谓财货也。")

(5) 东邻杀牛，不如西邻之禴祭，实受其福。(《易·既济》)

相应地，"其实"的意义也早在先秦时期即已泛化。如：

(6) 夏后氏五十而贡，殷人七十而助，周人百亩而彻，其实皆什一也。(《孟子·滕文公上》)

(7) 较秦之所得，与战胜而得者，其实百倍；诸侯之所亡，与战败而亡者，其实亦百倍。(《六国论》)

(8) 其谋也，左右无所系，上下无所縻，其声不悖，其实不逆，谋于上，不违天，谋于下，不违民，以此谋者必得矣。(《晏子春秋·问上》)

(9) 今阳子之貌济，其言匮，非其实也。(《国语·晋语五》)

以上4例的"其实"指的均不是"它的果实"，而是"税率实际上""它的实际数量""它的实际情况"等义，较之于初始意义"它的果实"而言，意义泛化，这也是主观性增强的具体表现。

(二)"其实"进入关系句

事实上，"其实"功能的发展，主要还是取决于其所在句法结构的发展。进入关系句是其关联功能产生的关键。汉语史上，"其实"曾进入不同语义关系的关系句，并在关系句中逐渐获得了不同的关联意义和功能。

1. 表同一关系

进入关系句"A，B，其实C"，表A、B之间的同一关系。如：

(10) 齐听祝弗，外周最。谓齐王曰："逐周最、听祝弗、相吕礼者，欲深取秦也。秦得天下，则伐齐深矣。夫齐合，则赵恐伐，故急兵以示秦。秦以赵攻，与之齐伐赵，其实同理，必不处矣。故用祝弗，即天下之理也。"（《战国策·东周策》）

(11) 刑与兵，犹足与翼也，走用足，飞用翼。形体虽异，其行身同。刑之与兵，全众禁邪，其实一也。（《论衡·儒增篇》）

我们发现，较早的"其实"关系句的句法构造是"A，B，其实C"，其中A、B是两个不同的事件，两者之间的关系是同一关系，"其实C"表达或者说强化了这种同一性。我们说转折的原型语义特征是因比较而产生的［+差异性］，比较的结果有两种，要么具有同一性，要么具有差异性，而［+差异性］是构成转折的必备要素之一。在最初的"A，B，其实C"结构式中，虽然有比较，但因强调两者的同一关系，因此，所在句还不构成转折关系。

2. 表纠正关系

进入关系句"A，其实B/非A"，表示对前句意义的纠正，初现转折关联义。较早的"A，其实B/非A"结构式在秦汉时期已经出现。我们在《公羊传》中共发现1例，《战国策》里共发现20例"其实"句，其中这种类型9例，现引用3例如下：

(12) 十年春，公如齐。公至自齐。齐人归我济西田。齐已取之矣，其言我何？言我者，未绝于我也。曷为未绝于我？齐已言取之矣，其实未之齐也。（《公羊传·宣公十年》）

(13) 甘茂至，王问其故。对曰："宜阳，大县也，上党、南

阳积之久矣，名为县，其实郡也。今王倍数险，行千里而攻之，难矣。"（《战国策·秦策二》）

（14）且夫秦之所欲弱莫如楚，而能弱楚者莫若魏。楚虽有富大之名，其实空虚；其卒虽众，多言而轻走，易北，不敢坚战。（《战国策·魏策一》）

以上3例属于同一类型，A是事物所呈现的表面现象，而B则为事物的实际情况，从而形成了事物表面现象与实际情况的比较，并且比较的结果不是同一的，而是相悖的，B是对实际情况的确认，也是对A的一种纠正，这样，"其实"就有了句间关联作用。

这种关系句在汉代文献中经常出现，如：

（15）且天下尝同心并力攻秦矣，然困于险阻而不能进者，岂勇力智慧不足哉？形不利，势不便也。秦虽小邑，伐并大城，得陁塞而守之。诸侯起于匹夫，以利会，非有素王之行也。其交未亲，其名未附，名曰亡秦，其实利之也。（汉，贾谊《新书》）

（16）儒者又曰：雨从天下，谓正从天坠也。如（当）〔实〕论之，雨从地上不从天下，见雨从上集，则谓从天下矣，其实地上也。（《论衡·说日篇》）

这种类型的"其实"在上古汉语中非常普遍，虽然这里"其实"所在的句子与上文往往构成一种纠正关系，句际之间初现转折关联义，但彼时，"其实"还是偏正短语。"其"的指称对象非常明显，比如例（15）中的"其实"与上文中的"其交""其名"是同类结构，"其"有所指代，例（16）中的"其"也有明显的指称对象"雨"。

当"其实"出现在转折关联句中后，虽然句际意义已经蕴含转折，但"其实"的性质并非典型的关联词，因此，探讨"其实"词化的过程及年代就显得尤为重要。

(三) 关于"其实"的成词过程及年代

关于"其实"从偏正短语到副词的词化过程,太田辰夫(1987)、杨伯峻和何乐士(2001)、解惠全(1987、1997)、蒋冀骋和吴福祥(1997)、朱冠明(2002)、崔蕊(2008)均有论述。

太田辰夫(1987:299)认为"其实"原是副词,表示"真实的",并例举了《史记》中的一个例句。转引如下:

(17) 然而众劳卒罢,其实难用。(《史记·淮阴侯列传》)

关于转折句中的"其实",太田辰夫先生认为出现在近古。转引其用例如下:

(18) 你父亲写便这等写,其实没有甚么银子。(元,秦简夫《东堂老》,《全元杂剧》)

蒋冀骋、吴福祥(1997:442)认为"其实"是用来强调所述情况的真实性,见于宋代。转引其用例如下:

(19) 贯阳应:"甚好,来日且过真定。"其实欲遁矣。(《三朝北盟会编·茅斋自叙》)

(20) 释氏其实是爱身,放不得,故说许多。(《河南程氏遗书》卷二)

(21) 此乃截法,故有日月五星右行之说,其实非右行也。(《朱子语类辑略》卷一)

杨伯峻、何乐士(2001:348)例举了元代的语例。转引如下:

(22) 他其实怨你。(《元曲选·李逵负荆》)

崔蕊(2008)认为副词"其实"在汉代也已经出现，并举了《史记》中的用例。转引如下：

(23) 齐桓公伐蔡，号曰诛楚，其实袭蔡。今秦，虎狼之国，使樗里子以车百乘入周，周以仇犹、蔡观焉，故使长戟居前，强弩在后，名曰卫疾，而实囚之也。(《史记·樗里子甘茂传》)

崔文认为这里的"号曰诛楚，其实袭蔡"和"名曰卫疾，而实囚之"在结构上是完全相同的，区别仅仅在于前句用的是"其实"，而后句用的是"实"，两者的作用是相当的，都是副词，表"实际上"。崔文还从韵律角度解释了同一功能意义的不同表现形式。我们认为以此例为证，确定副词"其实"产生于汉代未免有些欠妥，原因在于此句是司马迁根据《战国策》的事件重新叙述的，原文是：

(24) 秦令樗里疾以车百乘入周，周君迎之以卒，甚敬。楚王怒，让周，以其重秦客。游腾谓楚王曰："昔智伯欲伐厹由，遗之大锺，载以广车，因随入以兵，厹由卒亡，无备故也。桓公伐蔡也，号言伐楚，其实袭蔡。今秦者，虎狼之国也，兼有吞周之意；使樗里疾以车百乘入周，周君惧焉，以蔡、厹由戒之，故使长兵在前，强弩在后，名曰卫疾，而实囚之也。周君岂能无爱国哉？恐一日之亡国，而忧大王。"楚王乃悦。(《战国策·西周策一》)

不难发现，例(24)中"其"的指称功能还很明显，结构上的对举也不足以判断一个词的词性。

崔蕊还举了另外一个汉代的例证，转引如下：

(25) 然而梦见之者，见彗星其实非，梦见汤、伊尹实亦非也。（《论衡·死伪篇》）

我们认为这一例中的"其实"确实可以理解为副词，但根据我们的考察，在汉代的文献中，这只是一个孤例，还难以充分证明副词"其实"就产生于汉代。

"其实"由一个名词性结构演变为副词是一个渐变的过程，我们判断"其实"是否成词必定需要建立一定的标准。在成词标准上，我们赞成朱冠明（2002）的观点。朱先生提出两个标准：

①上下文中存在排斥"其"的指代功能的语言成分；

②上下文中存在取消"其实"的主语资格的语言成分。

根据这两条标准，朱先生认为副词"其实"出现的时间大致在晋以后，但晋至唐用例十分罕见，副词"其实"直到唐代才逐渐成熟。我们认为"其实"的成词过程也就是"其"的指称功能消失的过程，这期间"其"的指称功能经历了"实在指称—模糊指称—无指称"的发展历程。

在汉代文献中，我们发现了"其"指称对象模糊化的"其实"用例。如：

(26) 黄〔次〕公取邻巫之女，卜谓女相贵，故次公位至丞相。其实不然。次公当贵，行与女会；女亦自尊，故入次公门。偶适然自相遭遇，时也。无禄之人，商而无盈，农而无播，非其性贼货而命妨谷也。（《论衡·偶会篇》）

(27) 坏沮水流，竟注东去。遭伯宗得辇者之言，因素缟而哭，哭之因流，流时谓之河变，起此而复，其实非也。何以验之？使山恒自崩乎，素缟哭无益也。（《论衡·异虚篇》）

例（26）和例（27）中的"其实"虽然仍为偏正短语，但"其"

指称的不再是具体的某个人或某个事物,而是前面一个较为复杂的事件。从指称某一个人或某一个事物,变成指称某一个较为复杂的事件,也是"其实"指称功能弱化的表现。复杂事件的指称性在回指的性质上会低于典型的名物类指称,所以虽然"其实"在句中仍然有所指,但指代性质已经比较模糊,开始虚化。

我们在魏晋以前的文献中也未找到副词"其实"的用例。仅见"其"的指称由具体的人或物泛化到指称某些复杂的事件。正如朱冠明先生考察所言,直到唐代,确凿的副词"其实"用例并不多见,宋以后副词"其实"的功能成熟,才大量出现。

(四)副词"其实"功能的发展

成词后的副词"其实"主要有两种功能:一是表示确定、强调的副词;二是连接转折句的关联词。

1. 表强调的"其实"

表"强调"的"其实"在语义上与源词具有一定的相关性,"其实"的本义经过引申有"他实际上""他的实际情况"等义,表肯定、确认,"肯定、确认"义进一步主观化以后便产生"强调"义。

"其实"表强调早在汉代已经萌生,但彼时,"其实"尚未发展为确定的副词,在句中具有两可的解释。如:

(28)世谓子胥伏剑,屈原自沉,子兰、宰嚭诬谗,吴、楚之君冤杀之也。偶二子命当绝,子兰、宰嚭适为谗,而怀王、夫差适信奸也。君适不明,臣适为谗,二子之命偶自不长。二偶三合似若有之,其实自然,非他为也。(《论衡·偶会篇》)

(29)夫光武始生之时,成、哀之际也,时未太平而凤皇至。如以自为光武有圣德而来,是则为圣王始生之瑞,不为太平应也。嘉瑞或应太平,或为始生,其实难知。独以太平之际验之,如何?(《论衡·乱龙篇》)

例（28）的关联模式是"A，其实 B，非 C"，"其实"表对前述事件真实情况的确认。例（29）的关联模式是"或 A，或 B，其实 C"，这里的"其实"主观性更强，可以理解为表"实在，确实"义的语气副词，但这里"其"的指称功能还很强，句中的"其实"也可以理解为"他的实际情况"。

表强调语气的副词"其实"从宋代一直沿用到清代，现代汉语中这种用法已经消亡。如：

（30）帝召学士马裔孙谓曰："在德语太凶，其实难容。"（宋，孔平仲《续世说·直谏》）

（31）纪老三道："这个不该是小的说的，家主这件事，其实有些亏天理。"廉使道："你且慢慢说来。"（《二刻拍案惊奇》卷四）

（32）老弟，我敢是又叫你绕了去了！方才我原因他说不认得邓九公这句话，其实叫人有些不平。（《儿女英雄传》第三十二回）

2. 转折句中的"其实"

我们对《朱子语类》（前 40 卷）中的"其实"句进行了统计分类，总结出副词"其实"所在句主要有以下 3 种关联模式：

A. A，其实非 A。"其实"句是对前句的纠正。

（33）但历家只算所退之度，却云日行一度，月行十三度有奇。此乃截法，故有日月五星右行之说，其实非右行也。（《朱子语类》卷二《理气下》）

（34）上蔡以来，以敬为小，不足言，须加"仁"字在上。其实敬不须言仁，敬则仁在其中矣。（《朱子语类》卷六《性理三》）

B.（虽）A，其实 B。转言其他，可以解释为"但是"。

（35）性便是理，气便是气，是未分别说。其实理无气，亦无所附。（《朱子语类》卷四《性理一》）

（36）周礼所谓"天神、地示、人鬼"，虽有三样，其实只一般。若说有子孙底引得他气来，则不成无子孙底他气便绝无了！（《朱子语类》卷三《鬼神》）

C. 跟其他转折词连用。

（37）数者虽则未尝不串，然其实各是一件事。（《朱子语类》卷十二《学六》）

（38）却自箪瓢陋巷，则似乎杨氏之为我。然也须知道圣贤也有处与他相似，其实却不如此，中间有多少商量。（《朱子语类》卷十八《大学五》）

（39）若以理言之，义自是个断制底气象，有凛然不可犯处，似不和矣，其实却和。（《朱子语类》卷二十二《论语四》）

A 类型，"其实"所在句是对前句进行纠正，从而衍生出转折语义。事实上，表确认纠正功能的"其实"在汉代已有，但两者性质不同，汉代时"其实"为偏正短语，例（33）、例（34）中的"其实"则为副词。而且同处宋代，B、C 两种类型"其实"句转折功能更明显，其突出表现是与关联词"虽""然"或"却"等连用。"其实"可以连接转折句，但"其实"本身并没有转折语义，那么句中的转折意义来自哪里呢？

（五）"其实"连接转折句的认知阐释

早在汉代，短语结构的"其实"即可以出现在含有转折语义的句子中，但彼时"其实"在语法地位上还只是松散的短语，"其"还是句子主语的承担成分，"其实"尚未凝固成词。副词"其实"的生成过程，实际上是代词"其"功能弱化直至羡余，而表"实际、事实"义的"实"语义的凸显过程，在这一过程中，句法环境是不可忽略的因素，可以说转折语义的句法环境是基础。

通常转折关系词本身在发展过程中具有转折语义，比如"反""倒""不过"等，而副词"其实"是个表肯定义的确认词，即便用于转折关系句，其语义也未发生改变。确认词何以能够连接转折关系句呢？认知语言学认为绝大多数隐喻是通过相似性获得的，但也有部分隐喻的源域和目的域之间并不具有相似性，它们的语义和功能是通过关联获得的。我们认为"其实"所在句的转折语义便是通过上下句之间的语义关联，经过语用推理获得的。

（六）本节结语

"其实"本为语义很实在的偏正短语，在发展过程中"其"的语义泛化，意义泛化后的"其实"在"实"语义的影响下早在汉代已经可以进入关系句，且位于分句句首，当"其实"进入"A，其实B"构式，且A与B在语义上形成不一致关系时，"其实"便在语境义的感染下获得关联功能。成词后的"其实"功能在宋代有所发展，产生出更加主观化的强调语义。综观"其实"的历时发展过程，我们发现，它本身并没有转折语义，其转折语义的获得是语用推理的结果。现代汉语的"实际上""事实上"均属于这种类型。

第七章

从顺承关联到转折关联

第一节 概述

　　甲骨文中只有并列连词和承接连词，却没有转折连词，可见，转折连词相对于并列连词和承接连词而言是后起的，但就语言表达的常识判断，彼时，语言表达中不可能没有转折句，那么这些转折句应该都是通过意合的手段形成的。

　　先秦汉语中，形合的转折句就已经大量出现，但转折连词数量却不是很多，且往往担多种关联功能。应该说，上古汉语中的转折标记还比较灵活，往往一个词担当多种语法功能，并且转折也不是主要的功能，上古汉语的"乃、且、然"等都是这样。

　　我们认为汉语中存在"顺承＞转折"这样一条演变路径，事实上，关于承接和转折在文献中的转化现象，葛佳才（2005：118－120）已经有所关注，其文章指出，历史上"便""乃""自""则""辄""亦""即"等词均出现从承接到转折的转化。基于这种认识，本章将以个案的形式具体探讨这一演变在汉语中的体现。

第二节 "顺承关联＞转折关联"个案考察

一 "然"

"然"表转折在古汉语中非常常见。关于其来源,一般认为来源于代词;关于其产生时间,仍然存在一定的争议。概括起来主要有两种观点:

"汉代说":以吕叔湘(1982)①、王力(1989)② 为代表。

"先秦说":以朱诚(2007)、袁雪梅(2010) 为代表。

我们赞同诸家关于转折连词"然"来源于代词的看法,但在对语料的考察中发现,其最直接的来源是代词"然"的顺承关联用法。本小节将更加细致地考察转折连词"然"由代词虚化为连词的过程和条件。

(一)代词"然"的回指与承接功能

一般认为代词具有回指功能,事实上,代词"然"不仅具有回指功能,同时还具有承接功能。

(1)禹疏九河,瀹济漯,而注诸海;决汝汉,排淮泗,而注之江;然后中国可得而食也。(《孟子·滕文公上》)

(2)孟子曰:"于齐国之士,吾必以仲子为巨擘焉。虽然,仲子恶能廉!充仲子之操,则蚓而后可者也。夫蚓,上食槁壤,下饮黄泉。"(《孟子·滕文公下》)

(3)子路问於孔子曰:"有人於此,夙兴夜寐,耕耘树艺,手

---

① 吕叔湘在《中国文法要略》中提出:"'然'字的开始盛行在'然而'之后,我们可以说它是'然而'之省,以'然'摄'而';我们也可以说是'虽然'之省,那就本来不一定随以'而'字。"

② 王力先生在《汉语语法史》中指出:"直到汉代以后,'然'字才单独用作转捩连词。"

足胼胝，以养其亲，然而无孝之名，何也？"（《荀子·子道第二十九》）

（4）故君子者，治礼义者也，非治非礼义者也。然则国乱将弗治与？（《荀子·不苟第三》）

（5）鲋鱼忿然作色曰："吾失我常与，我无所处。我得斗升之水，然活耳。君乃言此，曾不如早索我枯鱼之肆！"（《庄子·外物》）

以上5例中的"然"均可视为代词，表"这样"义，当其位于后小句，特别是小句句首位置时，具有回指功能。如例（3）中的"然而"可理解为"这样却……"；例（4）中的"然则"可理解为"这样的话，那么"；例（5）中的"然"可理解为"便"。因此，回指功能是相对于"然"前面的成分而言的，确切来说是相对于上句而言的，而相对于"然"所在的句子而言则是承接。

（二）前后句语义关系变化促使顺承到转折的转化

前后句语义关系变化是"然"转折关联功能获得的关键。

（6）昔者黄帝始以仁义撄人之心，尧、舜於是乎股无胈，胫无毛，以养天下之形，愁其五藏以为仁义，矜其血气以规法度。然犹有不胜也，尧於是放讙兜於崇山，投三苗於三峗，流共工於幽都，此不胜天下也。（《庄子·在宥第十一》）

（7）今夫胡貉戎狄之蓄狗也，多者十有余，寡者五六，然不相害伤。（《晏子春秋·内篇谏下》）

以上2例中，前句叙述一种客观存在的情况，按照一般常理会产生相应的结果，但"然"所在的小句却均为否定句，也就是与一般常理相反的结果，这样，从关联的角度讲，前后句便构成一种逆接关系。

试想，如果将以上2例中的"然"小句改为肯定句，那么赋予"然"的则是一种顺接关系，所以我们说，"顺承（顺接）＞转折（逆接）"的完成得益于前后句语义关系的变化。

前后句语义关系相悖也可在肯定句中实现。如：

（8）夫问其故，妻曰："晏子长不满六尺，身相齐国，名显诸侯。今者妾观其出，志念深矣，常有以自下者。今子长八尺，乃为人仆御，然子之意自以为足，妾是以求去也。"其后夫自抑损。晏子怪而问之，御以实对。晏子荐以为大夫。（《晏子春秋·内篇杂上》）

（9）行有日，甘罗谓文信侯曰："借臣车五乘，请为张唐先报赵。"文信侯乃入言之于始皇曰："昔甘茂之孙甘罗，年少耳，然名家之子孙，诸侯皆闻之……"（《史记·甘罗列传》）

（10）初，无校事之官干与庶政者也。昔武皇帝大业草创，众官未备，而军旅勤苦，民心不安，乃有小罪，不可不察，故置校事，取其一切耳；然检御有方，不至纵恣也。（《三国志·魏书·陈晓》）

以上3例中，前后分句均为肯定句，但语义上，前后句构成相悖关系，其中的"然"也为转折连词。

可见，表转折的"然"在先秦后期已经产生并广泛使用，直接来源于顺承关联用法，"然"在语法化过程中经历了"（代词）回指＞顺承＞转折"的过程。

二 "便"

转折是一种关联功能，而"便"的主要关联功能是顺承。"便"的顺承关联功能是从其时间副词功能进一步发展而来。李宗江（1997）

认为"即""便""就"有5种相同的意义,其中之一是"表示短时间内发生,相当于'马上'、'立即'"①,这说的是三者的时间副词用法。李文还认为,时间副词"便"发展很快,南北朝时用量已经超过"即",并在宋代完成了对"即"的替换。

"时间副词＞顺承关联"的演变路径在汉语史上具有普遍性。"即""便""就"均发生过这一演变。香坂顺一(1992)、梅祖麟(1984)、李思明(1990)、周莹(2005)已有论述,我们不再赘述。

"便"表顺承的用法汉代已见。如:

(1)少年欲立婴便为王,异军苍头特起。(《史记·项羽本纪》)

(2)道以毕就,便成自然,有禄自到,无敢辞焉。(《太平经》卷五十五《知盛衰还年寿法第八十三》)

魏晋南北朝时期用例已十分广泛。如:

(3)天道信诚,不可不察。窃见陛下疾往者上威不行,下专国命,即位以来,不用旧典,信刺举之官,黜鼎辅之任,至于有所劾奏,便加免退,覆案不关三府,罪谴不蒙澄察。(《后汉书·朱冯虞郑周列传》)

(4)吴时有徐光者,尝行术於市里:从人乞瓜,其主勿与,便从索瓣,杖地种之;俄而瓜生,蔓延,生花,成实;乃取食之,因赐观者。(《搜神记》卷一)

(5)世见躁竞得官者,便谓"弗索何获";不知时运之来,不求亦至也。见静退未遇者,便谓"弗为胡成";不知风云不与,徒

---

① 李宗江:《"即、便、就"的历时关系》,《语文研究》1997年第1期。

求无益也。(《颜氏家训·省事第十二》)

关于"便"表转折的用法,《汉语大词典》并未收录。董志翘的《中古虚词语法例释》(1994:37-38)收录了"便"表转折的用法,并指出"'便'表示转折语气,是由表现动作随即发生、承接的用法演变而来的,后一承接的动作与前一分句所述的情况或意愿相反,则'便'就表示了转折,可见转折与否完全由上下文的文理决定"。我们同意这一看法,而且从文献材料来看,表顺承是"便"的主要关联功能,表转折关系的"便"是对顺承关系的一种延伸,一般是语境义的赋予。"便"表转折见于魏晋南北朝时期,我们在《世说新语》中见到1例。如下:

(6) 道壹道人好整饰音辞,从都下还东山,经吴中。已而会雪下,未甚寒,诸道人问在道所经。壹公曰:"风霜固所不论,乃先集其惨澹;郊邑正自飘瞥,林岫便已浩然。"(《世说新语·言语第二》)

单从后小句来看,与表顺承的用法毫无差别,"便"的转折语义来源于语境义。

据常志伟(2008)统计,《魏书》中共出现14例表转折的"便"[①]。如:

(7) 前岁表许十月送昙无谶,及臣往迎,便乖本意。(《魏书·李顺传》)(转引《〈魏书〉副词研究》)

(8) 及城溃,白曜将坑之,麒麟谏曰:"今始践伪境,方图进

[①] 常志伟:《〈魏书〉副词研究》,硕士学位论文,南京师范大学,2008年,第27页。

取，宜宽威厚惠，以示贼人，此韩信降范阳之计。勍敌在前，而便坑其众，恐自此以东，将人各为守，攻之难克。日久师老，外民乘之，以生变故，则三齐未易图也。"（《魏书·韩麒麟列传》）

（9）有司奏祈百神，诏曰："昔成汤遇旱，齐景逢灾，并不由祈山川而致雨，皆至诚发中，澍润千里。万方有罪，在予一人。今普天丧恃，幽显同哀，神若有灵，犹应未忍安飨，何宜四气未周，便欲祀事？唯当考躬责己，以待天谴。"（《魏书·高祖纪下》）

中古佛经文献中亦见。如：

（10）初婚之日，君自发言誓不相舍。如何今日便欲独往？当知日月及以猛火，明与质俱，不相舍离。君今云何而欲见舍？（三国吴，支谦译《菩萨本缘经》卷三）

（11）我等今者赖王慈覆，国土丰乐，人民炽盛，得蒙存活。云何一旦便欲孤弃，舍我等去？（三国吴，支谦译《撰集百缘经》卷四）

"便"表转折的用法，后代也偶有用例，但未成为"便"的主要用法，现代汉语不再使用。

（12）幸是宰相为黎庶，百姓便作了台辅。（《刘知远诸宫调·知远走慕家庄沙陀村入舍》）

（13）吾本不为宰相知，上便委以使务，脱谓吾他岐而得，卒无以自白。（《新唐书·韦贯之传》）

（14）衰草远从烟际合，夕阳空趁水西流。恰好凭楼便回首：怕生愁。（宋，韩淮《浣溪沙·潇洒梧桐几度秋》，《全宋词》）

（15）晁夫人把他女儿看得似珍宝一般，又便不好开口。（《醒

世姻缘传》第三十六回）

综上，"便"在历时演变过程中经历了"时间副词＞顺承关联＞转折关联"的演变路径，但在"便"的众多用法中，表转折的用法相对少见，应属于一种临时功能，最终没有延续到现代汉语。

第三节 本章小结

承接和转折原本是两种相反的关系，但在古汉语中却能够见到许多"顺承关联＞转折关联"的情况，比如"然、便、即、则、乃"等，但这些词的基本的连接功能都是顺承，其转折用法则属于临时功能，且使用范围不广，结构上与顺承用法没有差别，仅靠语境的意义来理解，因此使用的时间也十分短暂，均未沿用至现代汉语。事实上，连接上下两件事情的词语，由于上下两件事要么是一致关系，要么是不一致关系，这样连接词很容易承担相对的两个意义，而且在汉语中一个词承担两个完全相反的语义功能的情况也并不少见。另外，陈承泽先生在其《国文法草创》（1922）一书中将连词分为一般连字和条件连字，一般连字再分为平行连字和承转连字，平列连字如"与""若"。承转连字根据语义关系又可以分为三类，偏于转的有"而""然""抑"。"'而'意轻，还可表修饰；'然'字本为感字，先'然'其前述之言，而后更及于其他之事，后人以其居于两句间，因遂认之为连字矣。"陈先生将承接和转折合并为一类，称为"承转连字"，这也从侧面说明了两者关系的紧密。

第八章

转折范畴来源的跨语言考察

转折语义是具有普遍性的认知语义范畴，转折关系句普遍存在于世界语言中。汉语的有标转折句一般使用连词或关联副词连接，这些标记词的来源是多样化的。汉语的情况如此，那么世界其他语言中的转折标记词有哪些，它们的来源是什么？还兼有其他什么功能？跟汉语有哪些共性和差异？这些问题还很少有学者涉及。我们进行跨语言比较研究，主要目的之一就是在"不同现象中分解出共同的普遍因素，发现相同、相似、相关的语言现象背后的共同特点、共性规律"①。

根据法国科学家 1994 年统计，世界上共有 5651 种语言，其中 2/3 没有文字形式，总体上产生影响的仅有 500 种。即便如此，要深入透析这 500 种语言的具体演化历程仍然是一个语言学难题。除汉语外，本书共收集到近 50 种世界语言，对诸种语言的统计分析，主要参考了学界目前已有的相关语法研究材料。对于使用人口较多的英语、法语、俄语等大语种来说，我们可以参考相关语言的词源词典进一步验证相关词语演化历史，而对于一些目前还未有深入研究的小语种民族语言，如非洲祖鲁语、卡菲尔语等，限于笔者能力，还无法穷尽性判断相关语言中的转折标记来源，因此，对于这类使用人口较少的小语种语言，

---

① 原苏荣：《汉语的"哈"与英语的 Eh》，《外国语》2008 年第 3 期。

我们主要参考相关语法材料及共时性词义来判断演化关系，如南亚地区的芳蒂语（Fante-Akan）用于连接个体词语时连词仅有 na 和 nye（相当于 both 和 and），在复句结构中作为连词，又有转折语义标记 but 的用法，例如词组 na eso 相当于英语 but also，根据语言中单句→复句及词义虚化规律，进而判断出 na 在演化模式上存在"并列关系词＞转折关联标记"演变模式。本书将根据已有的研究成果，考察汉语及其他世界语言中与转折关联词相关的演变模式，以期发现一些具有普遍性的历时演变模式。

第一节 "并列关系词＞转折关联标记"演变模式

就句法关系来讲，转折句也是一种并列句，从语义上讲转折与并列是相对的，当连接词连接句法平行、语义一致的两个成分时，就是并列关系；当连接词连接的两个成分在语义上相对时，便可视为转折句。因此，并列向转折的转化就比较容易，只与语境义相关，如汉语的"而"、英语的"and"①。事实上，众多语言中存在同词兼有并列与转折两种功能的现象。

一 汉语

古代汉语中的"而""以"等均是由并列连词演化而来的转折连词。"而"是古汉语中最早使用、最活跃的连接词之一。《说文解字》："而，颊毛也。象毛之形。"可见，"而"的本义是"面毛（胡须）"，但"而"的本义在传世文献中很少使用，我们所见语例基本上都是其虚词用法。虚词"而"是假借词，主要的功能是连接功能，并且语用

---

① 通过 and 词源考察，我们发现，其转折用法可能是由顺承用法发展而来的（详见下文），但并列与顺承本身的关系就十分紧密。

范围很广，因此"而"便因其连接成分之间关系的不同而获得多种不同的语法意义，白钰（2007）认为"前后项语义上的矛盾对立关系是引发并列连词孳乳出转折功能的源泉"[①]。可见，转折语义便是因连接的前后项语义相悖而产生的。如下面例句中的"而"：

（1）贤者更礼，而不肖者拘焉。（《商君书·更法》）

例（1）中"而"连接的前项是"贤者"的行为，后项是"不肖者"的行为，就结构关系而言是并列关系句，但前后项从语义上又形成对照关系，因此语义上赋予"而"以转折语义。

"以"也是较早出现的连接词。《说文》："以，用也。"可见，"以"的本义为用具。据管燮初（1981：164）研究，"以"在西周金文中所连接句子成分表并列的有 4 例。如：

（2）乃惟四方之多罪逋逃，是崇是长，是信是使，是以为大夫卿士。俾暴虐于百姓，以奸宄于商邑。（《尚书·周书·牧誓》）

可见，"以"较早出现的功能是并列连词，后进一步发展出转折连词用法。

（3）尧无百户之郭，舜无置锥之地，以有天下。（《淮南子·氾论训》）

从大的结构上讲，转折是隶属于并列复句的，转折仅仅是就语义关系来讲的，且"而""以"最早的连词用法均表并列，显然是其并

[①] 白钰：《〈荀子〉连词的语法化初探》，硕士学位论文，首都师范大学，2007 年，第 53 页。

列义先出现,继而在此基础上产生转折用法。

二 芳蒂语 (Fante-Akan)①

芳蒂语 (Fante-Akan) 是加纳南部和东南部科特迪瓦地区的阿坎族人使用的主要语言,使用人口约为 250 万,词句顺序通常为 SVO 主谓宾结构,属于非洲尼日尔—刚果语系。芳蒂语中仅有两个用于连接个体词汇的并列连词,即 na、nye(ɔnye)。如:

(4) Kwesi nye Amba aba.　Kwesi 和 Amba 来了。
(5) Mwhu anoma na owe.　我曾经看到一只鸟和一条蛇。

芳蒂语关系复句主要通过副词来连接,所以只有几个简单连词可以用来连接复句,其中,并列连词 na 还可以充当转折连词,存在"并列连词＞转折连词"的衍生途径。

三 麦蒂利语 (Maithili)②

麦蒂利语 (Maithili) 是印度比哈尔邦、恰尔肯德邦、西孟加拉邦和尼泊尔东南部地区使用的主要语言,属于印欧语系,使用人口超过 1000 万。麦蒂利语转折连词 muda、beru 均来源于其并列连词用法,存在"并列连词＞转折连词"的演变路径。转折连词 muda、beru 在现代麦蒂利语中仍然主要连接由并列结构构成的转折句。如:

(6) Radha pater nei ch-eith muda o bed.　Radha 很胖,但是很

---

① Balmer, William Turnbull, *A Grammar of the Fante-Akan Language*, London: Atlantis, 1929: 150 – 151.
② Ramawatar Yadav, *A Reference Grammar of Maithili*, Berlin: Mouton de Gruyter, 1996: 338 – 340.

灵活。

（7）hem to-ra nei dekh-el-ieuk beru o ok-ra dekh-el-ieik. 我没有看到你，但是我看到他了。

四　波兰语（Polish）①

通过前后语句比较而产生对比性差异是转折形成的重要途径之一，所以有些语言中的转折连词常常出现在具有对立比较项的句法环境中，如土耳其语语法中将用于矛盾对立关系句中的连词称为转折连词，相当于英语中的 but，俄语及波兰语中也有类似的转折连词。波兰语属于印欧语系斯拉夫语族，在与外来语言接触的过程中深受俄语、捷克语、法语、德语及意大利语等多种语言的影响，但其转折连词来源仍然显示出"并列>转折"及"限定>转折"的语法化路径，其中对立性语义是其语法化为转折连词的句法环境。

波兰语的连词 a 现在仍然有并列及转折两种用法。如：

并列连词用法：Adam a Ewa juz poszli. Adam 和 Ewa 已经离开了。

转折连词用法：Adam poszedł, a Ewa zosta? Adam 离开了，但 Ewa 留下来了。

转折连词 ale 则主要用来连接具有对比差异性的两个事物。如：

（8）On jest głupi ale miły. 他很笨但也很善良。

（9）To nie jest koszula ale bluzka. 那不是一条裙子，而是一件衬衫。

---

① Oscar E. Swan, *A Concise Grammar of Polish*, New York: University Press of America, 1983: 166 - 167.

此外，表示限定意义"只有"的副词 tylko 在具有肯定与否定对比项的句义中也可以用作转折连词。如：

（10）To nie jest Adam tylko Janusz. 那不是 Adam，而是 Janusz。

（11）To nie jest wejscie tylko wyjscie. 那不是入口，而是出口。

从以上语例可以看出，波兰语中的并列连词 a 以及限定副词 tylko 都发展出转折连词用法，而且其使用的句法环境均为具有前后对比差异的语句中，特别是限定副词 tylko 的转折用法，更加强调转折句中的比较性差异。

第二节 "顺承关系词＞转折关联标记"演变模式

"顺承关联标记＞转折关联标记"的演变模式存在于汉语中，如"乃""则""然""便""即"等，顺承关系一般指前后两个事件或动作接连发生，有时间先后关系。顺承关系词通常与时间词、并列连词都有着密切关系，如现代法语中的转折连词 mais 在古代法语中表示顺承功能，为"而且"义。非洲地区使用人口最多的民族语言豪萨语（Hausa）中的转折连词 Amma 来源于表示承接功能的"而且、然后"义。在世界其他语言中也普遍存在"顺承关联标记＞转折关联标记"这一演变模式。

一 英语（English）

英语"and"的初始意义是"于是、接下来"[①]，表顺承。现代英语

[①] O. E. *and*, *ond*, orig. meaning "thereupon, next," from P. Gmc. T. F. Hoad., *The Concise Oxford Dictionary of English Etymology*, London: Oxford University Press, 1993.

里可用作转折关系词。如：

(12) He promised to come and didn't. 他答应来的，但是却没来。①

同时，进一步发展出语气副词用法。如：

(13) It happened so suddenly, and he away! 事情发生得这么突然，而他又没在。

(14) A teacher, and so ignorant! 是个教师，却这样无知！②

二 俄语（Russia）③

俄语中也有类似的演化模式，现代俄语中的 a 可以连接句子或单词，表示补充说明，意义为"而、就、那么"。如：

(15) Вечером он собрался, а утром уехал. 他晚上做好了准备，早晨就走了。

而在具有对比、对立义的句子中，a 却是个典型的转折连词，仍然有比较的语义痕迹。现代俄语中转折连接词 a 常常用来连接两个具有对立性意义的语言单位。如：

(16) Это не Ваня, а Толя. 这不是瓦尼亚而是托利亚。

---

① 张柏然主编：《新时代英汉大词典》，商务印书馆 2004 年版，第 86 页。
② 张柏然主编：《新时代英汉大词典》，商务印书馆 2004 年版，第 86 页。
③ 北京外语学院俄语系：《俄语常用词词典》，商务印书馆 1982 年版，第 1 页。

(17) Он продолжал стоять, а жена села. 他继续站着，但他的妻子坐了下来。

但在表达对立之外的比较性差异时，则要使用转折连词 HO 来代替。如：

(18) Это не Ваня, но он очень похож на него. 那不是瓦尼亚，但他看起来很像他（瓦尼亚）。

三 保加利亚语（Bulgarian）[1]

保加利亚语属印欧语系斯拉夫语族，也是保加利亚的官方语言，使用者主要集中在巴尔干半岛，使用人数约为 1000 万人。保加利亚语中的转折连词 ama 为土耳其语借词，原表承接功能（"而且"义），但在借入保加利亚语后发展为表示转折话语标记功能的连词。如：

(19) Kazvam, sankim, ako običate-objasnjava spleteno Baj Ganjo, -i men mipo-dobre na xotela, ama xajde, rekox, Ireček-naš čovek. 对我来说，我宁愿选择去住宾馆，但我对自己说，杰依柯是我们中的一员（要征求他的意见）。

四 马拉地语（Marathi）[2]

马拉地语（Marathi）是生活在印度西部和中部马拉地人的主要语

---

[1] Mirjana N. Dedaić, *South Slavic Discourse Particles*, Holland: John Benjamins Publishing Company, 2010: 34 – 35.

[2] Master, Alfred, *A Grammar of Old Marathi*, Oxford: Clarendon Press, 1964: 158 – 159.

言，也是印度22种地方性官方语言之一，马拉地语属于印欧语系，与梵文有着密切关系。古代马拉地语中 mā 可以表示承接功能（"然后"义），而在现代马拉地语中则成为表示转折标记的连词。如：

（20）mā Jācūm kim karmā dikim. （虽然有好的运气降临到我身上），但我仍然需要付诸实践才能成功。

从古代马拉地语 mā 的承接功能到转折连词功能，也符合世界语言"顺承关联标记＞转折关联标记"的语法化演变路径。

另外，Malchukov (2004)[①] 从跨语言角度观察转折功能与其他连接功能的关系，指出承接与转折功能可以通过"出乎意料"（mirative, unexpected result）而相互转化，如日语、爱斯基摩语、新几内亚的桦语（Hua）以及澳洲的满卡拉伊语（Mangarayi）的转折连词即属于此种，可见"顺承关系标记＞转折关系标记"是一个跨语言的普遍现象。

第三节　"时间词＞转折关联标记"演变模式

我们没有在汉语中发现直接来源于时间词的转折关联标记，但汉语中的"即""便""就"等最初均由动词首先发展为时间副词[②]，进而由相对抽象的时间副词进一步发展出其他功能。其中"即""便""就是"在汉语史上均有转折关联功能，因此，汉语中的时间词也是可以发展为转折标记的，只是中间经历了其他环节。除汉语外，在英语、瓦伊语（Vai）、陵加拉语（Lingala）（非洲）、缅甸语、

---

① Malchukov, Andrej L., *Towards a Semantic Typology of Adversative and Contrast Marking*, Journal of Semantics, Vol. 21, 2004: 187–191.
② "即"和"就"均由"靠近义"运行动词首先虚化为时间副词，在作时间副词这种用法上，"便"与"即""就"三者存在历时替换关系（见李宗江的研究），只是"便"的初始来源不甚明确。

普什图语等几种语言中，我们均发现"时间词＞转折关联标记（Adversative）"的演变模式，可见其具有普遍性，下面我们以这几种语言中的实证分别加以说明。

一　英语中的 while，still，yet 等

英语中的 while 在古英语（O. E）中写作 hwile，意为"一段时间"（a space of time）。而在现代英语中则可用于表对比的关联词。如：

(21) I like coffee while he likes tea.①

从结构上说，while 连接的前后句是平行的并列关系，但从语义上讲，对比也构成一种转折语义。

我们认为 while 表对比来源于其时间用法，可由最初的"一段时间"引申为"当时、同时、在……之时"等义。如：

(22) I like listening to the radio while having breakfast.　我喜欢在吃早饭的时候听收音机。

(23) He had been married off young, while he was a second-year college student.②　他很早就结婚了，当时他还只是个大学二年级的学生。

可见，while 作为时间词的时候可以连接同时发生的两件事，这样就为它连接结构并列而语义相对的两个小句打下基础。

still 最初表示"不动、静止不动"的意思。但在现代英语中也可

---

①　杨连瑞主编：《英语语法教程》，中国海洋大学出版社 2005 年版，第 453 页。
②　张柏然主编：《新时代英汉大词典》，商务印书馆 2004 年版，第 2680 页。

用作转折关联标记。如：

(24) I'm afraid he's crazy. still, he's harmless.① 他恐怕是疯了，不过对人不会有伤害。

其副词用法直到 16 世纪才产生，意为"仍然，依旧"②。我们据此推测 still 在发展过程中可能经历了"静止不动＞持续（时间'even, yet'）＞转折"的发展历程。

另外，yet 本为时间词，但在现代英语中也用作转折关联词。如：

(25) You aren't dry behind the ears; yet in some ways you're as old as the hills.③ 你还乳臭未干呢，但在某些方面你却老气得很。

二 瓦伊语（Vai）④

Vai 语的 so mu 原来表示时点意义"就是这个时候"[it is (the) time]，引申出表示（sómu）"当时"（at the same time）的意义，并进一步虚化出表转折的用法。

---

① 张柏然主编：《新时代英汉大词典》，商务印书馆 2004 年版，第 2304 页。
② O. E. *stille* "motionless, stationary," from W. Gmc. * *steljaz* (cf. O. Fris., M. L. G., M. Du. *stille*, Du. *stil*, O. H. G. *stilli*, Ger. *still*), from root * *stel-* "fixed, not moving, standing" (see *stall* (1)). Meaning "quiet, silent" emerged in later O. E.; noun meaning "quietness, the silent part" first attested 1608, in *still of the night*. The adverbial sense of "even now, even then, yet" (*still standing there*) is first recorded 1535, from notion of "without change or cessation" (c. 1297); the sense of "even, yet" (e. g. *still more*) is from 1730. Used as a conjunction from 1722. Meaning "ordinary photo" (as distinguished from a motion picture) is attested from 1916. Euphemistic for "dead" in *stillborn* (1597). *Still-life* is from 1695, trans. Du. *Stilleven*.
③ 张柏然主编：《新时代英汉大词典》，商务印书馆 2004 年版，第 2732 页。
④ Heine, B. & T. Kuteva, *World Lexicon of Grammaticalization*, Cambridge: Cambridge University Press, 2002: 291.

三 陵加拉语（Lingala）①

陵加拉语（Lingala）是一种非洲语言，该语言中的转折从句连词就是来自时间词。如陵加拉语的 nzóka ndé，就时间词（表"同时""当……的时候"）发展为转折连词。

(26) nabyángáki yɔ́, nzóka ndé okɛndɛkí kotámbola.
I called you but while you were out for a walk.
我给你打过电话而你出去散步了。

四 普什图语（Pashto）②

普什图语（Pashto）是阿富汗普什图族民族语言，与达利语同为阿富汗的官方语言。转折连词主要由表示时间意义的 tshi（when）与其他成分合成，如"sera le dee tshi""ke tse ham"即是与时间成分 tshi（tse）复合所致，其产生过程符合"时间 > 转折"的衍生路径。可见，"时间词 > 转折连词（emporal > adversative）"演变模式具有普遍性。

第四节 "限定词 > 转折关联标记"演变模式

一 汉语

汉语中的"但""只""只是""不过""就是"等表转折的用法均来自于其限定范围用法。

---

① Lingala *ndé* or *nzóka ndé* "while"，"when"，"then"，temporal conjunctions > "but"，"although"，adversative conjunction. Ex. Heine, B. & T. Kuteva., *World Lexicon of Grammaticalization*, Cambridge：Cambridge University Press, 2002：291.

② Herbert Penzl, Ismail Sloan, *A Grammar of Pashto：A Descriptive Study of the Dialect of Kandahar, Afghanistan*, Washington D C：American Council of Learned Societies, 1955：42 – 43.

二 英语

邓云华、石毓智（2006）认为英语中的转折词 but, yet, nervertheless 等均与限定有关。下面我们转引部分研究成果如下：

（一）but

英语中的 but 经常作转折连词，如：I am old, *but* you are young。另外，but 还有表示对范围或者程度的限止用法，相当于汉语的"仅仅""除……之外"等，例如：

only：if I had but known.

merely；no more than；not otherwise than：he is but a child.

with the exception of；excepting：Nobody come but me.

except；other than（used with an infinitive as the object）：we cannot choose but stay.

从词源[①]上看：跟"排除"有关，而"排除"也跟限定范围有关。

（二）yet

由于 yet 本为时间词，因此我们把它归入"时间词 > 转折关联标记"的演变模式中，邓云华、石毓智（2006）认为 yet 原来主要用于时间范围的限止，义为"到目前为止""到此时""到那时"等，例如：

(27) We have had no news from him yet；they are not here yet.

邓文的说法有一定道理，时间词与限定有很密切的关系，我们基于 yet 本为时间词的事实将其归入"时间词 > 转折关联标记"的演变模式中，也并不否定邓文的观点。

---

① O. E. *butan*, *buton* "unless, without, outside," from W. Gmc. * be- "by" + * utana "from without," Not used as a conjunction in O. E.

（三）nevertheless

邓云华、石毓智（2006）认为英语书面语中的转折连词 nevertheless，实际上是由 3 个语素构成的：never，the 和 less，字面意思为"从不少于、正好"，它也与范围的限止有关。

（四）only

only 本为限定范围副词，在英语中也可用于转折句，有时还与 but 相当。

（28）It is not bad, onlyit is a bit too dear. 东西倒是不坏，就是太贵了些。①

（29）You may go, only come back early. （only = but）②

三　德语

（一）allein

德语的 allein 本为表"单独的，独自的"义的形容词，这一语义很容易发展为限定关系副词。

allein 在现代德语中有转折连词功能。如：

（30）Die Botschaft hor'ich wohl, allein mir fehlt der Glaube. ③
这消息我听说了，但是我不相信。

（二）nur

德语中的 nur 也兼有限定和转折两种用法④。

---

① 吴光华主编：《汉英大词典》第 3 版，上海译文出版社 2010 年版，第 310 页。
② 杨连瑞主编：《英语语法教程》，中国海洋大学出版社 2005 年版，第 343 页。
③ 姚保琮、佟秀英编著：《德语应用语法》，北京大学出版社 2005 年版，第 478 页。
④ 叶本度主编：《郎氏德汉双解大词典》，外语教学与研究出版社 2000 年版，第 1243 页。

(31) Hans hat nur den Kuchen gekauft (u. nichts anderes).
汉斯只买了蛋糕（没买其他东西）。

(32) Das Konzert war toll, nur war die Musik ein biβchen zu laut. 音乐会很棒，只是音乐太响了些。

四　韩语

韩语中的连词"지만"中"만"原意为"只"，表限定范围，后来发展为转折连词，相当于汉语中的"但是"。如：

(33) 예) 이 가방은 예쁘지만 너무 비싸요. 这个包虽然漂亮但是很贵。

五　卡菲尔语（Kaffir）[①]

卡菲尔语（Kaffir）是非洲南部重要语言之一，属于班图语系。卡菲尔语的关系从句主要通过句中动词的不同语气来表达，此外也可以通过关联词形成复句。卡菲尔语中的副词 kodwa 原为表示"单、只"义的限定范围副词，后发展为转折连词，义为"但是"。另外，与限定意义密切相关的 konokho 和 koko 也发展出转折连词用法，可见卡菲尔语语中存在"限定词＞转折连词"的衍生途径。

第五节　"确认词＞转折关联标记"演变模式

汉语中的表确认的"其实""事实上""实际上"等副词均同时具

---

① William B. Boyce, *A Grammar of the Kaffir Language*, London: Wesleyan Missionary Society, 1863: 129.

有转折关联功能，这种现象在英语中也存在，如英语中的 actually，really，truly，certainly 等。

据原苏荣（2009）的研究，汉语和英语中均存在关联副词"对上文所说的情况进行否定，然后再给出符合实际的解释说明，带有转折的语气"，如："其实""实际上"，actually，really 等，转引其用例如下：

（34）苏小姐气得身上发冷，想这两个人真不要脸，大庭广众竟借烟卷来接吻。再看不过了，站起来，说要下面去。其实她知道下面没有地方可去，餐室里有人打牌，卧舱里太闷。（钱锺书《围城》）

（35）And those brilliant insights about Trevor, how do I know whether they're true? Maybe the real truth is that I want to think that he wants to think he's my mother. *Actually* I'm not an orphan anyway, I do have some parents, back there somewhere. （Margaret Atwood The Edible Woman）

原苏荣先生认为例（34）使用"其实"、例（35）用 actually 后都表示"对上文所说的情况进行否定，然后再给出符合实际的解释说明，并带有转折的语气"[①]。

第六节　本章小结：转折关联标记演化模式的多样性

总体上看，世界语言中的转折范畴标记及其演化具有多样性，本书所选取的演化模式只是通过样本语言材料统计分析后总结出的"冰

[①] 原苏荣：《汉英关联副词语篇衔接功能的共性》，《西安外国语大学学报》2009 年第 3 期。

山一角",还不能概括所有语言或某种语言中的所有演变模式。那么,为什么世界语言中的转折语义标记演化模式既呈现出某种共性,又总体上呈现出纷繁的多样性呢?笔者以为,人类共性认知及某种语言的具体演化历史是造成转折关联标记共性及差异性的主要原因。

转折是人类语言中的共性语义范畴,但语言中的关联标记在演化历史上却具有后起性,是语言后期演化的结果。以汉语为例,上古甲骨文、金文中还未有明显的转折关联标记,彼时的转折句主要依靠意合手段来构成,而非洲一些小语种语言由于使用人口较少而缺乏快速语言创新,语言中的关联标记在发展上也具有一定滞后性。同时,语用中的转折可以以多种方式表现,除却显性转折关联标记外,世界语言中还有多种方式可以在语用上分化或弥补显性关联标记的功能,一些形态发达的语言,主要依靠形态来提示转折语义,如色当语(Sedang)表示转折语义时,是在句中动词后附着后缀 lo 来表达。此外,还有一些语言可以通过语气(mood)来提示转折语义,如汉语和卡菲尔语(Kaffir)。因此,所考察样本语言的种类越多、范围越广,研究越深入,所得结论也会更扎实,同时也会更加强化"世界语言多样性"及"转折范畴关联标记多样性"的结论。即便如此,在纷繁复杂的语言演化模式中,我们仍可发现"并列关系词 > 转折关联标记""顺承关系词 > 转折关联标记""时间词 > 转折关联标记""限定词 > 转折关联标记""确认词 > 转折关联标记"这几种演变模式在所考察样本语言中是具有普遍性的演变模式,这也从一定程度反映了人类认知共性及语言演变的一般规律。

转折范畴是一种语义关系范畴,认知语义中的转折是前言与后语之间的差异,这种差异性可以是语义完全对立,也可能是语义部分相异,但语义间的差异性正是语言中转折语义的本质,这一点在众多转折标记演化途径中也会逐渐显明。并列关系标记主要连接对等性句法或语义结构,但"世界上没有两片完全相同的树叶",一旦前后语义略有差异时,转折语义即可能萌生,而"并列关系>转折关系"的表层句法形式常常高度相似,一旦前后连接项语义差异达到言语双方转折心理时,并列关系标记词即可能发生重新分析,语法化为转折关联标记。这也是汉语"而"、芳蒂语和麦蒂利语等语言中普遍存在"并列关系词>转折关联标记"的主要原因。同理,多在复句环境中演化的"顺承关系词>转折关联标记""时间词>转折关联标记""限定词>转折关联标记""确认词>转折关联标记"也有异曲同工式的演化路线,但与"并列关系词>转折关联标记"不同的是,后4种源语义关系中,本身即存在或多或少的"比较"因素,如顺承关系中内含事件进程比较,时间关系中具有事件状态比较,限定关系中又含有事件范围比较,确认关系中可能包含了事件结果的比较,这类比较中的语义差异,一旦在语用中放大,达到言语双方的转折心理程度时,即萌生了转折语义,而相关标记词也很容易会重新分析为转折语义标记词。

此外,需要注意的是,汉语中"反""倒""翻""转"等经历了"空间转折范畴>转折范畴"的演变过程,"不想""不料""谁知道"等经历了"心理行为范畴的否定形式>转折范畴"的演变过程,而在我们所考察的语言中,没有发现这两种演变模式。这可能是汉语的个性,也可能是我们考察的语言不够全面,有待进一步深入研究。

第九章

结　　论

转折关联是普遍存在的一种关联方式，任何语言中都会有转折句，汉语当然不会例外。关于转折范畴的研究，取得的成果已经非常丰硕，本书在已有研究的基础上主要从历时的角度，确切来说是从转折范畴的来源角度，将转折纳入一个系统。本书以转折关系句中的转折标记词为主要研究对象，探讨这些词从词汇形式演变为语法形式的过程、动因和机制。在研究过程中采用认知语言学的部分理论观点对其进行考察，试图从语义的角度，对转折范畴进行系统研究。因此，本书在对转折关联标记进行梳理的基础上，进一步从来源角度，对相关范畴向转折范畴发展的过程以个案形式进行深入探讨，发现转折范畴内部呈现"空间转折＞意念转折＞话语标记"这样的构成模式，在这个构成模式中，从源词与转折的关系来讲是越来越远的，但从连接功能来讲与转折却又是越来越近的，它们的词义是越来越虚的，主观性是越来越强的，关联功能也是越来越强的。

对转折关系范畴进行研究，主要目的就是要厘清范畴在历时层面的形成过程，虚词范畴往往都是由其他范畴转化而来的，我们的研究目的就在于考察这种转化过程，即由 A 范畴向 B 范畴演化的动因和机制，或者说是找出 A 范畴与 B 范畴之间的句法语义接口。

我们研究的是转折范畴在语法上的表现形式，研究对象为有标转折句的标记词。对于转折关联标记，本书在个案研究的基础上，归纳汉语转折范畴的来源类型，丰富并细化相关范畴进入转折范畴的具体路径。

第一节　汉语转折范畴的相关演变路径

汉语转折范畴的来源多样化，基于对体验哲学的肯定态度，我们认为原型转折来源于空间范畴。当然，转折作为一种逻辑语义关系，它的典型特征在于前后事件的不一致性，而这种不一致性是基于比较而产生的，跟否定的关系密切。汉语史上，许多具有否定语义特征的词，均呈现出向转折关系词演化的趋势。本章拟对汉语转折范畴的相关演变路径做一个系统的归纳。

一　"空间动词范畴＞转折范畴"

实证：

（1）"转""却""还"等：表"前后返回"义的动词＞转折关联词。

（2）"反""翻""覆""倒"等：表"上下翻转"义的动词＞转折关联词。

（3）"顾"：表"原地回望"义的动词＞转折关联词。

二　"心理动词范畴的否定形式＞转折范畴"

实证：

（1）"不想""不料""不意""不图""不期"等："不＋心理行为动词"＞转折关联词。

（2）"谁想""谁料""谁知""谁知道"等："疑问代词＋心理行为动词"＞转折关联词。

（3）"那（哪）料""那（哪）想""那（哪）知道""那（哪）晓得"等："疑问代词+心理行为动词"＞转折关联词。

（4）"怎料""怎想"等："疑问代词+心理行为动词"＞转折关联词。

三 "限定范畴＞转折范畴"

实证：

（1）"但""只"等：限定范围副词＞转折关联词。

（2）"不过"："否定词'不'+运行动词"＞限定范围副词＞转折关联词。

（3）"就是"：表"判断、确认"的动词短语＞表"强调"的副词＞限定范围副词＞转折关联词。

四 "顺承关联＞转折关联"

这种类型是关联范畴的内部转化。

实证：

（1）"而""乃""则"等：表"顺承"的关联词＞转折关联词。

（2）"然"：代词＞表"顺承"的关联词＞转折关联词。

（3）"便""即"等：表"空间上靠近"的运行动词＞表"时间上接近"的时间副词＞表"顺承"的关联词＞转折关联词。

从以上归纳出的转折范畴的相关演变路径可以看出，在与转折相关的语法化模式中，转折范畴的源词可分为两类：一类是本义直接与转折相关，另一类是本义并不与转折直接相关。具有［+相反］义素的空间运行动词本身就属于转折范畴，基于语义内涵的象似性，在语法化过程中词汇义逐渐弱化，功能义得以强化，这类词也较早进入转折关联词范畴。对于本义并不与转折直接相关的一类转折关联范畴，它们属于范畴内部的转化，如来源于"顺承关联"的"而""乃""则"

等，它们本身是假借而来的关联词，只是最初出现于表顺承的关系句中，在"顺承＞转折"的演变过程中，主要是依靠语境的作用，Heine & Kuteva（2002）也认为：语境是语法形式结构形成的关键因素①。值得注意的是，在相当长一段时间内，这种专门借用的关联词，在范畴内部占绝对的优势，如"而"等。这可能是语言分工的作用，动词在虚化为转折关联标记后，其动词功能仍然存在，且使用频繁，而借用的虚词，则是专职的虚词。

第二节　汉语转折范畴产生的动因和机制

动因就是致使语法化发生的推动因素。机制则一般指"虚化是如何在日常语言使用的过程中引发和实现的，也就是要弄清语言实际使用的环境和使用者的认知心理如何影响词义的变化"②。就我们所讨论的转折范畴而言，动因是促使相关范畴的成员向转折标记词发展的各种因素，例如"原始语义基础""句法位置和句法结构""句类、句型"分布、"所处语境"等，而机制则是指与转折范畴相关成员产生与发展的方式或途径，如"隐喻""语义主观化""重新分析"等。

一　汉语转折范畴产生的动因

（一）原始语义基础

原始语义基础是语法化发生的基本条件之一。在一个词从 A 范畴进入 B 范畴的过程中，原始语义是基础，该词的部分语义特征必然与 B 范畴某些语义特征有相似之处，如本书第三章所讨论的"空间转折

---

① Heine, B. and Kuteva, T., *Word Lexicon of Grammaticalization*, Cambridge University Press, 2002.

② 沈家煊：《实词虚化的机制——〈演化而来的语法〉评介》，《当代语言学》1998 年第 3 期。

范畴＞关系转折范畴"就显示出：具有［＋相反］义素的空间运行动词由于原始语义与转折相似，因此形成一条具有普遍性的演变路径；再如本书在第五章讨论"限定范围＞转折范畴"过程中指出两者之间存在内涵逻辑的一致性，限定相对于整体而言就是例外或者不和谐、不一致。

（二）句法位置

句法位置的适宜性对实词虚化起着至关重要的作用。曹广顺（1995：3－5）认为："一个词会因为其经常出现的语法位置而引起词义、功能的转变，而且，进入相同语法结构的一组词，有时会引起相似的变化。"这在转折关联标记的形成过程中体现得尤为明显，比如返回义动词、翻转义动词进入连动结构，多数成员发生了相似的变化，这也验证了曹先生所讲的"语法结构对语义演变有着重要的影响力"这种说法。

另外，转折关联词往往位于复句第二个分句句首的位置上，从这一点上讲"谁知道""孰知""其实"等天然就具备向关联词发展的句法条件。

同时，由于副词通常位于谓词前的句法特点，因此限定范围副词"独""唯""第""特"等极易在适宜的语义环境中获得转折关联功能。

《演化而来的语法》一书提出，"一个实词之所以演化出功能不同的虚词是因为它处在不同的结构式中"[①]。我们同意这种观点，且在我们所研究的转折范畴个案中就出现这种情况，短语"不过"在历时演变过程中演化为转折标记（见第五章第三节和程度补语是两条不同的演变路径，转折标记来源于"不过＋VP"结构，而程度补语来源于"VP＋不过"结构，可见，"不过"的位置决定了其虚化

[①] 转引自沈家煊《实词虚化的机制——〈演化而来的语法〉评介》，《当代语言学》1998年第3期。

的方向。

(三)"句类、句型"分布

"句类、句型"分布也是影响转折范畴成员发展的一个重要句法条件。如第四章(第二节)所讨论的"疑问代词+心理动词"在向转折范畴转化的过程中,句类分布起着重要的作用,如"谁知道"在发展过程中先后进入询问句、反问句、感叹句、陈述句,其关联功能也逐步形成。

(四)所处语境

这里的语境指上下句的语义关系,上下句的语义关系对转折关联词的形成起着重要的作用,许多转折关联词的形成就是语境义赋予的结果,如本书第六章所讨论的"其实"本为偏正短语,在历时演变过程中发展成为表"真实"义的副词,单纯从语义上看,"真实"义与转折义是相对的,"其实"转折关联功能的获得完全是上下句语义关系发展的结果,也就是说在转折语境中获得的。再如本书的第七章所讨论的来源于顺承关联词的转折范畴成员"乃""则""即""便"等均是在前后句语义关系不一致的语境中获得转折关联功能的。

二 汉语转折范畴产生的机制

(一)隐喻(metaphor)

"隐喻"就是用具体概念来理解抽象概念的认知方式,是基于两个域概念结构的相似性而产生的从一个认知域到另一个认知域的投射。在转折范畴的形成过程中,表现最明显的就是从空间转折范畴向关系转折范畴的投射。空间域向认知域投射是一种最基本的投射方式。

(二)语义泛化和语义主观化

语义泛化(generalization)是语义抽象化的一种表现形式,一个词在语义虚化之前通常伴随着语义的泛化,一个词的语法化过程往往也是该词原始语义特征泛化、消失与新的语义特征的衍生过程。如"反"由空间上的"上下翻转"义泛化为"违反"义;"其实"最初就是指"它的果实",后发展出"它的实际情况""它的实际数量""它的真实目的"等多种语义,适用范围的扩大也是泛化的一种表现。语义泛化往往与主观化也是密切相关的,语义泛化的过程往往伴随着语义主观性的增强,这里又关涉到语言的"主观化"和"主观性"等问题,主观化与主观性密切相关,沈家煊在《语言的"主观性"和"主观化"》(2001)一文中采用 Lyons(1977)的观点,指出:"'主观性'(subjectivity)是指语言的这样一种特性,即在话语中多多少少总是含有说话人'自我'的表现成分。也就是说,说话人在说出一段话的同时表明自己对这段话的立场、态度和感情,从而在话语中留下自我的印记。而'主观化'就是语言为表现这种主观性而采用相应的结构形式或经历相应的演变过程。"① 语法化过程往往伴随着主观化过程。如"不过"在由短语向限定副词发展的过程中也伴随着主观化的过程,短语"不过"是"不通过、不超越"的意思,在隐喻和逻辑推理的作用下由空间范畴向限定范畴转化。

(三)语用推理

语用推理在转折范畴的形成过程中也起着重要的作用,特别是在一些源词语义与转折不相关的成员语法化过程中,往往依靠语用推理获得转折义,即转折义是根据句子语义推导出来的。如"就是"本属判断、强调词,其转折关联功能的获得是语用推理的结果,从某种程度上说"强调"就是限定,唯一性限定就是排除,相对于整体而言,排除一点就构成转折。

(四)重新分析(reanalysis)

Hopper & Traugott(2001:61)指出"重新分析基本上涉及线性的、

---

① 原文出自"Lyons, J. semantics Ⅱ. Cambridge: CUP, 1977: 739";本文转引自沈家煊《语言的"主观性"和"主观化"》,《外语教学与研究》2001年第4期。

横向组合的、局部的重新组织以及规则变化"①。"重新分析"是人们认知层面的变化，是语法化得以完成的重要体现，而"重新分析"往往是在源词的语义变化、所在结构的变化等因素共同作用下发生的。如"返"在进入连动结构的初期往往与其后所接动词构成并列结构，但在发展过程中，在"核心动词原则"的驱动下，逐渐变成附属成分，语义和功能均发生变化。"返V2"结构由连动结构发展为偏正结构的机制便是重新分析，是人们思维层面的重新认识，使得实词虚化得以实现。

另外，值得注意的是，诸多不同的虚化机制并不同时起作用，张谊生（2002）在研究"就是"的语法化历程时就曾指出："在不同的虚化阶段，其他各种虚化机制，譬如语境吸收、分界消失、词语融合、重新分析、隐喻类推等都起过不同的作用。"②

《演化而来的语法》一书中也强调这一点，指出"不同的虚化机制并不都发生在虚化的全过程，而是发生在虚化的不同阶段"，具体图示如下：

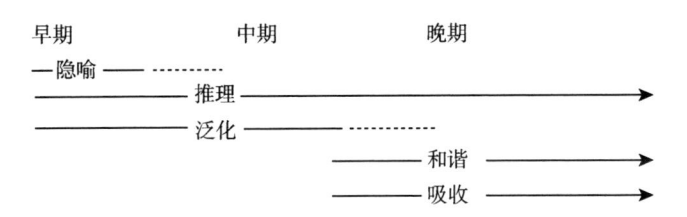

```
早期        中期         晚期
—隐喻— ----------
        ————推理————————————————→
        ————泛化—————— ----------
                   ————和谐—————→
                   ————吸收—————→
```

隐喻机制只在虚化的早期阶段起作用，也就是发生在实词变为较虚实词的阶段；推理机制贯穿虚化的全过程；泛化基本上也贯穿始终，但是语素变得越虚就越不易再继续泛化；和谐和吸收两种机制只在虚化的晚期起作用，也就是发生在虚词变为更虚成分的阶段。③

---

① 原文：Reanalysis essentially involves linear, syntagmatic, often local, reorganization and rule change.
② 张谊生：《"就是"的篇章衔接功能及其语法化历程》，《世界汉语教学》2002年第3期。
③ 转引自沈家煊《实词虚化的机制——〈演化而来的语法〉评介》，《当代语言学》1998年第3期。

第三节　本书的创获和有待继续研究的课题

一　本书的创获

本书在研究过程中主要有以下几个方面的创获：

第一，按照传统的词类划分的结论，汉语的连词、部分副词、部分话语标记均有关联作用。本书采用吕叔湘先生提出的从意义到形式的研究思路，将转折语义关系提升到范畴的角度，第一次较系统地为转折关联词建立一个范畴。我们调查并归纳了汉语史上用于转折关联作用的关联词共137条，将转折关联词系统化。

第二，转折作为一种语义关系范畴，主要用来表达语义不一致关系。本书通过对转折的语义，以及意合转折句形成的原因进行分析，得出了转折形成的语义基础——因比较而产生的差异性，从而判断源范畴进入转折范畴的句法语义接口。

第三，在对转折关系句中的转折关联标记尽可能全面考察的基础上，运用认知语言学的范畴理论、语法化理论等探讨了汉语转折范畴与相关源范畴之间的来源及转化关系。本书根据这些关联词的来源共性进行分类探讨，主要以个案考察的形式，通过对十几个转折关联词形成过程的考察，总结归纳出几种与汉语转折范畴相关的演化模式，从而丰富并细化了汉语转折关联词的语法化路径。

第四，本书在个案研究过程中既重视同类词演变的共性，如运行动词"反""翻""覆"等均发展出转折关联用法，另外，我们也关注同类词演变过程中的殊相，如同为表方向相反义的动词"复""退"等却没有发展出转折关联用法。

第五，在对转折关联词进行收录的同时，与《汉语大词典》中的收录情况进行比较，发现一些《汉语大词典》中未收录的词条。另有一些词条《汉语大词典》虽已收录，但我们找到一些比《汉语大词典》

收录的更早的例句。应该说，我们的此项研究对辞书的编纂也有一定的参考作用。

二　有待继续研究的课题

目前，关于范畴的研究大多集中于现代汉语层面，历时的研究尚不多见，这样的研究现状一方面非常值得我们选取历时的角度进行研究，另一方面也对我们提出了严峻的挑战。

历时的研究，时间跨度大，涉及材料多，这是我们在具体考察的过程中难以克服的困难，因此，限于本人业务水平和时间精力，我们只是通过各个时代较为典型的文献考察，找出转折关系句中的转折标记，难免会出现不全面的情况。

本书还需在以下几个方面进一步加强和完善：

第一，扩大材料的考察范围①，特别是有必要对各个时代语料价值高的文献中的转折句进行穷尽性的考察，这样得出的转折关联词，一方面可以验证本书提出的范畴转化类型，另一方面，如果出现与本书归纳的转折关联词的来源类型相悖的情况，也可以继续丰富转折关联词的来源类型。

第二，语义范畴的研究重在从语言事实中找出普遍共性，本书从历时的角度对汉语的转折范畴进行了考察，但限于本人外语水平，未能广泛收集其他语言转折范畴的使用情况和来源类型，类型学的研究仅靠少量的语种材料是远远不够的，因此这也是日后有待深入研究的一个方面。

第三，转折是一种关系表达，可体现在同一个句子内部、复句乃至语篇，范围涉及面广。关于转折的类型，学界的分类也存在多种不

---

① 由于"转折"是一种非常常见的关系表达，因此，选择代表文献进行考察基本能够窥视其全貌。

同意见，转折涵盖的范围，各家的认识亦不能统一。本书从范畴的角度对其进行研究，解决了这一问题，即基本上学界提出的转折均可归入转折范畴，只是作为次类成员存在与转折原型范畴的亲疏远近的关系问题，但这样做，另一个严峻的问题便出现了，范围如此之大，研究从何入手？因此，我们选择了最典型的直接转折为研究对象。关于学者们普遍承认的让转和他转，本书没有涉及，而范畴研究本该尽可能地涵盖所包括的成员，因此，对让转和他转的研究也成为日后研究需要关注的内容。

书中难免有错误疏漏之处，敬请大家批评指正！

参考文献

白钰：《〈荀子〉连词的语法化初探》，硕士学位论文，首都师范大学，2007年。

柏灵：《表转折"X是"副连兼类词语研究》，硕士学位论文，上海师范大学，2006年。

北京大学中文系1995、1957级语言班编：《现代汉语虚词例释》，商务印书馆1982年版。

北京外语学院俄语系编：《俄语常用词词典》，商务印书馆1982年版。

曹广顺：《试说"就"和"快"在宋代的使用及有关的断代问题》，《中国语文》1987年第4期。

曹广顺：《近代汉语助词》，语文出版社1995年版。

陈芙：《汉语方言否定范畴比较研究》，博士学位论文，华中师范大学，2013年。

陈靖：《汉语体范畴形式表征的认知研究》，博士学位论文，湖南师范大学，2015年。

陈勇：《汉语数量范畴及其非范畴化研究》，博士学位论文，暨南大学，2011年。

蔡瑱：《汉语趋向范畴的跨方言专题研究——基于"起"组趋向词的研究》，博士学位论文，复旦大学，2013年。

蔡丽：《程度范畴及其在补语系统中的句法实现》，博士学位论文，暨南大学，2010年。

蔡甜：《"可是""但是""只是"的词汇化》，硕士学位论文，北京语言大学，2007年。

常玉钟：《试析反问句的语用含义》，《汉语学习》1992年第5期。

常志伟：《〈魏书〉副词研究》，硕士学位论文，南京师范大学，2008年。

时良兵：《支谦译经副词研究》，硕士学位论文，南京师范大学，2004年。

陈承泽：《国文法草创》，商务印书馆1982年版。

崔蕊：《"其实"的主观性和主观化》，《语言科学》2008年第5期。

邓云华、石毓智：《从限止到转折的历程》，《语言教学与研究》2006年第3期。

丁声树等：《现代汉语语法讲话》，商务印书馆1961年版。

丁烨：《谈汉语"但是"的语法化》，《宁夏大学学报》（人文社会科学版）2010年第2期。

丁志丛：《汉语有标转折复句的关联标记模式及使用情况考察》，博士学位论文，湖南师范大学，2008年。

董淑慧：《谈"却"（卻）字三项副词用法的演成及其与几个相关副词的平行发展》，《汉语学习》1996年第4期。

董秀芳：《词汇化：汉语双音节词的衍生和发展》，四川民族出版社2002年版。

董秀芳：《词汇化与话语标记的形成》，《世界汉语教学》2007年第1期。

董志翘、蔡镜浩：《中古虚词语法例释》，吉林教育出版社1994年版。

段玉裁：《说文解字注》，上海古籍出版社1981年版。

高名凯：《汉语语法论》，商务印书馆1986年版。

葛佳才：《东汉副词系统研究》，岳麓书社2005年版。

葛佳才：《〈太平经〉中表顺承关系的"反"》，《语文研究》2005年第1期。

龚娜：《湘方言程度范畴研究》，博士学位论文，湖南师范大学，2011 年。

龚千炎：《汉语的时相、时制、时态》，商务印书馆 1995 年版。

郭志良：《说说"可是"从语气副词向转折连词转化的过程》，《思维与智慧》1992 年第 1 期。

郭志良：《现代汉语转折词语研究》，北京语言文化大学出版社 1999 年版。

郭璞注：《尔雅》，中华书局 1985 年版。

管燮初：《西周金文语法研究》，商务印书馆 1981 年版。

韩明珠：《现代汉语目的范畴的认知研究》，博士学位论文，上海师范大学，2016 年。

韩峥嵘：《古汉语虚词手册》，吉林人民出版社 1984 年版。

汉语大字典编辑委员会编：《汉语大字典》，湖北辞书出版社、四川辞书出版社 1992 年版。

何乐士、敖镜浩、王克仲、王海棻：《古代汉语虚词通释》，北京出版社 1985 年版。

何瑛：《汉语与时间相关的范畴转移研究》，博士学位论文，中国社会科学院研究生院，2007 年。

候学超：《现代汉语虚词词典》，北京大学出版社 1999 年版。

胡德明：《话语标记"谁知"的共时与历时考察》，《语言教学与研究》2011 年第 3 期。

胡明扬：《近代汉语的上下限和分期问题》，胡竹安、杨耐思、蒋绍愚编：《近代汉语研究》，商务印书馆 1992 年版。

黄健秦：《汉语空间量表达研究》，博士学位论文，上海师范大学，2013 年。

回敬娴：《〈论衡〉范围副词研究》，硕士学位论文，吉林大学，2007 年。

蒋礼鸿：《敦煌变文字义通释》，上海古籍出版社 1981 年版。

蒋冀骋、吴福祥：《近代汉语纲要》，湖南教育出版社 1997 年版。

蒋冀骋：《近代汉语词汇研究》，湖南教育出版社1991年版。

蒋绍愚：《古汉语词汇纲要》，北京大学出版社1989年版。

蒋绍愚：《近代汉语研究概况》，北京大学出版社1994年版。

蒋绍愚：《近十年间近代汉语研究的回顾与前瞻》，《古汉语研究》1998年第4期。

蒋绍愚、江蓝生：《近代汉语研究》（二），商务印书馆1999年版。

蒋绍愚：《近代汉语研究概要》，北京大学出版社2005年版。

蒋绍愚、曹广顺：《近代汉语语法史研究综述》，商务印书馆2005年版。

金春梅：《"但"字小议》，《东方论坛》（青岛大学学报）2005年第3期。

金颖、张春秀：《〈敦煌变文集〉的"但"》，《古汉语研究》2007年第3期。

蓝鹰：《从少数民族语言看"而"的虚化演变》，《古汉语研究》1990年第1期。

黎锦熙：《新著国语文法》，商务印书馆2001年版。

李春：《现代汉语时序范畴》，博士学位论文，吉林大学，2016年。

李荣主编：《现代汉语方言大词典》，江苏教育出版社2002年版。

刘承峰：《现代汉语"语用数"范畴研究》，博士学位论文，复旦大学，2007年。

刘红蕾：《"却"发展演化过程研究》，硕士学位论文，吉林大学，2007年。

刘杰：《汉语相似范畴研究》，博士学位论文，暨南大学，2010年。

刘利：《先秦汉语的复音副词"不过"》，《中国语文》1997年第1期。

刘利：《"不过"的词汇化问题补议》，《陕西师范大学学报》（哲学社会科学版）2004年第5期。

（清）刘淇著，章锡琛校注：《助字辨略》，中华书局1954年版。

刘雪春：《现代汉语等同范畴的语义认知研究》，博士学位论文，华东师范大学，2004年。

刘正光：《语言非范畴化——语言范畴化理论的重要组成部分》，上海外语教育出版社 2006 年版。

柳士镇：《魏晋南北朝历史语法》，南京大学出版社 1992 年版。

廖秋忠：《现代汉语篇章中的连接成分》，《中国语文》1986 年第 6 期。

梁欢：《汉语转折连词的历时考察》，硕士学位论文，广西师范大学，2007 年。

李剑影：《现代汉语能性范畴研究》，博士学位论文，吉林大学，2007 年。

［新］李来兴：《宋元话本动词语法研究》，博士学位论文，复旦大学，2010 年。

李思明：《〈水浒〉、〈金瓶梅〉、〈红楼梦〉副词"便""就"的考察》，《语言研究》1990 年第 2 期。

李宇明：《汉语量范畴研究》，华中师范大学出版社 2000 年版。

李宗江：《"即、便、就"的历时关系》，《语文研究》1997 年第 1 期。

李宗江：《汉语常用词演变研究》，汉语大辞典出版社 1999 年版。

李宗江：《副词"倒"及相关副词的语义功能和历时演变》，《汉语学报》2005 年第 2 期。

梁欢：《汉语转折连词的历时考察》，硕士学位论文，广西师范大学，2007 年。

刘坚：《近代汉语读本》，上海教育出版社 1985 年版。

陆俭明、马真：《现代汉语虚词散论》，语文出版社 1985 年版。

罗晓英：《现代汉语假设性虚拟范畴研究》，博士学位论文，暨南大学，2007 年。

罗竹风：《汉语大词典》，上海辞书出版社 2008 年版。

吕叔湘：《现代汉语八百词》，商务印书馆 1980 年版。

吕叔湘：《中国文法要略》，商务印书馆 1982 年版。

吕叔湘：《近代汉语指代词（江蓝生补）》，学林出版社 1985 年版。

吕叔湘：《现代汉语八百词（增订本）》，商务印书馆 1999 年版。

吕文杰：《现代汉语程度范畴表达方式研究》，博士学位论文，吉林大学，2013 年。

马贝加：《原因介词"坐"的产生》，《语言研究》2009 年第 2 期。

马建忠：《马氏文通》，商务印书馆 1983 年版。

马庆株：《汉语动词和动词性结构》，北京语言学院出版社 1992 年版。

梅祖麟：《从语言史看几本元杂剧宾白的写作时期》，《语言学论丛》（第 13 辑），商务印书馆 1984 年版。

毛晓新：《歧路灯连词研究》，硕士学位论文，贵州大学，2009 年。

樊青杰：《现代汉语传信范畴研究》，博士学位论文，北京语言大学，2008 年。

潘允中：《汉语语法史概要》，中州书画社 1982 年版。

裴学海：《古书虚字集释》，中华书局 1954 年版。

齐春红：《现代汉语语气副词"可"的强调转折功能探源》，《云南民族大学学报》（哲学社会科学版）2006 年第 3 期。

齐沪扬：《现代汉语空间问题研究》，学林出版社 1998 年版。

曲世锋：《藏语动词情态范畴的历史演变研究》，博士学位论文，中国社会科学院研究生院，2015 年。

邵明园：《安多藏语阿柔话的示证范畴》，博士学位论文，南开大学，2014 年。

邵敬敏：《现代汉语疑问句研究》，华东师范大学出版社 1996 年版。

邵敬敏：《八十到九十年代的现代汉语语法研究》，《世界汉语教学》1998 年第 4 期。

邵妍：《〈醒世姻缘传〉中转折连词"可"成词理据的共时推测》，《岱宗学刊》2009 年第 2 期。

沈家煊：《句法的象似性问题》，《外语教学与研究》1993 年第 1 期。

沈家煊：《实词虚化的机制——〈演化而来的语法〉评介》，《当代语言学》1998 年第 3 期。

沈家煊:《语言的"主观性"和"主观化"》,《外语教学与研究》2001年第4期。

沈家煊:《复句三域"行、知、言"》,《中国语文》2003年第3期。

沈家煊:《说"不过"》,《清华大学学报》(哲学社会科学版)2004年第5期。

沈家煊:《分析和综合》,《语言文字应用》2005年第3期。

史金生:《现代汉语副词的语义功能研究》,博士学位论文,南开大学,2002年。

宋辉:《副词"顾"的产生》,《温州师范学院学报》(哲学社会科学版)2006年第6期。

[日]太田辰夫:《中国语历史文法》(修订译本),蒋绍愚、徐昌华译,北京大学出版社1987年版。

唐敏:《副词"还"语义网络系统的形成和发展》,硕士学位论文,上海师范大学,2003年。

唐贤清:《近代汉语副词"逐旋"的演变》,《衡阳师范学院学报》(社会科学版)2003年第4期。

唐依力:《汉语处所范畴句法表达的构式研究》,博士学位论文,上海师范大学,2012年。

佟福奇:《关系条件范畴的语言表达》,博士学位论文,吉林大学,2012年。

佟金荣:《蒙古语和满语静词语法范畴比较研究》,博士学位论文,内蒙古大学,2015年。

童小娥:《副词"还"各义项的发展演变及其语义网络系统》,硕士学位论文,北京语言文化大学,2002年。

汪维辉:《东汉—隋常用词演变研究》,南京大学出版社2000年版。

汪梦翔:《对象格语义范畴及其相关语法理论研究》,博士学位论文,华中师范大学,2012年。

王凤兰:《现代汉语目的范畴研究》,博士学位论文,暨南大学,2008年。

王海棻等:《古汉语虚词词典》,北京大学出版社1996年版。

王海棻:《古汉语时间范畴词典》,安徽教育出版社2004年版。

王昊:《现代汉语总分关系范畴研究》,博士学位论文,吉林大学,2016年。

王江:《篇章关联副词"其实"的多角度分析》,硕士学位论文,延边大学,2003年。

王建军:《粘合·移位·虚化·替换——语气词"便是"到"就是"的演化历程》,《古汉语研究》2006年第4期。

王建军:《语法类推、角色转换与功能扩张——连词"便是"的生成历程考察》,《语文研究》2010年第1期。

王克仲集注:《助语辞集注》,中华书局1988年版。

王磊:《"但"的词性演变史及其机制》,《乐山师范学院学报》2003年第5期。

王力:《汉语史稿》,中华书局1980年版。

王力:《中国现代语法》,商务印书馆1985年版。

王力:《汉语语法史》,商务印书馆1989年版。

王丽彩:《汉语方式范畴研究》,博士学位论文,暨南大学,2008年。

王淑华:《晚唐五代连词研究》,博士学位论文,山东大学,2009年。

王天佑:《汉语取舍范畴研究》,博士学位论文,山东师范大学,2012年。

王维贤:《现代汉语语法理论研究》,语文出版社1997年版。

王霞:《转折连词"不过"的来源及语法化过程》,《河北师范大学学报》(哲学社会科学版)2003年第2期。

王晓凌:《论非现实语义范畴》,博士学位论文,复旦大学,2007年。

王岩:《表示转折关系的"不过"和"就是"》,《汉语学习》2007年第5期。

王岩:《"不过"试析》,硕士学位论文,上海师范大学,2008年。

王引之:《经传释词》,江苏古籍出版社2000年版。

王月萍:《"可是"的语法化》,《安阳师范学院学报》2010年第3期。

王宇:《现代汉语任指范畴研究》,博士学位论文,东北师范大学,2017年。

[奥] 维特根斯坦:《哲学研究》,李步楼译,商务印书馆2005年版。

文贞惠:《现代汉语否定范畴研究》,博士学位论文,复旦大学,2003年。

吴春红:《现代汉语位事范畴研究》,博士学位论文,吉林大学,2011年。

吴福祥:《语法化演变的共相与殊相》,载《语法化与语法研究》(二),商务印书馆2005年版。

吴光华主编:《汉英大词典》第3版,上海译文出版社2010年版。

吴云:《"过"引申用法的认知分析》,《汕头大学学报》2004年第3期。

武克忠:《现代汉语常用虚词词典》,浙江教育出版社1992年版。

席嘉:《转折副词"可"探源》,《语言研究》2003年第2期。

席嘉:《近代汉语连词》,中国社会科学出版社2010年版。

[日] 香坂顺一:《水浒词汇研究》,文津出版社1992年版。

解惠全:《谈实词的虚化》,载南开大学中文系《语言研究论丛》第4辑,南开大学出版社1987年版;又载《汉语语法化研究》,商务印书馆2005年版。

解惠全:《关于虚词复音化的一些问题》,《语言研究论丛》第七辑,语文出版社1997年版。

向熹:《简明汉语史》(下),高等教育出版社1993年版。

熊岭:《现代汉语指称范畴研究》,博士学位论文,华中师范大学,2012年。

邢福义:《汉语复句研究》,商务印书馆2001年版。

薛玉萍:《维汉空间范畴表达对比研究》,博士学位论文,华中师范大学,2013年。

许宝华、[日] 宫田一郎主编:《汉语方言大词典》,中华书局1999

年版。

许国萍：《现代汉语差比范畴研究》，博士学位论文，复旦大学，2005年。

许娟：《副词"就"的语法化历程及其语义研究》，硕士学位论文，上海师范大学，2003年。

徐碧叶：《汉语和越南语能性范畴的比较研究》，博士学位论文，武汉大学，2014年。

徐默凡：《现代汉语工具范畴的认知研究》，博士学位论文，华东师范大学，2003年。

（汉）许慎：《说文解字》，中华书局1998年版。

严辰松：《语言使用建构语言知识——基于使用的语言观概述》，《解放军外国语学院学报》2010年第6期。

姚保琮、佟秀英编著：《德语应用语法》，北京大学出版社2005年版。

杨伯峻：《古汉语虚词》，中华书局1981年版。

杨伯峻、何乐士：《古汉语语法及其发展》，语文出版社2001年版。

杨将领：《藏缅语族语言使动范畴研究》，博士学位论文，上海师范大学，2017年。

杨连瑞主编：《英语语法教程》，中国海洋大学出版社2005年版。

杨树达：《词诠》，中华书局1954年版。

叶本度主编：《郎氏德汉双解大词典》，外语教学与研究出版社2000年版。

尹相熙：《现代汉语祈使范畴研究》，博士学位论文，复旦大学，2013年。

（清）袁仁林：《虚字说》，中华书局1989年版。

袁雪梅：《转折连词"然"和"然而"的形成》，《四川师范大学学报》（社会科学版）2010年第5期。

袁毓林：《语言的认知研究和计算分析》，北京大学出版社1998年版。

原苏荣：《汉语的"哈"与英语的Eh》，《外国语》2008年第3期。

原苏荣：《汉英关联副词语篇衔接功能的共性》，《西安外国语大学学报》2009 年第 3 期。

俞敏监修，谢纪锋编纂：《虚词诂林》，黑龙江人民出版社 1992 年版。

张柏然主编：《新时代英汉大词典》，商务印书馆 2004 年版。

张斌主编：《现代汉虚词词典》，商务印书馆 2001 年版。

张焕香：《汉英双重否定范畴研究》，博士学位论文，首都师范大学，2012 年。

张静：《语言否定范畴研究》，博士学位论文，黑龙江大学，2015 年。

张健军：《现代汉语转折范畴的认知语用研究》，博士学位论文，东北师范大学，2012 年。

张平：《副词"还"分布格式及语义的历时演化》，《株洲工学院学报》2003 年第 6 期。

张仁：《说转折》，《语文研究》2000 年第 1 期。

张万禾：《意愿范畴与汉语被动句研究》，博士学位论文，上海师范大学，2007 年。

张晓涛：《现代汉语疑问范畴和否定范畴的相通性及构式整合》，博士学位论文，吉林大学，2009 年。

张晓涛、邹学慧：《"谁"特指问与否定的相通性研究》，《北方论丛》2011 年第 3 期。

张相：《诗词曲语词汇释》，中华书局 1955 年版。

张莹：《"不过"的连词化》，《临沂师范学院学报》2010 年第 1 期。

张谊生：《现代汉语副词研究》，学林出版社 2000 年版。

张谊生：《"就是"的篇章衔接功能及其语法化历程》，《世界汉语教学》2002 年第 3 期。

张谊生：《现代汉语副词探索》，学林出版社 2004 年版。

张玉金主编：《古今汉语虚词大辞典》，辽宁人民出版社 1996 年版。

张志公：《汉语知识》，人民教育出版社 1979（1959）年版。

郑丽：《中古汉语主从连词研究》，博士学位论文，福建师范大学，

2009年。

郑路:《〈左传〉时间范畴研究》,博士学位论文,中国人民大学,2008年。

中国社科院语言所古汉语室编著:《古代汉语虚词词典》,商务印书馆1999年版。

周刚:《连词与相关问题》,安徽教育出版社2002年版。

周红:《现代汉语致使范畴研究》,博士学位论文,华东师范大学,2004年。

周静:《现代汉语递进范畴研究》,博士学位论文,华东师范大学,2003年。

周莹:《浅析语境因素对语法化的影响——试从〈古本水浒传〉看"就"的语法化历程》,《宜宾学院学报》2005年第8期。

朱冠明:《副词"其实"的形成》,《语言研究》2002年第1期。

朱景松主编:《现代汉语虚词词典》,语文出版社2007年版。

朱晓军:《空间范畴的认知语义研究》,博士学位论文,华东师范大学,2008年。

朱诚:《试论转折连词"然"的形成》,《古汉语研究》2007年第3期。

Balmer, William Turnbull, *A Grammar of the Fante-Akan Language*, London: Atlantis, 1929.

Croft, William, *Typology and Universals*, Beijing: Foreign Language Teaching and Research Press, 2000.

Goldberg, Adele E., *Constructions: A Construction Grammar Approach to Argument Structure*, Chicago and London: The University of Chicago Press, 1995.

Heine, B. & T. Kuteva, *World Lexicon of Grammaticalization*, Cambridge: Cambridge University Press, 2002.

Herbert Penzl, Ismail Sloan, *A Grammar of Pashto: A Descriptive Study of* the Dialect of Kandahar, Afghanistan, Washington D C: American Council of Learned Societies, 1955.

Hopper, Paul & Elizabeth Closs Traugott, *Grammaticalization*, Cambridge: Cambridge University Press, 2001.

Joan Bybee, R. Perkins & W. Pagliuca, *The Evolution of Grammar——Tense, Aspect, and Modality in the Languages of the World*, Chicago: The University of Chicago Press, 1994.

Johnson, M., *The Body in the Mind: The Bodily Basis of Meaning, Imagination and Reason*, Chicago: The University of Chicago Press, 1987.

John R. Taylor, *Linguistic Categorization: Prototypes in Linguistic Theory*, Oxford: Oxford University Press, 1989.

Lakoff, G. & M. Johnson, *Metaphors We Live By*, Chicago and London: University of Chicago Press, 1980.

Lakoff, George, *Women, Fire and Dangerous Things: What Categories Reveal about the Mind*, Chicago: The University of Chicago Press, 1987.

Lyons, J., *Semantics* II, Cambridge: CUP, 1977.

Malchukov, Andrej L., *Towards a Semantic Typology of Adversative and Contrast Marking*, Journal of Semantics, Vol. 21, 2004.

Master, Alfred, *A Grammar of Old Marathi*, Oxford: Clarendon Press, 1964.

Mirjana N. Dedaić, *South Slavic Discourse Particles*, Holland: John Benjamins Publishing Company, 2010.

Oscar E. Swan, *A Concise Grammar of Polish*, New York: University Press of America, 1983.

Panther, K-U. Metonymy as a Usage Event G. Kristiansen, M. Achard, R. Dirven & F. Ruiz de Mendoza, *Cognitive Linguistics: Current Applications and Future Perspectives*, Berlin/New York: Mouton de Gruyter,

2006.

Ramawatar Yadav, *A Reference Grammar of Maithili*, Berlin: Mouton de Gruyter, 1996.

Rosch, Eleanor, *Principle of Categorization in Cognition and Categorization*, Edited by Eleanor, Rosch & Barbara. Lloyd. N. J.: Erlbaum, 1978.

Taylor, J. R., *Linguistic Categorization: Prototypes in Linguistic Theory*, London: Oxford Clarendon Press, 1995.

T. F. Hoad, *The Concise Oxford Dictionary of English Etymology*, London: Oxford University Press, 1993.

William B. Boyce, *A Grammar of the Kaffir Language*, London: Wesleyan Missionary Society, 1863.

附录1

主要引用书目

(按时代排列)

一 先秦

《周易》，十三经注疏本，中华书局1980年版。

《尚书》，同上。

《诗经》，同上。

《仪礼》，同上。

《礼记》，同上。

《春秋左氏传》，同上。

《公羊传》，同上。

《谷梁传》，同上。

《论语》，同上。

《孟子》，同上。

(春秋)孙武撰，(汉)曹操注：《孙子兵法》，上海古籍出版社2006年版。

(春秋)左丘明：《国语》，上海古籍出版社1998年版。

(春秋)管仲著，李山译注：《管子》，中华书局2009年版。

(春秋)李耳著，饶尚宽译注：《老子》，中华书局2006年版。

（春秋）晏婴著，陈涛译注：《晏子春秋》，中华书局 2007 年版。

（战国）庄周著，郭象注：《庄子》，中华书局 1985 年版。

（战国）荀况撰，廖名春、邹新明校点：《荀子》，辽宁教育出版社 1998 年版。

（战国）墨翟著，朱越利校点：《墨子》，辽宁教育出版社 1997 年版。

（战国）韩非撰，陈奇猷校注：《韩非子》，上海人民出版社 1974 年版。

（战国）吕不韦撰，毕沅辑校：《吕氏春秋》，中华书局 1991 年版。

（战国）屈原等著，林家骊译注：《楚辞》，中华书局 2010 年版。

（战国）商鞅著，石磊译注：《商君书》，中华书局 2009 年版。

二　汉

（西汉）刘向集录：《战国策》，上海古籍出版社 1985 年版。

（清）王聘珍撰，王文锦点校：《大戴礼记解诂》，中华书局 1983 年版。

（西汉）刘安著，高诱注：《淮南子注》，上海书店 1986 年版。

（西汉）司马迁：《史记》，中华书局 1959 年版。

（东汉）王充撰，黄晖校释：《论衡校释》，中华书局 1996 年版。

俞理明：《〈太平经〉正读》，巴蜀书社 2001 年版。

（东汉）班固撰，颜师古注：《汉书》，中华书局 1962 年版。

（东汉）王符著，（清）汪继培笺，彭铎校：《潜夫论笺校证》，中华书局 1985 年版。

（东汉）刘珍等撰，吴树平校注：《东观汉记校注》，中华书局 2008 年版。

（东汉）赵晔著，张觉译注：《吴越春秋全译》，贵州人民出版社 2008 年版。

（东汉）袁康著，张仲清译：《越绝书译注》，人民出版社 2009 年版。

三　六朝

（晋）葛洪撰，王明注：《抱朴子内篇校释》，中华书局 1996 年版。

（晋）陈寿撰，（南朝宋）裴松之注：《三国志》，中华书局 1982 年版。

（晋）干宝撰，汪绍楹校注：《搜神记》，中华书局 1979 年版。

（南朝宋）刘义庆著，（梁）刘孝标注：《世说新语笺疏》，上海古籍出版社 1993 年版。

逯钦立辑校：《先秦汉魏晋南北朝诗》，中华书局 1983 年版。

（南朝宋）范晔撰：《后汉书》，中华书局 1965 年版。

（南朝齐）求那毗地译：《百喻经》，《大正藏》第 4 册。

（南朝梁）萧子显撰：《南齐书》，中华书局 1972 年版。

（南朝梁）沈约撰：《宋书》，中华书局 1974 年版。

（北魏）贾思勰著，缪启愉校释：《齐民要术校释》，中国农业出版社 1998 年版。

（北魏）郦道元撰，陈桥驿注释：《水经注》，浙江古籍出版社 2001 年版。

范祥雍校注：《洛阳伽蓝记校注》，上海古籍出版社 1978 年版。

（北齐）魏收撰：《魏书》，中华书局 1974 年版。

（南北朝）颜之推著，檀作文译注：《颜氏家训》，中华书局 2007 年版。

四　隋唐五代

刘坚、蒋绍愚主编：《近代汉语语法资料汇编》唐五代卷，《游仙窟》，商务印书馆 1990 年版。

（清）曹寅、彭定求等编纂：《全唐诗》，中华书局 1960 年版。

项楚校注：《王梵志诗》，上海古籍出版社 1991 年版。

钱学烈校注：《寒山诗校注》，广东高等教育出版社 1991 年版。

潘重规编著：《敦煌变文集新书》，文津出版社 1994 年版。

吴福祥、顾之川点校：《祖堂集》，岳麓书社1993年版。

（唐）魏徵等：《隋书》，中华书局1973年版。

（唐）姚思廉：《梁书》，中华书局1973年版。

（唐）李百药：《北齐书》，中华书局1972年版。

（唐）令狐德棻等：《周书》，中华书局1971年版。

（唐）李延寿：《北史》，中华书局1974年版。

（唐）李延寿：《南史》，中华书局1975年版。

（唐）房玄龄等：《晋书》，中华书局1974年版。

（唐）吴兢编撰，刘豪译注：《贞观政要》，中国社会科学出版社2007年版。

（后晋）刘昫等：《旧唐书》，中华书局1975年版。

五　宋

刘坚、蒋绍愚主编：《近代汉语语法资料汇编》宋代卷，《乙卯入国奏请》，商务印书馆1992年版。

唐圭璋编：《全宋词》，中华书局1965年版。

（宋）普济著，苏渊雷点校：《五灯会元》，中华书局1984年版。

（宋）黎靖德编，王星贤点校：《朱子语类》，中华书局1994年版。

宋人佚名：《新刊大宋宣和遗事》，古典文学出版社1954年版。

刘坚、蒋绍愚主编：《近代汉语语法资料汇编》宋代卷，商务印书馆1992年版。

（宋）薛居正等：《旧五代史》，中华书局1976年版。

（宋）欧阳修、（宋）宋祁：《新唐书》，中华书局1975年版。

（宋）张君房：《云笈七签》，中华书局2003年版。

六　元

凌景埏校注：《董解元西厢记》，人民文学出版社1962年版。

蓝立蓂校注：《刘知远诸宫调》，巴蜀书社1989年版。

（明）臧晋叔：《元曲选》，中华书局1958年版。

隋树森编：《全元散曲》，中华书局1964年版。

徐沁君校点：《新校元刊杂剧三十种》，中华书局1980年版。

朝鲜时代汉语教科书丛刊：《原本老乞大》，中华书局2005年版。

朝鲜时代汉语教科书丛刊：《老乞大谚解》，中华书局2005年版。

朝鲜时代汉语教科书丛刊：《朴通事谚解》，中华书局2005年版。

（元）关汉卿：《窦娥冤》，中州古籍出版社2003年版。

（元）脱脱等：《宋史》，中华书局1985年版。

七　明

（元末明初）陶宗仪：《南村辍耕录》，中华书局2004年版。

（明）洪楩编，谭正璧校点：《清平山堂话本》，上海古籍出版社1987年版。

（明）兰陵笑笑生：《金瓶梅》，齐鲁书社1987年版。

（明）兰陵笑笑生：《金瓶梅词话》，人民文学出版社1985年版。

（明）施耐庵：《水浒全传》，岳麓书社1988年版。

（明）罗贯中：《三国演义》，人民文学出版社1973年版。

（明）吴承恩著，朱彤、周中明校注：《西游记新校注本》，四川文艺出版社1987年版。

（明）冯梦龙编著，顾学颉校注：《醒世恒言》，人民文学出版社1956年版。

（明）冯梦龙编，严敦易校注：《警世通言》，人民文学出版社1956年版。

（明）冯梦龙编，许政扬校注：《喻世明言》，人民文学出版社1958年版。

（明）凌濛初：《初刻拍案惊奇》，上海古籍出版社1982年版。

（明）凌濛初：《二刻拍案惊奇》，上海古籍出版社1983年版。

（明）抱瓮老人：《今古奇观》，人民文学出版社2007年版。

(明) 罗懋登：《三宝太监西洋记》，华夏出版社 1995 年版。

(明) 许仲琳：《封神演义》，人民文学出版社 1973 年版。

(明) 宋濂等：《元史》，中华书局 1976 年版。

(明) 冯梦龙编，(清) 蔡元放评，竺少华点校：《东周列国志》，岳麓书社 2002 年版。

(明) 李祯：《剪灯余话》，九州出版社 2001 年版。

(明) 方汝浩编撰：《禅真逸史》，齐鲁书社 2008 年版。

(明) 佚名：《英烈传》，上海古籍出版社 1981 年版。

八　清

(清) 纪昀：《阅微草堂笔记》，上海古籍出版社 2005 年版。

(清) 蒲松龄撰，马振方校注：《聊斋志异》，高等教育出版社 2008 年版。

(清) 西周生：《醒世姻缘传》，齐鲁书社 1980 年版。

(清) 吴敬梓：《儒林外史》，人民文学出版社 1977 年版。

(清) 曹雪芹、高鹗：《红楼梦》，人民文学出版社 1964 年版。

(清) 文康：《儿女英雄传》，上海书店 1981 年版。

(清) 刘鹗著，严薇青注：《老残游记》，齐鲁书社 1981 年版。

(清) 李宝嘉著，张友鹤校注：《官场现形记》，人民文学出版社 1957 年版。

(清) 吴趼人著，王光汉点校：《二十年目睹之怪现状》，安徽文艺出版社 2003 年版。

(清) 洪昇：《长生殿》，人民文学出版社 1983 年版。

(清末) 曾朴：《孽海花》，上海古籍出版社 1991 年版。

(清) 李绿园：《歧路灯》，大众文艺出版社 2002 年版。

(清) 周汝昌：《红楼真梦》，山东画报出版社 2005 年版。

(清) 石玉昆：《七侠五义》，岳麓书社 2005 年版。

(清) 佚名著，秋谷校点：《施公案》，上海古籍出版社 2005 年版。

（清）贪梦道人著，秦克、巩军校点：《彭公案》，上海古籍出版社 2005年版。

（清）唐芸洲著，张万钧校点：《七剑十三侠》，中州古籍出版社 1998年版。

（清）郭小亭著，穆可校点：《济公全传》，岳麓书社 2002 年版。

（清）名教中人编次，廖祖灿点校：《好逑传》，安徽文艺出版社 2005年版。

（清）如莲居士著，秦方点校：《薛刚反唐》，三秦出版社 2003 年版。

（清末民初）陈寅恪著，陈美延编：《柳如是别传》，生活·读书·新知三联书店 2001 年版。

附录 2

转折词条及产生时代[*]

（按音序排列）

转折词条	产生时代
便	魏晋南北朝
便是	明代
便自	魏晋南北朝
不承望	清代
不料	唐代
不过	明代
不期	唐代
不图	魏晋南北朝
不想	元代
不想道	元代
不意	汉代
倒	魏晋南北朝
倒颠	明代
倒反	元代
倒是	元代
倒只是	清代
倒转	明代

[*] 此表所列词条所产生时代确定是根据本文选用的主要语料（见第一章语料说明）调查所得。

续表

转折词条	产生时代
但	魏晋南北朝
但是	晚唐
但只	明代
但只是	宋代
第	宋代
颠倒/到	唐代
独	汉代
而	先秦
而乃	先秦
翻	汉代
翻更	魏晋南北朝
返	汉代
反	先秦
反倒	元代
反而	先秦
反更	东汉
反还	汉代
反且	汉代
反转	清代
方	魏晋南北朝
方更	魏晋南北朝
方乃	魏晋南北朝
覆	先秦
更	汉代
更乃	魏晋南北朝
顾	先秦
顾反	汉代
顾乃	宋代
固	先秦
故	先秦
还	汉代

续表

转折词条	产生时代
还反	东汉
还只	明代
何图	汉代
何意	汉代
即	汉代
就是	清代
讵	清代
讵料	明代
讵期	清代
讵意	明代
讵知	明代
可	唐代
可奈	宋代
可耐	明代
可是	清末
可只	清代
可只是	清代
那料	清代
那料想	清代
那/哪晓得	明代
那/哪想	元代
那/哪想到	清代
那言	唐代
那/哪知	宋代
那/哪知道	元代
乃	先秦
乃复	魏晋南北朝
乃更	魏晋南北朝
奈	元代
偏	汉代
偏偏	明清

续表

转折词条	产生时代
偏巧	清代
偏生	元代
其实	宋代
岂料	魏晋南北朝
岂意	魏晋南北朝
岂知	唐代
且	先秦
且是	宋代
却	魏晋南北朝
却倒	宋代
却反	宋代
然	先秦
然而	先秦
然复	汉代
然且	先秦
然却	宋代
然则	先秦
如	先秦
谁承望	元代
谁料	唐代
谁想	元代
谁想道	元代
谁想到	元代
谁知	唐代
谁知道	元代
事实上	晚清
实际上	明代
孰知	明代
特	先秦
特地	唐代
唯（惟）	魏晋南北朝

续表

转折词条	产生时代
无奈	元代
想不到	清代
要	汉代
要且	唐代
要自	唐代
抑	先秦
以	先秦
则	汉代
怎奈	宋代
怎想	元代
怎知	宋代
怎知道	元代
曾奈	明代
辄	汉代
争奈	唐代
争耐	明代
争乃	清代
正（政）	魏晋南北朝
正是	魏晋南北朝
正自	魏晋南北朝
只	唐代
只不过	清代
只可惜	宋代
只奈	明代
直是/只是	唐代
只争	元代
转	先秦